KB265032

협상의 원칙 : 대한민국 협상론의 새로운 모색

협상의 원칙

2003년 11월 10일 초판 1쇄 찍음
2003년 12월 22일 초판 2쇄 펴냄

지은이 김태기
펴낸이 윤철호
펴낸곳 (주)사회평론

편집1팀 박윤선(팀장)·김진아·고하영
영업팀 권태형(팀장)·박신용
디자인 유환희

필름출력 경운출력
종이 한서지업
인쇄·제본 영신사
라미네이팅 금성산업

등록번호 10-876호(1993년 10월 6일)
전화 326-1182(영업), 326-1185(편집)
팩스 326-1626
주소 서울시 마포구 망원2동 481-1
e-mail editor@ksenglish.com
http://www.ksEnglish.com

ISBN 89-5602-360-3 03320
값 15,000원

〈이 연구는 2001년도 단국대학교 대학연구비를 지원받아 연구되었습니다.〉

협상의 원칙 : 대한민국 협상론의 새로운 모색

김태기 지음

사회평론

분쟁의 시대를 넘어
한국적 협상 문화의 정착을 꿈꾼다

우리는 분쟁의 시대에 살고 있다. 어쩌면 후세의 역사가는 지금 이 시대처럼 분쟁이 많았던 적은 없었다는 평가를 내릴지도 모르겠다. 분쟁으로 가정이 흔들리고 공교육이 붕괴되고 직장이 불신과 대립으로 멍들고 있다. 정부에 대한 이익집단의 도전으로 인해 공공의 이익이 침해받고 있고, 지역과 이념을 둘러싼 갈등은 도무지 진정될 기미가 보이지 않는다. 분쟁을 해결하는 데 필요한 법은 제 기능을 발휘하지 못하고 있고, 이기기 위해서라면 수단과 방법을 가리지 않는 살벌함이 판친다.

분쟁 자체보다 더욱 심각하게 느껴지는 문제는 상황이 이런데도 이 문제를 어떻게 해결해야 하는지에 대한 진지한 논의가 보이지 않는다는 점이다. 이것은 국가의 위기를 뜻한다.

오랜 역사를 이어오면서 한국의 운명은 주변국가들과의 갈등을 어떻게 해결하느냐에 따라 그 흐름이 바뀌어왔다. 중화권에 포함되어 산 수천 년의 시간이 지나고 20세기에 이르자 일본제국주의의 침략을 받았고, 일본의 지배로부터 어렵게 벗어나자 이번에는 다시 한반도가 분단을 맞았다. 한국은 지금 북한을 비롯해 주변국가들과의 외교적·군사적 갈등에 직면해 있고 동시에 통상 문제를 둘러싼 분쟁 상황이 겹쳐 있다. 우리의 이익을 지키기 위한 국가적 전략과 이를 실행할 수 있는 협상 능력을 키우는 것이 그 어느 때보다도 중요한 과제로 떠오르고 있다.

이 책은 갈등과 분쟁을 해결하기 위한 협상의 논리와 방법을 제시하고 있다. 우리가 분쟁의 시대에 살고 있다는 점을 고려하고 보면, 이런 문제에 대한 본격적인 연구물이 나온 적이 별로 없다는 점은 놀랍기까지 하다. 대한민국에 수많은 분쟁과 협상이 있었지만 이를 평가하고 유효한 데이터로서 축적하려는 노력은 미흡해서, 분쟁에 대한 연구는 아직까지 막연하고 피상적인 접근에 그치고 있는 것이 현실이다. 그러다 보니 실제로 협상을 하는 실무자들은 협상 기법을 익힐 만한 제대로 된 교육의 장을 찾지 못하고 외국 번역서에 의존하게 되는데, 사실 그 내용이 한국의 현실과 동떨어져 있기 때문에 종종 공허하다는 느낌을 받는다.

이 책은 크게 세 개의 주제로 구성됐다. 첫 번째 주제는 의사 결정의 문제다. 분쟁이 생겼을 때 상대방과 직접 협상을 하지 않더라도 충돌하는 이해관계를 조정하고 해결하는 방법이 있는지에 관한 논리를 제시한다. 두 번째 주제는 분쟁을 해결하기 위한 협상 시스템은 어떤 구조로 설계되어야 하는지에 관한 것이다. 협상은 인과관계를 가지고 움직이는 하나의 현상이라는 관점 아래, 그렇다면 협상을 어떻게 기획해야 성공할 수 있는지에 관한 논리를 제시하고 있다. 세 번째 주제는 협상의 실제 방법론이다. 현장에서 직접 협상을 할 때 부딪히는 문제를 구체적으로 정리하고 대안을 제시하려 했다.

이 책은 이론과 다양한 사례로 구성되어 있다. 특히 일상생활에서 구체적으로 부딪치는 내용일수록, 이론만 내세우는 것은 공허하고 사례만 열거하는 것은 학습이 되지 못한다. 따라서 협상론에 대해 이론적인 줄기를 가지고 체계적으로 접근하되, 그 내용은 최근 우리가 직접 겪은 한국의 분쟁 사례를 폭넓게 다루며 해설함으로써 최대한 실무적이고 체계적인 독서가 가능하도록 노력했다. 이 책에서 다뤄지는 사례에는 노사 분쟁을 포함해 인수합병 등 기업 관련 분쟁, 의약 분업 등 정부의 개혁 정책을 둘러싼 분쟁, 북한의 핵 개발 분쟁과 국제 통상 분쟁 등이 있다. 또한 일반 국민이 가정에서 개인적으로 겪는 분쟁도 다뤄 독자들의 이해를 돕고자 했다.

필자가 이 책을 내기까지는 많은 시간이 걸렸다. 이 분야의 내용은 경제학뿐만 아니라 심리학과 경영학, 법학 등에 폭넓게 걸쳐 있어서 관련 이론을 두루 섭렵하는 것이 필요하다. 그리고 풍부한 분쟁 현장에 대한 경험이 필요하다. 특히 필자는 분쟁의 해결과 협상의 시스템에 대해 연구하면서 우리나라의 특성과 독특한 현실에 맞는 한국적 이론을 개발하기 위해 부단히 발로 뛰어다녔다.

필자는 중앙노동위원회와 노사관계개혁위원회 등 노사 관련 단체에서 오랫동안 활동하면서 현장의 생생한 목소리를 풍부하게 접했다. 이 과정에서 많은 사람들을 만났고 다양한 고민을 들었다. 필자 나름대로는 작은 도움이라도 되고 싶어서 다양한 해결 방안을 연구했고, 이 내용을 정리해 대학교 강단에서 '협상론'이라는 이름으로 강의를 가져왔는데, 이 모든 경험이 씨줄과 날줄이 되어 지금 이 책을 직조하는 밑바탕이 되어주었다.

마지막으로 이 자리를 빌려 특별히 감사드리고 싶은 분이 있다.

"현장학파가 되라."고 가르침을 주셨던 고 배무기 울산대 총장님(한국 노동연구원 초대원장). 그분의 가르침은 필자가 이론과 실제를 통합하고 학문의 벽을 뛰어넘는 연구를 하는 데 결정적인 힘으로 작용했고, 부모님 같은 따뜻한 애정은 필자가 공부하는 데 커다란 보호막이 되어주셨다. 그분은 학문을 하는 궁극적인 목적은 국가의 발전에 기여하는 데 있다고 설파하고 이를 행동으로 보여주셨다. 그분과의 대화는 필자로 하여금 언제나 문제의식을 놓치지 않고 새로운 과제에 도전하게끔 격려하는 소중한 힘이 되어주고 있다. 깊은 감사를 드린다.

이 책을 얼마 전 돌아가신 아버님 영전에 바친다. 세상 앞에 성실하고 겸손하게 살아가도록 가르쳐주신 아버님이 당신 아들의 공부를 기뻐하셨으면 좋겠다.

2003년 가을

김태기

제5부 협상에서의 대화와 설득

제 **1** 부

분쟁의 시대

갈등 해결의 문화가 왜곡되면 사회적인 신뢰가 무너진다. 힘 있는 조직만이 자신의 이익을 관철한다면 분쟁은 공정하게 해결될 수 없다. 따라서 분쟁 해결의 규칙을 만들고 집행하는 정부의 태도는 더욱 중요해진다. 정부가 강자에게 약하고 약자에게 강하면 사회는 상호신뢰를 잃어버린다.

1 낡은 분쟁,
기는 협상

1) 조직의 협상력이라는 화두

갈등과 분쟁은 우리의 일상적인 문제다. 우리는 각자의 가정과 직장에서 직간접적으로 분쟁의 당사자, 혹은 피해자가 되어 살고 있다. 세 쌍의 부부 가운데 한 쌍이 이혼한다는 우리나라는 OECD(경제협력개발기구) 가입국 중 이혼율 2위의 심각한 가족 분쟁 국가다. 부족한 주차 공간을 둘러싸고 이웃과 주차 분쟁이 벌어지는 일도 다반사고, 인근 공사판 때문에 소음과 분진, 일조권, 조망권을 둘러싸고 시시비비에 휘말리기도 한다.

그런 개인적인 관계 외에도 수많은 이해 집단 간의 분쟁과 시비가 있다. 외국 투자자들이 우리나라에 투자하기 불안한 이유로 노사 관계를 꼽을 만큼 우리나라의 노사 분쟁은 심각한 수준이다. 툭하면 멱살잡이가 벌어지는 여야 간의 정치적 분쟁은 또 어떤가. 북한의 핵 개발은 외교 분쟁의 원인이 되고 있고, 인수합병과 지분을 둘러싼 경영권 분쟁이 연일 신문지면을 장

식한다. 2003년 농민운동가인 이경해 씨가 제5차 WTO(국제무역기구)
각료회의가 열리고 있던 멕시코에서 자결한 것은 농수산물 시장을 개방하
는 문제를 둘러싸고 벌어진 통상 분쟁의 한 단면이었다.

이렇게 다양한 분쟁이 벌어지고 그 분쟁을 해결하기 위한 협상이 사회
의 주요 이슈가 되다 보니, 관련 인터넷 사이트가 활성화되는 것은 물론이
고, 서점가에서는 협상에서 이기기 위한 개인 지침서가 쏟아져 나와 베스
트셀러가 되고 있다.

그런데 문제는, 분쟁은 개인의 영역에서보다는 집단과 집단 사이에서,
그리고 **협상은 처세술로서가 아니라 사회의 갈등을 조정하고 해결하는
기술로서 더욱 중요하다**는 데 있다. 조직의 협상력이야말로 우리 사회의
화두라는 것이다.

그런데 개인이 협상의 중요성을 인식하고 저마다 협상력을 높이기 위해
부단히 연구하는 것과는 달리, 정부와 각종 이해 집단은 종종 굵직한 분쟁
의 당사자로 직접 나서야 하는데도 협상력을 기르기 위해 연구하는 것은
고사하고 형편없는 협상 전술로 판을 망가뜨리는 경우가 허다하다. 아직도
힘세고 목소리 높은 쪽이 이기는 일이 많다 보니, 분쟁이 벌어지면 협상을
통해 '윈-윈'(win-win)의 길을 찾는 대신, '세'를 과시하는 데 몰두하는
일도 다반사다.

우리 사회가 겪는 분쟁의 범위는 이미 개인의 성공이나 회사의 당면 이
익 정도에 머물러 있지 않다. 분쟁의 주체는 집단이고 단체고 기관이고 나
라의 정부다. 집단과 집단, 나라와 나라가 다양한 이해를 두고 얽혀 살아야
하는 시대이기 때문에, 이 '조직의 협상력'이 우리의 생존과 미래를 좌우하

는 중요한 문제라는 말이다.

힘이냐 대화냐

한 사회가 갈등과 분쟁을 대하는 방식은 그 사회가 권위주의 체제를 가졌느냐, 아니면 민주주의 체제를 가졌느냐에 따라 차이가 있다. 우리나라에서는 1987년 민주화 운동을 기점으로 갈등의 방식이 달라진다. 민주화 이전 권위주의 체제에서는 대부분의 갈등이 분쟁으로 드러나지 못하고 밑으로 숨어들었다.

하지만, 민주주의 체제가 되자 잠복해 있던 갈등이 겉으로 드러나면서 분쟁의 숫자가 급격히 늘어나고 양상도 과격해졌다. 시간이 지나도 분쟁의 강도가 약해지지 않고 오히려 문제가 증폭되는 악순환이 드러나고 있다.

결국, 권위주의 체제에서 민주주의 체제로 전환됐다고 해서 갈등의 해결 방식이 함께 개선된 것은 아니라는 점을 알 수 있다. **권위주의적 갈등의 해결 방식은 힘에 의한 것**이다. 반면 민주주의적 갈등의 해결 방식은 대화를 통한 것이다. 지금 우리는 법과 제도가 민주주의적으로 바뀌고 있는데, 오히려 국민의 의식은 권위주의적인 사고방식과 민주주의적인 사고방식이 뒤섞여 더 혼란스러운 상황을 맞고 있다. 즉 나 자신은 권위주의적인 갈등 해결의 방식을 고집하면서, 상대방에게는 민주주의적인 갈등 해결의 원리를 지키라고 요구하는 것이다.

한편, 과거에는 정부가 공권력을 사용해 권위주의적인 방식으로 갈등을 해결하려고 한 반면, 최근에는 소수의 이해 집단이 시위 등을 통해 자신의 요구를 주장하는 역(逆)권위주의적인 갈등 해결의 양상도 드러나고 있다.

이것은 자신의 이익을 관철하기 위해 수단과 방법을 가리지 않고 실력을 행사하겠다는 것으로, 여기서 대화는 정당성을 확보하기 위한 수단으로 전락하게 된다.

또는, 대화에 나서면서 그 이면에서는 집단의 목소리를 높여 다수임을 위장하고, 일반 국민에게 자신에게 유리한 정보를 제공하고 논리를 만들어내는 대중선동적인 갈등 해결의 원리가 등장하기도 한다.

다시 한 번 강조하지만, 권위주의적인 갈등 해결은 힘에 의존하고 민주주의적인 갈등 해결은 대화를 통해서 이루어진다.

> 갈등 해결의 문화가 왜곡되면 사회적인 신뢰가 무너진다. 힘있는 조직만이 자신의 이익을 관철한다면 분쟁은 공정하게 해결될 수 없다. 따라서 분쟁 해결의 규칙(rule)을 만들고 집행하는 정부의 태도는 더욱 중요해진다. 정부가 강자에게 약하고 약자에게 강하면 사회는 상호신뢰를 잃어버리게 된다.

개혁을 설계하라

한 사회가 권위주의 체제에서 민주주의 체제로 전환한다는 것은 곧 정치, 경제, 사회의 질서와 나라 운영의 방식이 바뀌는 것을 말한다. 즉 국가 운영 시스템을 개선한다는 것이다.

대한민국은 여러 차례의 정권 교체를 통해 정권의 성격이 점차 민주적으로 바뀌었고, 그 과정에서 개혁의 과제를 확대하고 강도도 조금씩 높여왔다. 그러나 많은 개혁에 대해 실패라는 평가가 내려진 것도 사실이다. 특히 최근에는 정부가 진행하는 개혁에 대해 '아마추어들의 탁상공론'이라는 원색적인 비난이 일면서, 개혁 때문에 오히려 갈등이 깊어졌다는 비난까지 일어났다. 왜 이런 상황이 벌어진 것일까.

개혁은 필연적으로 갈등과 분쟁을 동반한다. 왜냐하면, 개혁은 서로 다른 가치관과 이해관계의 충돌을 전제로 하기 때문이다. 그럴 때 어느 한 쪽의 가치관만 선택하고 다른 쪽의 가치관과 이해는 무조건 공격하고 누르려고만 하면 당연히 대화가 단절되고 반발이 일어난다.

개혁을 시작할 때는 상충하는 이해와 갈등을 미리 예상하고, 그것을 개혁을 설계하는 데 반영해 각 세력을 최대한 끌어들이는 것이 필수적이다. 정부의 개혁안이 가지고 있는 가장 큰 문제점은 바로 이런 갈등과 분쟁에 대한 밑그림이 개혁의 설계안에서 빠져 있다는 데 있다.

정부는 개혁을 하는 데 필수적으로 동반되는 갈등과 분쟁을 민주주의적으로 해결하려고 노력해야 하는데, 개혁은 선이요 그에 대한 반대는 악이라는 흑백논리적인 태도를 보이면 오히려 갈등과 분쟁을 부추기게 된다. 하나의 정책을 결정하기 전에 정부는 이해 당사자의 의견을 들어 정책에 반영해야 한다. 그런데 흔히 정책을 먼저 결정하고는 반발이 생기면 정책을 방어하고 그 방어에 실패하고서야 대화에 나서고는 한다. 이 문제는 개혁의 의미와는 관계없는 방법적인 결함에 불과하지만, 그 결함으로 인해 개혁의 원칙이 훼손되고 정부에 대한 신뢰가 무너진다면 심각한 문제가 아닐 수 없다.[1]

개혁의 과정에서 갈등을 반영하지 못하는 미숙함은 기업 활동에서도 종종 발견되는 문제점이다. 기업은 속성상 각종 변화에 더 적극적으로 대응한다. 경제질서와 기술환경의 변화, 또 시장의 압력 때문에 기업은 구조조정이나 경영혁신이라는 이름으로 다양한 변화를 추구한다. 그런데 이런 변화에 동반되기 마련인 갈등과 분쟁을 제대로 해결한 곳은 드물다.

우선 대부분의 경영자는 변화의 당위성만을 강조할 줄 알지, 실제로 변화를 이끌어낼 전략을 세우고 이해 당사자들을 설득하는 데는 실패하고 있다. 투자자나 채권단의 반대뿐 아니라 종업원과 노동조합의 저항, 소비자와 시민단체의 반발을 현실의 문제로 받아들이지 못하고 비현실적인 경영 목표를 세운다. 그 결과가 구조조정과 경영혁신의 실패로 끝날 것임은 자명한 노릇이다.

게다가 기업에 관련된 이해 당사자들이 점점 많아지고 관계가 복잡해지는데도 경영자들은 자신의 분쟁 해결 능력을 과대평가하고 있다. 따라서 갈등이 분쟁으로 전화된 후에야 문제를 해결하려고 들거나, 양보가 불가피한데도 자신의 요구와 주장에만 집착하고는 한다.

> 많은 기업이 시장의 압력에 의해서가 아니라 이해관계를 둘러싼 집단끼리의 갈등으로 경영 위기를 겪는다.

2) 분쟁을 대하는 세 가지 잘못된 관행

사람들은 누구나 자기가 처한 입장에서 세상을 보게 마련이라, 자칫하면 자신의 가치관과 이익을 지키는 데만 신경을 쓰고, 상대방의 가치관과 이익을 배려하는 데는 소홀해지기 쉽다. 갈등을 해결하기 위해 법과 제도가 필요한 것도 그 때문이다. 그런데 지금은 법과 제도가 현실에 맞지 않거나 공정하지 않다는 이유로 사회적 신뢰를 받지 못하고 있다. 분쟁을 해결하는 공적 수단이 힘을 잃음으로써 분쟁 해결의 관행이 왜곡되는 것이다.

떼쓰기식 분쟁 해결 관행

'떼쓰기'식 자세는 '우는 놈이 떡 하나 더 먹게 마련인' 세태만 믿고 떼를 써서 분쟁을 해결하려는 관행이다. 대화를 시도하기보다 실력을 행사함으로써 자신의 이익을 관철한다. 떼쓰기 관행은 특히 집단 분쟁에서 쉽게 발견되는데 점거, 시위, 농성 등의 방법으로 상대방에게 압박을 가한다. 이런 방식으로 이익을 얻으면 그 다음에도 똑같이 힘으로 문제를 해결하려고 들기 때문에 협상을 하기 어렵고 분쟁이 과격해진다.

떼쓰기식 관행은 제도적으로 분쟁을 해결할 수 있게끔 돕는 규칙이 미흡하거나, 규칙은 있지만 분쟁의 한쪽 당사자에게만 일방적으로 유리하거나, 규칙을 적용하고 집행하는 일에 공정성과 일관성이 부족할 때 주로 나타난다. 그리고 분쟁 당사자들이 수단과 방법을 가리지 않고 무조건 이기면 된다는 결과주의적인 사고방식에 사로잡혀 있는 경우에도 이런 양태가 나타난다.

분쟁 해결 제도의 문제점과 분쟁 당사자들의 의식에서의 문제점은 서로 밀접히 관련되어 있다. 제도가 잘못되어 있으니 과정이야 어떻게 되든 결과만 좋으면 된다는 생각을 하게 되기 때문이다. 이런 사고방식은 다시 분쟁 해결의 규칙을 무의미하게 만든다.

빽 쓰기식 분쟁 해결 관행

'빽(back: 배경 또는 후원자. 이 책에서는 '안 될 일을 빽을 써서 되게 한다.'라고 표현할 때 입말이 갖는 어감을 살리기 위해 '빽'으로 표기한다.) 쓰기' 관행은 힘있는 제3자, 이른바 '빽'을 써서 분쟁의 규칙을 자신에게 유리한 방향으로 바꾸거나 최소한 유리하게 적용하는 것을 말한다.

즉, 상대방과 직접 만나 대화와 협상을 하는 것이 아니라 상대방에게 압력을 행사할 수 있는 다른 힘을 동원하는 것이다. 그래서 빽 쓰기식 행동은 사회적 강자가 주로 사용하는 분쟁 해결의 방식이다. 상대적으로 떼쓰기식 행동은 사회적 약자 계층에서 자주 사용된다. 그리고 떼쓰기가 집단 분쟁에서 종종 등장하는 것과 달리, 빽 쓰기는 개별 분쟁에서 흔히 나타난다.

떼쓰기와 빽 쓰기는 서로 관련되어 있다. 사회적으로 약자의 지위에 있는 분쟁 당사자는 강자의 지위에 있는 상대방이 '빽', 즉 분쟁의 규칙과는 상관없는 연줄이나 힘을 써서 분쟁을 해결하려 한다고 생각한다. 정상적인 방법으로는 분쟁을 해결하기 어렵고, 분쟁이 해결되어도 그 결과가 자신에게 불리할 것이 틀림없다고 생각한다. 그런 불합리에 대항하기 위해 약자인 분쟁 당사자는 집단을 형성해서 떼쓰기식으로 분쟁을 해결하려 든다.

한편 빽 쓰기식 자세는 권위주의적인 정치, 경제, 사회 체제를 배경으로 하되, 연고주의적인 국민의식에서 비롯된 바도 크다. 분쟁 당사자와 분쟁 해결의 규칙을 집행하는 제3자가 서로 어떤 관계에 있는지에 따라 분쟁 해결의 규칙이 엄하게 적용되기도 하고 느슨하게 적용되기도 하는 것이다. 결국, 서로 맺고 있는 연고에 따라 분쟁 해결의 과정과 결과가 달라지는 것이 빽 쓰기식 분쟁 해결의 자세를 끌어낸다.

'할 테면 해보라.'는 식의 분쟁 해결 관행

떼쓰기식 해결 자세나 빽 쓰기식 자세 말고도, '할 테면 해보라.'는 막가파식 태도도 우리 사회에 만연한 잘못된 분쟁 해결의 관행이다. 상대의 존재를 아예 무시하거나, 주장을 들을 필요도 없다고 치부하거나, 분쟁의 발생 자체를 인정하지 않을 때, 이런 '할 테면 해보라.'는 태도가 나타난다.

이 경우 분쟁 당사자의 한쪽이 다른 한쪽에 굴복하고서야 분쟁이 종료된다. 하지만 분쟁은 극한 대립에 빠진 후인데다, 당사자들은 오기 싸움을 벌이다 관계가 악화되어 최악의 상태를 맞기 십상이다. 특히 유교문화를 가지고 있는 우리나라는 갈등과 분쟁에 대해 나이와 직위에 맞춰 짜인 위계질서가 무너졌다고 받아들이는 경향이 있다. 그러다 보니 분쟁은 종종 자존심 싸움으로 변질되고 '할 테면 해보라.'는 자세가 나타난다.

> '할 테면 해보라.'는 태도는 대화와 협상을 전면적으로 배제한다. 이런 자세는 단지 이해관계의 충돌에서만이 아니라 가치관이나 철학이 서로 부딪칠 때 자주 나타난다.

'할 테면 해보라.'는 자세는 질서를 강조하는 가정과 학교에서 쉽게 발견된다. 부모와 자식, 남편과 부인, 교사와 학생 간에 분쟁이 생기는 것을 두고, 그 자체로 이미 권위가 훼손됐다고 받아들이는 경우도 많다. 자식과 부인, 학생 등 상대방의 불만을 경청하고 대화를 통해 해결 방안을 찾기보다는 자신의 권위를 내세워 불만을 누르려고 하면 '할 테면 해보라.'의 비극이 나타난다.

3) 협상필패의 세 가지 법칙

분쟁을 해결하는 일반적인 방법은 협상이다. 그런데 '떼를 쓰고, 빽을 쓰고, 할 테면 해보라.'는 자세로 분쟁을 대해온 우리나라에서는 협상에 대한 인식이 성숙해 있지 않고, 협상의 역량도 낙후되어 있다. 따라서 협상을 하더라도 합의에 도달하는 데는 실패하거나, 합의에 도달하더라도 협상 결과에 대한 만족도가 낮다. 그러다 보니 굳이 대화와 협상을 통해서 분쟁을 해결해야 한다는 공감대가 적다.

그러면 우리의 협상 관행은 왜 이렇게 낙후되어 있는 것일까? 그 원인을 우선 협상에 대한 인식의 문제에서 찾아볼 수 있다. 협상이 분쟁을 해결하는 유용한 수단이라는 공감대가 형성되어 있지 못한 것이다. 따라서 협상에 대한 준비에 소홀하고 협상을 진행하는 데 필요한 기법(skill)을 개발하는 데도 적극적이지 않다. 협상을 하는 데 우리가 관행적으로 보이고 있는 세 가지 문제점을 짚어보도록 하자.

협상을 협상하는 경우

분쟁이 발생한 상황인데도, 처음에는 협상을 거부하다가 마지못해 협상에 응하게 되는 경우에 '협상을 협상하는' 문제가 발생한다. 자신의 요구 사항만을 주장하다 보니 준비도 하지 못한 채 부담을 안고 협상에 임하게 된다. 반면 상대방은 감정적으로 격앙된 상태에서 적대적으로 임하므로, 결국 호미로 막을 수 있는 일을 가래로도 못 막는 사태가 벌어지는 것이다.

분쟁이 발생했다면 현실을 인정해야 한다. 상대방의 불만을 듣지 않고 자신의 주장만 되풀이하며 협상을 피한다면 그 부담은 결국 자신에게로 돌아온다.

이렇게 협상을 협상하는 경우는 주로 분쟁 당사자 한쪽이 다른 쪽과 협상을 하는 행동이 자신의 자존심이나 권위를 훼손하는 일이라고 생각할 때 발생한다.

2000년에 의약 분업을 둘러싼 분쟁이 벌어졌을 때를 예로 들어보자. 처음에 정부는 의사들과의 협상에 별로 적극적이지 않았다. 정부는 의약 분업에 대한 대통령의 지시는 협상의 대상이 될 수 없다는 태도를 취했다. 뿐만 아니라 정부와 의사의 관계를 치자(治者)와 피치자(被治者)의 관계로 간주하고 협상 자체를 회피했다.[2] 그러다가 의사들이 파업 등 집단행동을 시작하자 정부가 태도를 바꿔 협상에 나섰지만, 이때는 이미 의사들이 감정적으로 틀어진 상태였다. 결국 분쟁이 심각해지자 정부는 의사들의 요구를 받아들였고, 계속된 의사들의 후속 조치 요구도 대부분 수용하지 않을 수 없었다. 그 결과 정부가 의사들에게 굴복한 꼴이 되어 권위가 추락한 것은 물론이고, 의약 분업으로 인한 국민의 부담도 급격하게 늘어났다.

이런 양상은 노사 분쟁에서도 종종 나타난다. 사용자는 문제가 터지기 전에는 노동조합 측과 대화하기를 거부하다가, 노조가 법원에 고소·고발을 하고 파업 등 강력한 실력행사에 들어가고서야 뒤늦게 협상에 나서고는 한다. 그러나 그 협상은 이미 사용자가 노조의 압력에 굴복했음을 전제로 하는 것이어서, 사용자는 명분과 실익도 잃고 상대방과의 관계도 악화되어 분쟁이 확대되는 잘못된 선례를 만들게 된다.

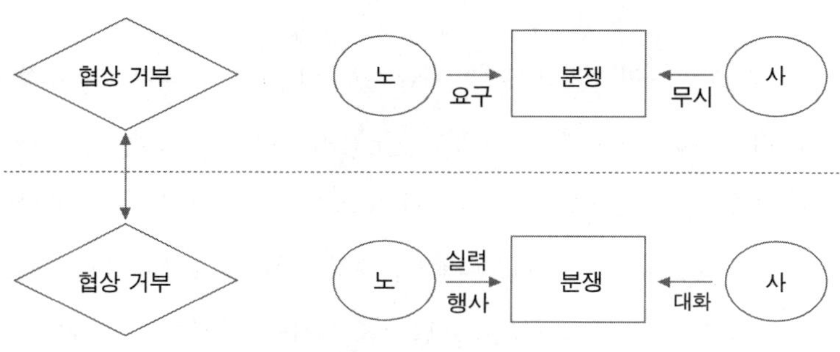

〈그림 1〉 잘못된 협상 관행

자신과 협상하는 경우

분쟁을 해결하려고 협상에 나서기는 하되, 협상을 아전인수(我田引水) 격으로 해석하면 결과적으로 '자신과 협상하는' 문제가 발생한다. 주변 여건을 냉정하게 분석해 상대방이 얻고자 하는 이익과 내가 얻어야 할 이익을 판단해야 하는데, 그 과정이 생략되고 무조건 자신의 이익에만 집중하면 협상 목표를 낙관적으로 설정하는 오류를 범하게 된다. 결국 협상이 시작되고서야 자신의 목표가 비현실적이라는 것을 깨닫고, 협상이 결렬될 위기에 처하고서야 협상 목표를 수정한다.

이때 상대방은 협상 여건이나 나의 협상 태도가 변해서가 아니라 단지 내가 협상 목표를 제대로 설정하는 데 실패했기 때문에 스스로 물러나는 것임을 알아차리게 된다. 이쪽의 허점이 노출된 이상, 상대방은 지속적으로 양보를 요구하게 된다. 반면 이쪽 당사자는 상대방의 요구와 주장에 대한 준비가 부족한 상태에서 시간에 쫓기며 협상에 임하게 되어, 원래의 목표와는 완전히 다른 결과를 맞을 수밖에 없다.

1997년 말 외환 위기가 발생한 다음 정부는 IMF(국제통화기금)와 협상을 벌이기 시작했다. 협상에 임하기 전에 정부는 외환 위기의 실상을 제대로 파악하지 못한 채 상황을 낙관적으로 보고 있었다. 설사 외환 위기가 일어나더라도 일본이 도와줄 것이라고 기대하고 있었던 것이다. 하지만 일본도 이미 금융 불안에 시달리고 있었고, 결국 우리나라는 외환 위기를 수습할 수 있는 적절한 때를 놓치고 뒤늦게 IMF와 협상을 시작했다. 협상이 시작된 후에도 문제는 있었다. IMF와 협상이 시작된 후에야, 정말 문제를 해결하려면 IMF가 아니라 미국과 협상을 해야 한다는 사실을 깨달았던 것이다. 결국 협상의 여건을 제대로 파악하지 못함으로써 실수를 거듭한 셈이었다. IMF와 합의에 도달하긴 했지만 언론으로부터 IMF 이행각서에 서명한 12월 3일을 '국치일'이라고 비난받을 정도로 IMF의 요구사항을 모두 들어주게 됐다.[3]

이렇게 '자신과 협상하는 경우'는 통상 협상의 실패 사례에서 쉽게 찾아볼 수 있다. 우리나라는 협상 초기에는 이 문제가 협상의 대상이 아니라며 협상 불가 방침을 내세운다. 상대국은 반박논리와 반대자료를 제시해서 우리를 수세로 몰고 가다, 나중에는 무역보복 조치를 발동하는 등 압력을 가한다.

우리 정부는 그제야 입장을 바꿔서 협상에 나서는데, 협상의 조건과 대안에 대한 준비가 되어 있지 않은 상태에서 떠밀린 것이라, 초기에는 강경한 듯 보여도 협상 막바지에 이르면 대부분의 조건을 모두 양보하게 된다. 따라서 협상의 흐름에 기복이 심하고, 설사 그 결과가 객관적이고 합리적이라고 해도 국민은 불만을 느끼게 된다.

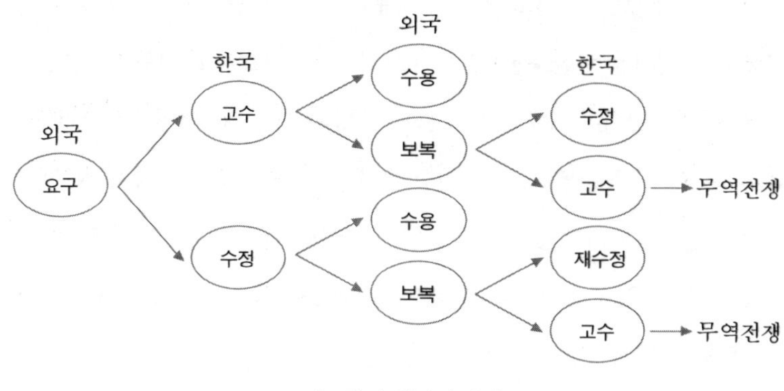

〈그림 2〉 협상의 실패

협상이 이런 악순환을 거듭하는 이유는 무엇보다도 정부가 협상에서 얻어내야 할 이익과 상대국의 협상 전략을 파악하는 데 힘을 기울이지 않고 당면한 국내 정치 상황과 국민의 불만을 의식한 나머지, 협상 목표를 무조건 높게만 잡기 때문이다.

> 나라와 나라 사이의 통상 협상은 두 가지 갈래로 동시에 진행된다. 대외적으로는 상대국 정부와 협상하고, 대내적으로는 정부와 이해 집단이 협상을 한다.

통상 협상에서 우리 정부가 실패하고 있는 부분이 이 대내협상을 제대로 진행하지 못한 상태로 대외협상에 임한다는 점이다. 이해 집단과 협상을 해서 가이드라인을 설정하고, 국민에게는 협상의 여건을 설명해 협조를 이끌어내는 것이 중요한데도, 무조건 비현실적인 협상 목표를 발표해 인기를 모으려고 하는 것이다.

반면 상대국은 그 사이에 우리 정부의 주장을 분석해 허점을 파악하고 양보를 끌어내기 위한 논리와 근거를 개발한다. 그리고 관련이 있는 다른 통상 문제를 제기해 양보하지 않을 수 없도록 만든다. 대내적인 협상을 제대로 수행하지 못하면 국민의 협상에 대한 기대 수준이 높아져 정부의 정치적 부담이 커지고, 산업계도 정부가 제시한 낙관적인 전망만 믿고 있다가 큰 피해를 입게 된다. 결국 정부의 리더십은 붕괴되고 협상의 후유증은 고스란히 국민에게 돌아온다.

1994년 벌어진 우루과이라운드 협상 당시, 최대의 이슈는 쌀 시장 개방이었다. 1994년은 대통령 선거가 있는 해였고, 후보자들은 모두 농민 표를 의식해 무슨 일이 있어도 쌀 시장만은 개방하지 않겠다고 공약했다.

하지만 우루과이라운드 협상은 수출품의 대부분을 차지하는 해외 공산품 시장의 '개방'과 직결되어 있었다. 게다가 일본이 쌀 시장을 개방하기로 결정하자 한국 정부는 협상 막판에 이르러 시장 개방을 수용하기로 결정했다. 그리고 농민의 불만을 무마하기 위해 농업 부문에 대한 대대적인 지원을 약속했다. 그 과정에서 타당성이 떨어지는 사업에 대해서까지 무리한 재정 지원이 이어졌다. 하지만 결과적으로 농가의 경쟁력을 높이는 데는 실패하고, 농민들은 지원받은 자금을 상환하지 못해 도리어 농가부채만 늘리는 꼴이 되고 말았다.

전략 없이 협상하는 문제

협상에 임하면서 '결과는 부딪쳐 봐야 안다.'는 막연한 생각을 하거나, '협상은 기술(skill)'이라는 단순한 생각을 하고 있으면 협상 준비에 소홀해진다. 협상에 대한 준비가 부족해서 불리한 결과가 나와도, 그 탓을 '협상 여건이 나빠서'라고 돌리기도 한다.

> 협상을 시작하기 전에 협상 대상자와 이슈, 여건에 대한 정보를 수집하고 협상 당사자의 의견을 충분히 들어야 한다. 전략 없는 협상은 실패로 끝날 수밖에 없다.

전략 없는 협상은 첫째, 협상에 임하는 조직이 효율적인 의사 결정 구조를 갖고 있지 못할 때 나타난다. 예를 들어 협상의 주도권을 놓고 서로 다른 부처들이 다툼을 벌이면, 협상에 필요한 정보 수집이 어려워진다. 협상팀 안에서 팀원들의 역할 분담이 분명하지 않을 때에도 협상 준비가 힘들기는 마찬가지다.[4]

둘째, 협상 실무자와 상사의 관계가 왜곡되어 있을 때도 전략 없는 협상이 나타난다.

예를 들어 우리나라에서 기업의 권한은 총수에게 집중되어 있고, 정부의 권한은 대통령에게 집중되어 있다. 따라서 협상의 당사자는 협상의 여건을 파악하고 냉정하게 진단하기보다, 상사인 총수나 대통령이 원하는 것을 알아내고 그 지시를 받는 데 급급해한다. 상사가 협상의 현실을 제대로 이해하지 못하고 협상 지침을 내릴 경우에는 문제가 더욱 심각해진다. 어차피 상사는 주위 여건을 감안하지 않고 결과만으로 평가를 할 것이기 때문에, 협상 당사자는 스스로 전략을 세워 실리적인 협상을 하기보다는 상사의 판단에 맞춰서 임기응변식의 협상을 하게 된다.

이런 문제가 가장 잘 드러나는 경우가 공기업의 노사 협상이다. 사용자는 정부의 눈치를 보느라 노사 협상에 소극적이다. 노조는 이런 사용자에게 반발해서 불법적인 집단행동에 나선다.[5] 그제야 정부가 나서서 합의를 이끌어낸다. 하지만 이미 국민의 이익이 침해되고 법질서는 흔들려버린 후다.

이런 경우에 협상 당사자가 협상에서의 권한이 적고 경험까지 부족하면 협상은 더욱 힘들어진다. 상대방은 협상 당사자가 아무리 단호한 태도를 취해도 상사의 태도가 바뀌면 함께 바뀌는 '무소신형' 협상을 하리라는 점을 알고 이를 이용한다. 따라서 상대방은 협상 당사자가 아니라 그 상사를 상대로 압력을 가할 것이고, 이로 인해 협상 당사자는 더욱 심리적인 위축과 무력감에 젖게 된다.

GM(제너럴모터스) 사에 대우자동차를 매각하는 협상을 벌이던 때의 일이다. 대우 측 협상 당사자로 나선 채권단 안에는 협상 경험이 풍부한 사람이 부족했고, 협상 권한도 불분명했다. 채권단과 정부 각 부처가 복잡한 이해관계로 얽혀 있는 것은 물론이고, 의사 결정 구조도 '채권단 → 정부 → 청와대'의 수직적인 구조로 되어 있어서 최종적으로 청와대의 지시가 없으면 아무것도 할 수 없는 상황이었다.

GM은 우리의 요구에 대해서는 채권단과 정부 부처 간의 복잡한 이해관계를 이용해 끝까지 버티고, 반면 자신들의 요구사항에 대해서는 우리 측의 수직적이고 단선적인 결정 라인을 활용해 양보를 받아냈다.[6]

4) 한국의 협상 문화

분쟁 상황에서 어느 한쪽의 일방적인 주장만으로는 사태를 해결할 수 없는 경우가 늘어나면서, 국민 사이에 대화와 협상이 필요하다는 공감이 확산되고 있다. 협상으로 분쟁을 해결하려면 협상의 능력을 키우는 것이 중요하다. 협상이 필요하다는 국민적 인식을 협상력의 향상으로 끌고 가려면 어떻게 해야 할까. 우리 사회에서 분쟁과 협상이 받아들여지는 양상과 그 한계를 살펴보고 과제를 정리해보자.

인간관계와 계약관계

새만금 간척 사업은 정부와 환경단체, 그리고 지방자치단체 간의 분쟁 때문에 사업은 사업대로 표류하고 사업비는 사업비대로 불어난 좋지 않은 사례.[7] 경제적 손실과 함께 국민의 정신적 고통도 커지면서 냉정하고 현실적인 협상을 요구하는 목소리가 높았다.

이렇게 분쟁을 대화와 협상으로 풀어야 한다는 생각이 늘어나고는 있지만, 이것이 하나의 관행으로 생활 속에 뿌리내리려면 연고주의와 그에 따른 사회 구성원들 간의 불신이 먼저 사라져야 한다.

우리는 전통적으로 인간관계를 중요하게 여긴다. 분쟁의 발생과 해결이 모두 인간관계에서 비롯되는 경우가 많다. 이렇게 인간관계를 중시하는 우리의 정서가 협상과는 서로 이질적인 요소가 있는 것이 사실이다.[8] 협상은 계약관계를 바탕으로 이뤄지기 때문이다.

협상은 급부와 반대급부, 권리와 의무를 따지고 결정하는 과정이다.

그래서 우리나라에서는 공식적인 협상을 꺼리거나, 협상으로 합의에 이르러도 인간관계에 얽매여 권리와 의무를 모호하게 처리하는 경우가 많다. 이로 인해 합의를 본 후에도 새로운 분쟁이 발생할 소지가 남고, 그 결과가 자신에게 불리할 때는 협상이 공정하지 못했다고 문제를 제기하는 경우도 많다.

물론 인간관계가 협상에 유리하게 작용할 수도 있다. 협상 당사자가 서로 신뢰하는 관계라면 인간적인 존중 위에서 합의안을 만들어내기가 쉽다. 하지만 반대로 서로 신뢰하던 사람들도 일단 분쟁에 들어가면 전투적으로 변해 서로 공격하기도 하고, 서로 불신하는 사이였을 경우에는 상대방을 무시하고 감정적으로 대립하는 일이 많다.

결국 우리나라가 협상을 통해 분쟁을 해결하는 관행을 가지려면 무엇보다도 사회 구성원들 간에 신뢰를 회복하는 일이 관건이라는 것을 알 수 있다. 아무런 연고가 없다거나 개인적인 감정 등을 이유로 불이익을 받는 사람이 없도록 법과 제도를 정비해야 한다. 또 협상의 규칙을 지키고 약속과 합의를 공정히 이행할 수 있도록 강제하는 장치도 필요하다.

계약관계가 발달한 서구에서는 우리나라와 똑같은 이슈가 발생하더라

도 그 분쟁을 해결하는 과정과 협상의 양상이 달라진다. **우리는 인간관계
와 계약관계의 장점을 발전시켜 한국적인 협상 문화를 만들어야 한다.**

기업의 협상 마인드

기술의 발전 속도는 빨라지고 시장 경쟁은 치열해지는 반면, 우리의 정
치·사회 환경은 여전히 불투명하다. 기업은 전보다 더 큰 위험과 불확실
성을 감수해야 한다. 따라서 기업 내부에서도 경영 전략과 경영 성과, 조직
개편과 업무 조정, 책임과 권한의 문제를 둘러싸고 갈등이 상존하게 됐다.
그리고 이런 내부의 갈등을 효과적으로 해결하고 협조를 끌어내는 일이 경
영의 중요한 과제로 등장하고 있다. 이런 갈등은 특히 중앙집중적인 조직
을 권한이 분산된 유연한 조직으로 바꾸려고 할 때 두드러지게 나타난다.

그런데 아직까지 경영자들이 협상과 조정에 대해 가지고 있는 인식은
대단히 소극적이다. 갈등을 인정하는 대신 무시하고 싶어한다. 갈등이 조
직의 안정을 해치는 요인이라고 보기 때문이다. 그래서 갈등이 분쟁으로
악화된 후에야 협상과 조정에 나서고는 한다.

대부분의 경영자는 어떤 문제가 발생했을 때 먼저 결정을 내리고
(decide), 상대방이 이 결정에 대해 반발하면 방어하다가(defend), 마지
못해 상대방과 대화(dialogue)에 나서는 양상을 보인다.[9] 이 상황이 반복
되면 조직에는 갈등이 쌓이고 경영자의 리더십은 흔들린다.

그것만이 아니다. 많은 경영자들이 회사의 구성원이나 부서 간의 갈등
을 해결하는 데 조정자 역할을 제대로 수행하지 못하고 있다. 경영자는 조
직 내부에 갈등이 생겼을 때 당사자들이 협상을 통해서 스스로 해결하도록

유도하고, 그렇게 하기 어려운 문제에 대해서는 적극적인 조정자의 역할을 해야 한다. 아니면 구성원의 참여의식과 100퍼센트의 역량을 끌어내지 못해 기업의 자원을 충분히 활용할 수 없게 된다.[10]

한편 기업은 내부 조직에서뿐만 아니라 외부에서 더욱 다양한 갈등을 경험한다. 경쟁기업, 노동조합, 투자자, 소비자 등 직접적인 이해 당사자와 공공기관, 언론, 시민단체 등 간접적인 이해 당사자들이 기업과 갈등을 빚는다. 경쟁기업은 시장을 확대하려고 하고, 노조는 노동자의 권리를 요구하고, 투자자는 회계의 투명성 또는 소액주주의 권리를 요구하고, 소비자는 제품과 서비스의 하자에 대한 손해배상을 요구한다. 공공기관은 환경 오염을 예방하기 위한 기준을 준수하라고 요구하고, 시민단체는 지역사회에 대한 기업의 책임을 주장하고, 언론은 이를 보도해 기업의 이미지를 흔들어놓는다.

여기서 한 가지 다행스러운 점은 최근 경영자들 사이에 위기관리 경영이 중요하다고 생각하는 분위기가 늘어났다는 점이다. 갑자기 분쟁이 발생해 기업이 위기에 직면하는 일이 없도록 비상 경영 전략을 수립하는 회사도 많아졌다. 특히 상대방과 직접 대화하고 설득하려는 협상 마인드(mind)가 중시되고 있는 것도 반가운 변화다.

하지만 협상 마인드가 확산되는 속도에 비해 실제로 위기를 극복하기 위한 협상력은 여전히 취약해 보인다. 위기에 대한 초기 대응이 너무 늦고 태도가 미온적이어서, 오히려 위기를 악화시키는 경우도 많다. 위기가 발생하면 이를 해결하기 위한 태스크포스팀(task force team: 특수한 임무를 띤 기동전략팀)을 구성하고 협상 전략을 수립하고 의사소통을 위한 계획을 세워야 하는데 아직 몸이 느리다. 위기를 사전에 예방할 수 있는 경영 시스템도 부족하다.

이런 준비를 하려면 협상을 방어적으로만 생각하는 경영자의 인식부터 바꿔야 한다. 문제가 발생했을 때 경영자는 상대방과 먼저 대화하고, 그 다음에 의사 결정을 내리고, 이를 제대로 전달하려는 태도가 필요하다.

> 갈등을 일으키는 상대방은 극복의 대상이 아니라 기업 활동을 공유하는 파트너다. 경영자는 경영 목표를 달성하기 위한 도구로서 협상을 적극적으로 받아들여야 한다.

정부와 민간 사이의 갈등

정부의 역할이 커지면서 각종 정책의 입안과 권한, 예산 등을 둘러싸고 갈등이 심각해지고 있다. 이런 갈등은 정부와 민간 사이에서뿐만 아니라 정부와 지자체, 그리고 지자체와 지자체 사이에서도 종종 벌어진다.

우선 정부와 민간 사이에 분쟁이 생겼을 때, 지금까지 정부는 정부가 결정한 사항은 협상 대상이 될 수 없다며 협상에 나서기를 기피하는 것이 일반적이었다. 이런 폐쇄성 때문에 정부는 정책을 수립하고 추진하는 과정에 이해 당사자를 참여시키는 것도 꺼렸다. 하지만 국가권력과 사회가 민주주의 체제로 전환하면서 국민의 권리 의식이 높아지고 시민단체와 이해 집단의 목소리가 커지자 정부의 일방적인 정책 결정은 저항에 부딪히기 시작했다. 이에 따라 정부의 태도도 협상을 받아들이는 쪽으로 점차 바뀌고 있는 추세다.

한편 정부와 민간 사이에서 정부는 갈등의 당사자가 되기도 하지만 조정자가 되기도 한다. 정부의 지원이나 규제를 둘러싸고 갈등이 벌어질 때가 그런 경우에 해당한다. 정부의 지원과 규제는 국민 생활에 직접적인 영향을 미친다. 기득권 계층은 현행 제도를 유지하자고 하고, 불이익을 당하는 계층은 제도를 폐지하자고 한다. 그래서 정부가 지원과 규제에 관한 제도를 개선하려면 전략을 세워야 한다.

만약 정부가 이해 집단을 설득하고 조정할 수 있는 합리적인 원칙을 가지고 일관성 있게 일하지 않으면 공정성을 의심받게 된다. 정부가 소수 기득권 계층에 끌려다니면 국민 다수의 이익이 침해를 받을 것이다. 그런데 민주주의 체제로 전환하면서 정부가 국민 다수가 아니라 목소리가 큰 이해 집단의 이익에 끌려다니는 듯한 태도를 보이는 경우가 있다. 예를 들어 새만금 간척 사업 분쟁이나 의약 분업 분쟁이 그렇다.[1] 정부가 이해 집단에 휘둘린다면 이해 집단 간의 갈등을 제대로 해결할 수 없다는 것은 자명하다.

정부가 이해 집단에 휘둘리는 것은 정부 부처가 유기적으로 협조하지 못하기 때문이다. 이해 집단이 어떤 불만을 제기했을 때 각 부처는 자신의 소관 사항이 아니라고 발을 빼는 데 급급하다. 여러 부처가 같이 연관되어 있을 때는 이견을 조정하지 못해 대안을 마련하는 데 늑장을 부리기도 한다. 정부가 보여주는 지지부진한 태도에 분노한 이해 집단은 곧 실력행사에 들어간다.

2003년 화물연대가 전국적으로 파업을 벌였다. 정부는 화물연대가 화물 운송을 중단하는 초유의 파업을 벌이기 전에는 화물연대와의 대화에 성의를 보이지 않았다. 결국 화물연대가 집단행동에 들어가고서야 대화의 방안을 찾기 시작했지만, 이미 화물연대의 차주들은 감정이 격앙되어 있었다. 게다가 정부 안에서도 건설교통부, 재정경제부, 노동부, 공정거래위원회 등 여러 부처가 관련되어 있다 보니 부처 간의 이견이 쉽게 조정되지 못했다. 정부의 대응이 지지부진한 사이에 화물연대는 거세게 밀어붙였고, 정부는 위기를 맞고서야 화물연대의 요구를 대부분 받아들이는 것으로 협상을 끝냈다.

한편 정부가 자신의 역할을 잘못 설정해서 오히려 분쟁을 왜곡시키는 경우도 있다. 정부가 민간기업의 노사 분쟁에 지나치게 깊이 개입해서 노사 문제를 정치 문제로 비화시키는 경우다. 재벌 정책의 경우가 그런 예다. 정부가 이해 당사자인지 아니면 이해 당사자 사이에 있는 조정자인지 불분명하게 행동함으로써 재벌 정책의 실효성을 스스로 떨어뜨리는 것이다.[12]

우리 정부는 정권이 출범하는 초기에는 재벌에 대한 규제를 강화하다가 경기가 나빠지면 규제가 불합리하다며 규제를 완화하는 경향이 있다. 사실 따지고 보면 재벌의 폐해를 둘러싼 일차적인 분쟁 당사자는 바로 재벌에게 대출을 많이 하는 채권금융기관이다. 그런데 지금 정부가 재벌에 관한 규제를 만드는 과정에는 채권금융기관이 참여하지 않는다. 이것은 재벌 정책이 현실성을 잃어버릴 수밖에 없는 원인이 된다. 즉 일차적인 이해 당사자가 아니라 정부가 나서서 결정을 하다가, 상황이 바뀌면 정부 스스로 이를 번복하는 것이다. 결국 정책의 일관성이 떨어지고 국민의 불신만 커진다.

갈등을 조정하는 정부의 세 가지 방식

얼마 전부터 정부는 이해 당사자와의 갈등을 직접 해결하거나 혹은 이해 당사자 간의 갈등을 조정하기 위해 대안적(alternative)인 새로운 방식을 모색하고 있다. 이것은 다음의 세 가지 형태로 나타난다.

우선 첫 번째는 정부가 정책을 결정하고 관련 조치를 취할 때 이해 집단이나 이해 당사자를 참여시키는 것이다. 이를 위해 각종 정책심의회와 정책협의회 등이 활용되고 있다. 하지만 문제는 이런 위원회의 대부분이 형식적으로 운영되거나 아예 가동되지 않는 경우가 많다는 점이다. 이런 위원회의 의미는 정부와 이해 당사자가 함께 집단적으로 의사 결정(group decision-making)을 하는 데 있는데, 아직까지는 이런 위원회들이 부처의 이익을 지키기 위해, 또는 이해 집단의 대표가 위원회에 참여했으니 정부의 정책 결정이 정당하다고 선전하는 데 이용되고 있기 때문이다.

결국 이런 위원회들에 대한 불만이 누적되면서, 이해 당사자들은 위원회가 집단적인 의사 결정 기능을 갖게 해달라고 요구하기 시작했다. 대표적인 경우가 노동자와 사용자와 정부가 모여 있는 노사정위원회로, 노조 측에서는 위원회의 권한을 문제 삼아 참여를 거부했다.

이해 집단이나 이해 당사자가 참여하는 위원회를 통해 정부의 정책을 결정하기 위해서는, 참여하는 위원의 권한과 책임을 분명히 하고, 효과적인 의사 결정과 회의 진행에 대한 규칙이 있어야 한다. 즉 사안의 성격에 따라 다수결을 택하거나 전원합의를 택하는 합리적인 의사 결정의 규칙이 필요하다는 말이다. 그에 더해 집단적인 의사 결정을 하는 데 필요한 회의의 진행 방식도 개발되어야 한다.

두 번째 형태는 정부의 행정조치나 규제에 관해 당사자들이 이의를 제기할 수 있는 창구를 열어놓는 것이다. 이를 위해서는 민원 처리 제도가 주로 활용되고 있다. 소관 행정부서와 기관의 민원 창구를 통해 문제가 해결되지 못하면 재심도 청구할 수 있고, 민원인은 권리 구제를 위해 사법부에 의지할 수도 있다. 한편 정부 차원의 민원 창구와는 별도로 국민고충처리위원회와 규제개혁위원회, 또 행정법원 제도도 있어서 권리를 구제받을 기회가 늘어났다.

그런데 이런 제도적 장치가 늘어났는데도 정부와 일반인 간의 민원 분쟁이 계속 증가하는 것은 왜일까. 민원을 제기할 기회가 늘어나기도 했지만, 무엇보다도 규제의 근간이 되는 법과 제도가 신뢰를 얻지 못하고, 규제를 적용하는 규칙의 일관성과 형평성을 확보하지 못했기 때문이다.

또한 민간에 대한 규제와 민간이 지켜야 할 규칙을 만드는 일에 이해 당사자가 참여하는 경우도 없고,[13] 이미 만들어진 규제를 민원인에게 설명하려는 노력도 부족하다. 행정기관과 민원인이 직접 만나서 대화할 기회도 없고, 재심기관은 행정기관과 민원인 사이에서 중립성을 지키지 못한다는 불신을 받는 것이 아직까지의 현실이다.

세 번째는 정부가 이해 당사자 간의 분쟁을 조정하기 위해 조정 제도를 도입하는 것이다. 이를 위해서 각종 분쟁 조정 기구를 활용하는 것이 필요하다. 예를 들면 이혼을 위해 재판에 들어가기 전에 조정을 거치는 조정 전치주의가 그것이다. 현재 거의 모든 정부 부처가 분쟁 조정 기구를 설치하고, 노사 분쟁이나 환경 분쟁, 소비자 분쟁 등에 개입하기 위해 노력하고 있다.

최근에는 법원 역시 민사 문제에 대해서는 조정 제도를 적극 활용하라고 권하고 있다. 민사 조정 제도는 미국 등 서구에서는 널리 활용되는 대안적 분쟁 해결 방법(ADR: Alternative Dispute Resolution)으로, 우리나라에서도 점차 활용도가 증가하고 있다.

그런데 우리나라의 분쟁 조정 제도는 분쟁 당사자들이 자율적으로 해결하게끔 유도하거나 사적 자치(私的自治)의 공간을 늘리기 위한 행정서비스로서의 성격은 미약한 편이다.

조정은 당사자 간의 합의를 전제로 한다. 따라서 **조정이 실효를 거두려면 당사자가 협상에 적극적인 의지가 있어야 하고, 조정자가 중립성과 전문성을 갖추고 있어야 한다.** 하지만 협상 경험과 전문지식을 갖춘 조정자를 확보하기 위한 예산은 아주 적어서,[14] 정부가 조정 제도를 제대로 이용하고 있다고 보기는 힘들다.

분쟁 조정 제도를 제대로 활용하려면 법과 제도가 먼저 개선되어야 하는데, 아직까지 분쟁 해결의 방법과 절차를 규정하는 법과 제도는 미흡하기 짝이 없다. 우리나라의 법은 실체법 중심이라서, 법원에서 소송을 통해 분쟁을 해결할 때는 유효하지만, 당사자들이 협상을 통해 스스로 분쟁을 해결하려고 들면 절차가 쉽지 않다. 따라서 정부의 행정조치나 법원의 사법적 판단에 의존하게 된다. 관련된 문제에 있어서 전문가라고 해도 법을 다루는 변호사가 아닐 때는 분쟁을 해결하는 데 많은 어려움을 겪을 수밖에 없다.[15]

한편 정부와 민간 사이의 분쟁에 대한 해결 방식이 민주화되고 있는 데 비해, 정부 내부의 갈등을 해결하는 방식은 여전히 권위주의적이라는 점을 유념해야 한다. 정부 내부의 갈등은 바깥으로 잘 알려지지 않는 속성이 있다. 정부는 내부의 갈등을 적극적으로 해결하기보다는 회피하려는 경향이 있다. 갈등이 생겨도 대화를 통해서 해결하지 않고 힘있는 부서가 힘없는 부서를 눌러서 해결하려고 한다.

이런 경우에는 정부의 정책 조정 기능도 유명무실하다. 부처 간 협의기구는 형식적인 틀에 불과하며 부처 내부의 조직 논리가 부처 간의 협의보다 앞서서 주장된다. 따라서 부처 간에 갈등이 발생하면 대통령이나 총리가 나서고서야 해결을 기대하게 된다. 하지만 사실은 대통령과 총리도 정책 조정에 수반되는 정치적 부담 때문에 실제로는 조정다운 조정을 하지 못하고 갈등을 봉합하는 수준에서 문제를 무마하는 경우가 많다.

이렇게 정부의 갈등 해결 능력이 떨어지면 정부 기능이 무력해진다. 국회 등 정치권은 행정부의 무능력을 비판하지만, 제도를 개선하는 것이 정치적 결단을 요구하는 일일 경우 행정부는 현실적으로 힘을 쓰지 못한다.

협상 교육이 필요한 이유

우리 사회는 서열과 연령을 강조하는 풍토가 있어서 일상생활에서 대화와 협상으로 문제를 해결하는 경험을 쌓기가 쉽지 않다. 가정과 학교가 모두 마찬가지다. 가정에서는 부모와 자녀가 함께 대화를 나눌 기회가 적고,[16] 학교에서는 대화와 협상이 아니라 주입식 교육이 이뤄지고 있다.

한편 분쟁과 협상에 대한 학계의 연구도 아직 미흡한 편이다.[17] 그나마 진행되고 있는 대부분의 연구는 당위론적인 해결 방안을 찾는 데만 치우쳐 있을 뿐, 합의에 도달하기 위한 방법과 과정, 이해 당사자들을 조정하는 문제에 대해서는 연구가 부족한 편이다.

협상에 대한 연구는 분쟁의 성격을 규명하고 관련 법을 연구하는 것만이 아니라, 다양한 사례와 사람의 심리까지 연구해야 하기 때문에 통합적이고 실리적인 연구 자세가 필요하다. 그런데 우리나라는 대학의 전공 분야가 지나치게 세분되어 있고, 학계와 기업, 정부 기관 사이에 인적인 교류와 정보 교환이 적어서 사례를 수집하기도 쉽지 않다.

이런 학계의 취약함은 곧 교육 기능의 미흡함으로 드러난다. 민주주의 사회에서 대화와 설득을 기반으로 하는 협상 능력은 사회생활의 기초적인 소양에 속한다.[18] 분쟁과 협상에 대한 교육이야말로 초·중등학교부터 대학에 이르기까지 빠짐없이 진행되어야 하는 과목이라 할 수 있다.

2 갈등, 분쟁, 협상

1) 바람직한 분쟁 해결의 원리

분쟁 당사자는 분쟁을 해결하기 위해 자신에게 가장 유리한 방법을 택하고 싶어한다. 예를 들어 한쪽은 투표를 통해 결론 내리기를 바라고 다른 쪽은 협상을 통해 해결하기를 바랄 수 있다. 이럴 때는 분쟁을 해결하는 방법을 두고 갈등이 발생한다. 분쟁을 해결하기 위한 최적의 방법을 어떻게 찾을 수 있을까.

분쟁의 해결책은 전략적으로 결정되어야 한다. 여러 방법을 놓고 장점과 단점을 비교해보고, 자신이 원하는 방법을 상대방이 동의할 것인지에 대해서도 고려한다. 또 분쟁이 해결되기 이전과 이후의 상황을 비교해서, 분쟁이 해결되었을 때 양쪽 당사자가 모두 지금보다 나은 상태에 도달할 수 있어야 한다. 여러 방법이 동일한 결과를 가져온다면 시간과 비용이 적게 드는 방법을 선택해야 한다. 만약 가족 분쟁이나 노사 분쟁처럼 분쟁 당사자가 일회적인 관계에 있는 것이 아니고, 지속적인 관계를 맺고 있을 때는 당사자들의 인간관계가 손상되는 것을 최대한 막아야 한다는 원칙이 추가된다. 지금의 분쟁이 해결되더라도 또 다른 분쟁이 발생할 소지가 있다면, 그런 방법은 피하는 것이 좋다.

이런 맥락에서 분쟁 해결의 바람직한 방법을 찾는 네 가지 기준을 들면 다음과 같다.[19]

첫째, 분쟁을 해결하는 데 드는 물질적 · 정신적 비용이 최소한이어야 한다. 즉 돈과 스트레스가 적게 들고 신속하게 처리되어야 한다.

둘째, 분쟁 해결의 과정과 결과에 대해 당사자들이 만족해야 한다. 분쟁의 결과에 대한 만족도는 자신의 이익이 얼마나 달성됐느냐 하는 것에서만이 아니라, 협상 과정이 얼마나 정당했느냐 하는 공정성의 문제에서도 크게 좌우된다.

셋째, 분쟁 당사자들의 관계가 좋아져야 한다. 분쟁이 해결된 후 당사자들의 일상적인 관계가 갈등과 대립에서 벗어나 평화를 유지할 수 있어야 한다.

넷째, 분쟁의 해결 방안을 당사자들이 지킬 수 있어서 분쟁이 다시 재발하지 않는다는 안정성이 확보되어야 한다.

2) 갈등의 비화, 분쟁의 해결

갈등의 몇 가지 유형

협상의 의미를 이해하려면 어떤 경우에 갈등이 분쟁으로 비화하고, 어떤 상황에서 협상이 선택되는지를 알아야 한다.

갈등에 대해서는 심리적인 충돌이라는 정의에서부터 분쟁이라는 정의에 이르기까지 다양하게 정의할 수 있다.[20] 이 책에서는 '누가 얼마의 몫을 가질 것인가?', '누가 옳고 그른가?', '누가 얼마의 영향력을 행사할 것인가?'와 같이 욕구가 충돌하는 것을 갈등이라고 규정하자.

욕구의 대상에는 돈 같은 경제적인 사물, 가치관 같은 정신적 내용, 권리 같은 무형의 원칙 등이 포함된다. 이 대상에 대해 내가 가지고 있는 희망과 기대, 불안을 욕구로 보고, 이 욕구를 다시 이익이라는 개념으로 치환해보면, 갈등이란 '갖고 싶다.'거나 '피하고 싶다.'는 나의 이익이 상대방의 이익과 서로 부딪칠 때 발생하는 것으로 정리할 수 있다.

갈등을 해결하는 방식은 자신과 상대방이 어떻게 이익을 추구하느냐에 따라 네 가지로 나눌 수 있다.[21]

첫째, 자신의 이익에 대해서만 관심을 갖고 상대방의 이익에 대해서는 배려하지 않으면, 갈등은 경쟁적이거나 대립적인 성격을 갖는다. 이때는 갈등이 분쟁으로 발전한다.

둘째, 자신의 이익을 중시하면서도 상대방의 이익에 대해 배려하면, 갈등은 협력적이거나 통합적인 관계에서 해결된다. 이때도 갈등은 분쟁으로 드러나지만, 당사자들이 문제를 해결하려는 입장에 서게 된다.

셋째, 상대방과의 관계를 고려해서 자신보다는 상대방의 이익을 배려해야 할 때, 자신의 이익을 포기하거나 상대방의 이익을 수용함으로써 갈등이 해결된다. 이때는 갈등이 분쟁으로 드러나지 않는다. 포기와 수용은 갈등의 당사자 중 어느 한쪽이 갈등의 실익이 너무 적거나 수반되는 비용이 너무 크다고 느낄 때 선택된다.

넷째, 내 이익과 상대방의 이익 모두에 대해서 관심이 적을 때에는 갈등을 해결하기 위한 아무런 행동도 하지 않는다. 이때도 갈등이 분쟁으로 드러나지 않는다. 갈등의 당사자들이 모두 다툴 만한 실익이 너무 적다고 느끼면 이런 경우가 발생한다.

따라서 갈등이 분쟁으로 발전해 협상에까지 이르는 것은, 당사자들이 욕구의 충돌에 관해 경쟁적이거나 대립적인 문제로 인식하는 경우의 문제다.[22]

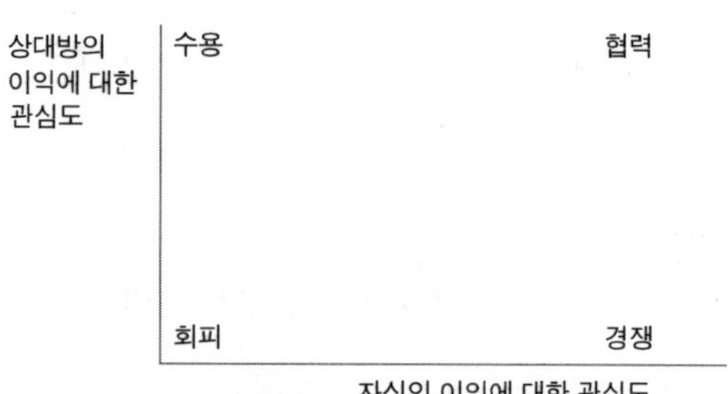

〈그림 3〉 갈등 당사자의 이익 추구

갈등에 대한 인식과 협상

갈등은 시간이 흐르면서 그 양상이 악화되거나 진정되는 동태적(dynamic) 성격을 갖고 있다. 갈등은 당사자들이 갈등을 일으키는 문제를 어떻게 지각(perception)하는지, 그리고 당사자들이 서로에 대해 어떻게 상호대응하는지에 따라 그 전개 양상이 달라진다. 분쟁 당사자들은 갈등의 원인에 대해 경쟁적인 문제로 인식할 수도 있고, 협력적인 문제로 인식할 수도 있는데, 그 인식에 따라 대응 방식이 달라진다.

여기서 주차 문제를 둘러싸고 벌어지는 갈등을 예로 들어 이런 상호대응의 사례를 살펴보자.

김 씨와 박 씨는 좁은 도로를 끼고 이웃에 살고 있다. 김 씨는 대문 앞에 '주차 금지'라는 팻말을 붙여놓았다. 어느 날 박 씨가 차를 주차할 곳을 못 찾고 그만 김 씨 집 대문 앞에 세우게 됐다. 집에 돌아온 김 씨는 자기 차를 세울 곳이 없어진 것을 알았다.

여기서 갈등은 두 가지로 드러날 수 있다. 우선 김 씨가 박 씨에게 화를 내며 항의하는 경우다. "내가 주차 금지라고 써놓았는데 왜 남의 집 앞에 차를 세우는 거냐?" 이때 박 씨도 덩달아 화가 나서 "이 땅이 당신 땅이냐?"고 따지면 둘은 크게 다투게 될 것이다.

만약 그렇게 하지 않고 김 씨가 박 씨에게 "죄송합니다만, 주차할 때 전화번호를 남겨주시면 좋겠습니다." 하고 자신의 우려와 희망을 말한다면, 박 씨는 "불편을 끼쳐드려 죄송합니다. 다음에 혹시 주차를 하게 되면 꼭 연락처를 남겨놓겠습니다." 하면서 다툼을 평화롭게 끝낼 가능성이 커진다.

김 씨는 박 씨의 행동을 보고, 또 박 씨는 김 씨의 행동을 보고 대응한다. 이때 도로 위에 있는 공간을 경쟁적인 문제로 인식하면 갈등이 확대되고, 협력적인 문제로 인식하면 갈등이 축소된다. 김 씨가 도로의 점유권을 주장하고 나서면 박 씨도 강하게 대응하게 되고, 김 씨가 공간의 부족에 대해 공감하면서 대문 앞 주차로 인한 불편을 호소하면 박 씨도 공감과 이해로 대응할 확률이 높다.

갈등이 악화되어 분쟁에 이르면, 협상은 갈등을 진정시키는 역할을 한다. 분쟁 당사자들은 협상을 통해서 상대방에게 내가 원하는 이익이 무엇인지를 알려주고, 동시에 상대방이 원하는 이익이 무엇인지도 이해할 수 있다. 그리고 그 이해의 정도에 따라 협상의 진행과 결과에 대한 만족도가 달라진다. 이 문제를 부부 사이의 갈등을 예로 들어서 살펴보자.

남편 김 씨와 부인 이 씨는 시부모를 모시는 문제로 며칠째 다툼을 벌이고 있다. 남편 김 씨는 거동이 불편한 부모님을 모셔야 한다고 주장하지만 부인 이 씨가 반대한다. 김 씨는 부인에게 "직장에 다니는 것도 아니고 특별히 하는 일도 없는데 왜 부모를 모시지 못하느냐?"고 따졌다. 부인 이 씨는 "왜 내가 하는 일이 없느냐!"고 분개하며 "생활비도 제대로 주지 않으면서 무슨 부모님을 모신다고 하느냐?"고 공격했다. 김 씨는 부인이 살림을 제대로 하지 못해 생활이 이꼴이라고 비난했다. 부부의 다툼이 증폭되면서 고성이 오가자 아이가 겁에 질려 울기 시작했다. 그 울음소리에 부부는 싸움을 그쳤지만, 며칠 내내 서로에게 아무 말도 하지 않고 지냈다. 그러던 어느 날, 아이가 늦도록 집에 들어오지 않는 일이 생겼다. 이 씨는 남편과 함께 나가 동네 PC방에서 놀고 있는 아이를 찾아 데리고 왔다. 그날 밤 김 씨는 부인 이 씨에게 화해를 청했다. 자신의 직장이 어려운 상태에 있으며 건강도 나빠졌다는 점을 고백하고, 당분간은 씀씀이를 줄이고 절약해서 살다가 나중에 형편이 좋아지면 그때 부모를 모시자고 제안했다. 부인 이 씨는 이 제안을 받아들였고 부부는 화해에 이르렀다.

이 사례를 잘 읽어보면 협상을 통해 갈등이 해결되는 과정이 단계별로 드러나고 있다.[23] 갈등은 몇 가지 단계를 거쳐 협상 국면으로 전환한다. 갈등을 일으키는 문제에 따라 각 단계의 특징은 다르지만 **당사자들이 갈등의 상황을 해결해야겠다는 생각을 할 때 협상이 시작된다.**

우선 첫 번째 단계에서는 분쟁 당사자들 사이에 갈등이 증폭된다. 상대방이 공격하면 나는 더 세게 공격한다. 갈등의 원인은 곧 다른 문제로 확대되고 다툼의 규모가 커진다. 예를 들면 시부모를 모시는 문제가 생활비 문제로 증폭된다.

두 번째 단계에서는 당사자들이 더 이상 갈등을 증폭시키지 않는 것이 좋겠다는 데 동의한다. 일종의 휴전상태가 되는 것이다. 위에서 김 씨와 이 씨는 아이가 울기 시작하자 다툼을 중지했다.

세 번째 단계에서는 대립하고 있는 양 당사자가 갈등으로 인한 피해를 인식한다. 결국 누구도 이기지 못하리라는 점을 알게 된 것이다. 위에서는 아이가 집에 들어오지 않은 것이 세 번째 단계에 해당한다. 부모인 김 씨와 이 씨는 어서 갈등을 풀어야겠다는 생각을 하게 된다.

네 번째 단계가 바로 협상의 단계다. 갈등으로 인한 피해를 줄이기 위해서 당사자들이 협상에 나서게 된다. 남편 김 씨가 자신의 불안과 기대를 아내에게 설명하고 동의를 구하는 것이다.

문제의 속성과 협상의 성격

갈등을 풀어가는 협상의 양식은 갈등의 원인이 되는 문제의 속성에 따라 갈등의 당사자들이 서로 경쟁하거나 협력하기를 선택하는 과정 속에서 세 가지로 달라진다.

첫 번째 유형은 갈등의 당사자들이 협력과 경쟁을 동시에 선택하는 경우다. 최악의 상황을 피하자는 데는 쌍방의 이해가 일치하기 때문에 협력을 택한다. 그러나 상대방이 협력을 선택할 때 내가 경쟁을 선택하면 나의 이익이 더 커진다. 따라서 내게는 경쟁과 협력을 둘 다 선택할 이유가 생긴다. 이 경우에 협상을 통해 갈등을 해결할 수 있다고 해도 그 상황은 불안하다. 상대방도 마찬가지로 내가 협력할 때 경쟁을 선택할 유인을 갖고 있기 때문이다.

두 회사가 있다. 두 회사가 모두 가격 할인 정책을 쓰면 둘 다 적자가 난다. 그런데 한쪽 회사가 정상 가격으로 팔 때 다른 쪽 회사가 할인 정책을 선택하면 정상 가격 정책을 선택한 회사는 적자가 나고 할인 가격으로 판매하는 회사는 흑자가 난다. 만약 두 회사가 협력해 모두 정상 가격 정책을 선택하면 둘 다 이익을 거둘 수 있다. 하지만 한쪽이 정상 가격으로 판매할 때 다른 쪽이 할인 정책을 선택하면 할인 정책을 선택한 쪽의 이익이 훨씬 커진다. 이 경우 갈등이 지속될 수밖에 없다.

두 번째 유형은 상대방이 경쟁을 선택하면 나도 경쟁을 하고 내가 협력을 선택하면 상대방도 협력을 선택하는 경우다. 경쟁과 협력을 비교했을 때 협력을 선택하는 것이 쌍방 모두에게 유리하기 때문이다. 이 경우에는 나도 협력을 선택하고 상대방도 협력하도록 만드는 것이 갈등을 해결할 수 있는 협상의 과제가 된다.

비슷한 제품을 만드는 두 회사가 있다. 한 회사가 제품의 안전기준을 높이기를 원한다면 단독으로 행동하기보다는 두 회사가 함께 높이는 것이 서로에게 이익이다. 왜냐하면 안전기준을 높인 회사는 생산원가가 올라가서 손해를 보고, 낮은 기준을 유지한 회사는 매출이 감소해서 손해를 보기 때문이다. 이때 두 회사는 모두 안전기준을 현행대로 유지할 수도 있고 높일 수도 있는데, 기준을 높이는 것이 유리하므로 두 회사가 함께 높은 안전기준을 채택하도록 설득하는 것이 협상의 과제가 된다.

세 번째 유형은 갈등의 당사자가 모두 경쟁을 선택할 수밖에 없지만, 나중에 그 선택 때문에 양쪽 모두가 불이익을 당하게 되는 경우다. 당장은 협력보다 경쟁을 택하는 것이 나의 이익에 맞지만, 결국은 기대와는 다른 결과에 봉착하게 되는 것이다. 이 경우 협상을 통해서 갈등을 해결한다고 해도 최선의 결과에는 도달하지 못한다.

두 회사가 있다. 두 회사 모두 상대방 회사와는 관계없이 생산 규모를 늘리기 위해 공장을 증설하기로 결정했다. 그런데 두 회사가 모두 공장을 증설하차 시장에 공급 물량이 늘어나 제품의 가격이 하락했다. 두 회사는 각자의 이익을 위해 공장을 늘렸는데, 그 결과가 뜻하지 않게 가격의 하락으로 이어져 둘 다 손해를 본 것이다.

이런 모순적인 결과를 피하려는 것이 바로 갈등을 해결하려는 협상의 과제다.

제 **2** 부
분쟁과 협상

분쟁을 진단한 결과 협상을 통해 분쟁을 해결하는 것이 필요할 경우 협상 준비에 들어간다. 협상이 성공할 수 있느냐 아니냐는 협상의 기획과 밀접한 관련이 있다. 분쟁에 대해 진단한 결과는 협상을 기획하는 데 기초 자료가 된다. 협상은 협상에 따르는 비용과 시간은 줄이고 협상 결과는 최대한 긍정적으로 끌어낼 수 있도록 설계되어야 한다.

1 분쟁의 진단과 협상의 기획

1) 분쟁의 진단

분쟁을 진단하고 협상을 설계하는 일은 협상의 성공 여부를 결정짓는 핵심적인 요소다. 그런데 정작 당사자들은 분쟁이 발생한 것에 당황하거나 감정적이 되어 분쟁의 원인을 정확하게 파악하지 못하는 수가 많다. 분쟁의 본질을 이해하지 못한 채 협상에 착수하는 것은 첫 단추를 잘못 채우는 실수와 같다.

분쟁을 성공적으로 해결하기 위해서는 분쟁을 정확하게 진단하고 협상을 치밀하게 준비해야 한다. 우선 거시적인 입장에서 분쟁의 의미와 협상의 역할, 그 한계를 냉정하게 파악한다. 그리고 분쟁 이슈의 성격과 분쟁 당사자의 구조, 관련 법과 제도를 검토해야 한다. 협상의 전략과 전술을 짜는 것은 오히려 미시적인 문제에 속한다. 분쟁과 협상을 하나의 문제로 보지 않고 부분적인 문제에 매달려 싸우다가는 전투에서는 이겨도 전쟁에서

지는 잘못을 저지를 수 있다.

분쟁을 제대로 진단하려면 분쟁의 발생부터 해결까지를 하나의 유기적인 문제로 보는 시각이 필요하다. 그 과정은 다음과 같다.[1]

첫째, 분쟁의 성격을 파악한다. 분쟁이 발생한 이유가 무엇이고, 분쟁의 당사자가 누구인지를 조사한다. 또 분쟁 당사자들 사이에 얼마나 자주 분쟁이 발생하는지, 앞으로도 발생할 가능성이 있는지를 조사한다. 분쟁의 발생과 해결에 영향을 미치는 조직과 환경은 무엇이고, 변화할 가능성은 없는지를 점검한다.

둘째, 지금까지는 분쟁이 어떻게 해결됐는지 전례를 찾아보고, 어떻게 해야 더 효과적으로 해결할 수 있는지를 강구한다. 당사자들은 분쟁과 협상의 각 과정에서 어떻게 대응하고 어떤 양상이 나타났으며, 협상에 든 시간과 비용, 그리고 그 결과에 대한 만족도는 어땠는지, 또 그 결과 당사자들의 현재 관계는 어떻게 변했는지를 검토한다.

셋째, 분쟁이 왜 이렇게 진행됐는지를 파악하고 분쟁을 해결하는 데 장애물이 무엇인지를 찾아낸다. 분쟁을 해결하는 데 사용된 방법에 결함이 있는지, 협상을 하려는 의지가 부족한지, 협상을 하려는 의지는 있지만 기술이 없는지, 정보나 조정자 등의 자원이 부족한지, 아니면 조직이나 환경이 분쟁 해결의 장애물로 작용하는지를 조사한다.

분쟁을 진단한 결과 협상을 통해 분쟁을 해결하는 것이 필요할 경우 협상 준비에 들어간다. 협상이 성공할 수 있느냐 아니냐는 협상의 기획과 밀접한 관련이 있다. 분쟁에 대해 진단한 결과는 협상을 기획하는 데 기초 자료가 된다. 협상은 협상에 따르는 비용과 시간은 줄이고 협상 결과는 최대한 긍정적으로 끌어낼 수 있도록 설계되어야 한다. 이를 위해서 협상의 여건, 협상의 목표, 협상의 진행 등 협상에 관련된 모든 변수가 고려된다.[2]

> 협상의 여건을 투입(input)이라 하고 협상의 목표를 산출(output)로 치면, 협상의 진행은 과정(process)이라고 부를 수 있다. 즉, 협상을 설계하는 것이 곧 전체적인 협상 시스템을 짜는 것임을 알 수 있다.

2) 위기가 닥쳤을 때 당황하지 않는 방법

분쟁을 진단하고 협상을 기획하는 문제는 특히 위기관리 협상에서 더욱 중요하다. 지금의 상황이 위기인지를 진단하고 위기를 돌파하기 위해 상대방과 어떻게 협상할지를 기획하는 것이 위기의 수습 과정과 그 결과를 결정한다. 위기는 치명적인 피해를 가져올 수도 있지만, 적절한 대응 여부에 따라 순조롭게 넘어갈 수도 있는 것이다.

위기를 성공적으로 극복하려면 위기의 발생부터 위기가 해결될 때까지의 과정을 유기적인 문제로 간주해야 한다. 위기가 발생하면 부정하지 말고 일단 현실의 문제로 과감하게 받아들여야 한다. 그리고 자신의 이익을 침해하는 상대방과 대화를 시작하거나, 문제를 해결하기 위한 방안을 찾아야 한다.

위기에 처했을 때 당사자가 가장 흔하게 저지르는 실수는 다음과 같다.[3]

첫째, 위기라는 현실을 냉정하게 받아들이지 못한다. 위기를 예상하지 못했기 때문에 이를 피하기 위한 조치를 취하지 못하고, 위기가 발생한 이후에도 제대로 대응하지 못해 위기를 더욱 악화시킨다.

둘째, 자신의 이익을 지키는 데 급급해 주변 세력으로 하여금 등을 돌리게 만든다. 분쟁의 상대방을 누그러뜨리거나 그 분쟁을 지켜보는 다른 세력 또는 일반 국민의 불안을 이해하려는 노력을 하지 않고 오로지 자신의 이익에만 집중해서 방어하다가, 결국은 물러서는 사태를 맞게 된다.

셋째, 위기가 발생하면 초기 대응이 중요한데도 시간만 끌다가 나중에 미흡한 방안을 제시함으로써 오히려 위기를 키우는 경우도 있다. 결국은 받아들이지 않을 수 없는 핵심적 내용인데도, 인정하기를 미루고 미루다가 여론이 악화되고서야 떠밀리듯 수용하기 때문에 효과적이지 못한 대응을 한다.

넷째, 위기를 스스로 악화시키는 경우도 있다. 위기가 발생하면 대체로 언론은 부정적으로 보도하고 여론도 부정적이 된다. 그런 상황에서 '과도한' 행동이나 발언을 하는 것은 불에 기름을 끼얹는 꼴이다.

다섯째, 위기관리의 주체를 세우지 못한다. 위기를 관리하려면 신속하고 일사불란한 대응이 필요한데, 조직의 핵심 구성원들이 우왕좌왕하는 경우가 많다. 특히 조직이 중앙집권적이지 않고 의사 결정의 권한이 분산된 매트릭스형 조직에서 이런 실수가 왕왕 발생한다. 보통은 권한을 분산시키는 것이 조직을 혁신하는 데 도움이 되지만, 위기가 발생하면 이런 조직은 관리 능력이 떨어지기 쉽다.

여섯째, 조직 안에서 의사소통 기능이 제대로 작동되지 못해 혼란을 가중시킨다. 예를 들어 기업에 위기가 발생하면 종업원을 비롯한 투자자, 언론, 정부가 모두 관심을 기울인다. 이때 위기를 효과적으로 통제하려면 위기가 발생한 원인과 해결의 방안에 대해서 조직 안팎에 일관된 메시지를 적절하게 전달해야 한다. 만약 외부와의 의사소통을 담당하는 창구가 정리되어 있지 않아서 여러 의견이 중구난방으로 외부에 전달되면 혼란이 가중된다.

위기가 가져올 피해를 최소한으로 줄이려면 위기에 대한 예방책이 필요하다. 하지만 모든 위기를 미리 예방할 수는 없으므로, 일단 위기가 발생했을 때 효과적으로 관리하기 위한 준비를 하는 것이 중요하다. 위기를 관리하려면 어떤 준비가 필요할까.

첫째, 위기의 씨앗이 될 만한 요인을 찾아보고, 각 요인에 따라 위기가 어떻게 발생하고 진행될 수 있는지 **시나리오를 짜서 예상**해본다. 예를 들어 기업에서는 환경오염, 폭발, 화재, 산업재해, 원자재 공급 중단 등이 위기의 원인이 될 수 있다. 그 가운데 무엇이 조직에 중대한 피해를 가져올 만한 것인지를 고려해서 그에 따라 시나리오를 작성한다. 이것은 위기가 발생했을 때 대처할 수 있는 능력을 높일 뿐 아니라, 평소에 조직이 가지고 있는 취약점을 보완해서 위기가 발생할 가능성을 줄이는 효과도 있다.

둘째, 조직 내부에 사전경보 기능을 강화한다. 조직이 잘 굴러가고 있을 때에는 구성원들이 위기에 대한 논의 자체를 귀찮게 생각하는 경향이 있다. 평소에 조직 안팎의 동향을 잘 파악해서 위기가 발생할 가능성을 점검하고 위기에 대처할 수 있는 능력을 키울 필요가 있다.

셋째, 위기에 유연하게 대응할 수 있도록 **모듈(module: 프로그램을 기능별로 나누어 전체를 조립할 수도 있고 분리할 수도 있도록 한 방식)식 위기**

대응 프로그램을 만들 필요가 있다. 시나리오를 아무리 잘 짜놓아도 실제 위기 상황이 시나리오대로 굴러가는 경우는 별로 없다. 따라서 현실의 조건들을 재빨리 반영해서 새로운 시나리오를 작성하거나 이미 준비된 여러 시나리오를 통합해서 활용할 필요가 생긴다. 예를 들어 종업원 대피 계획, 생산설비 가동 중단 계획, 비상연락 계획 등을 모듈로 만들어 화재와 같은 위기가 발생했을 때 위기 대응 프로그램으로 활용할 수 있다.

넷째, 위기가 발생했을 때 조직을 어떻게 관리할 것인지 계획을 세워놓아야 한다. 이것은 위기 발생 시나리오와 위기 대응 프로그램을 접목시키는 역할을 한다. 특히 수직적 구조가 아니라 권한이 분산되어 있는 조직이라면 비상사태가 벌어졌을 때 조직을 관리하기 위한 계획을 사전에 수립하는 것이 중요하다.

다섯째, 위기관리팀이 활동할 사령실을 미리 만들어둘 필요가 있다. 그 공간은 위기관리팀이 일상의 업무로부터 방해를 받지 않고 오로지 위기관리 업무에만 전념할 수 있는 공간이 되어야 한다. 전화기, 팩스, 인터넷 등 통신에 필요한 모든 장비를 갖춰놓는 것도 필요하다.

여섯째, 위기관리팀원을 미리 지정해둔다. 대부분 위기관리팀에 조직의 최고책임자를 포함시키는데, 최고책임자가 24시간 위기관리만 할 수는 없기 때문에 부책임자도 지정해둬야 한다. 또 법률 담당, 홍보 담당, 정무 담당, 기술 담당도 정해둔다. 위기관리팀원은 관련된 문제를 담당 부서와 직책에 맞춰 지정하는 것이 좋다.

일곱째, 의사소통의 프로토콜(protocol: 통신 규약 또는 통신 절차)을 확립해둔다. 위기가 발생하면 조직은 곧 비상관리 체제로 전환했다가 위기가 해결되는 즉시 정상화되어야 한다. 조직의 입장은 하나의 라인을 통해 제때제때 조직 안팎의 이해 당사자에게 알려져야 한다. 이를 위해 언론에 정보를 제공하는 대변인 같은 공식 전담 창구가 있어야 한다. 대변인은 위기관리팀의 일원으로서 조직의 단일화된 입장을 전달하는 창구로서의 권한을 갖는다.

여덟째, 위기를 해결하는 데 중요한 역할을 하는 외부의 당사자들과 평소 유기적인 관계를 맺는 것도 중요하다. 여기서 외부 당사자들이란 관련 정부 기관과 언론사들을 말한다. 특히 언론은 여론의 형성에 중요한 역할을 하기 때문에, 기자와 정보원 사이에도 취재에 관한 협상이 필요할 수 있다.[4] 친분이 있는 기자를 통하면 같은 내용이라도 동정적인 기사를 끌어내기 쉽기 때문에, 위기를 특종으로 보도할 수 있도록 미리 알려주면 이후 다른 매체의 보도 태도에 큰 영향을 미칠 수 있다. 특히 민감하고 나쁜 소식일수록 다른 기자가 특종으로 다루기 전에 우호적인 기자를 통해 그 내용을 공개하는 것이 좋을 수 있다. 하지만 위기를 관련 기자들에게 다 같이 알려줌으로써 취급되는 비중을 낮출 수도 있으므로 신중한 판단이 필요하다.

아홉째, 위기를 해결하는 데 필수적인 핵심 자원을 미리 확보해둔다. 전력, 비상식수, 비상의료 등이 즉각 지원될 수 있도록 점검하고, 필요하다면 외부의 기관과 지원 계약을 맺는 것도 좋다.

열째, 정기적으로 위기관리 훈련을 한다. 서류상으로 위기관리 계획이 아무리 좋아도 실제 상황에서 작동하지 못한다면 무용지물에 불과하다.

2

문제의 핵심
파악하기

협상에서 분쟁의 대상이 되는 이슈의 성격을 파악하고, 그 이슈가 어떤 구조로 형성되어 있는지 연관 관계를 찾아보는 일의 중요성은 아무리 강조해도 지나치지 않다. 분쟁의 이슈에 따라 분쟁 당사자의 범위가 달라지고 분쟁을 해결하기 위한 방법과 수단도 달라지기 때문이다.

1) 갈등의 성격과 해결의 논리

분쟁 해결의 논리는 이익의 논리, 권리의 논리, 힘의 논리 등 세 가지로 나눌 수 있다. 분쟁의 대상이 되는 이슈는 이 중 어떤 논리로 해결할 수 있는지에 따라 다시 나누어진다. 물론 이슈의 성격을 하나의 논리로만 설명할 수 없는 경우도 많다. 때로는 세 가지 논리가 모두 작용하기도 한다.[5]

한편 이슈가 가지고 있는 성격에 따라 협상의 성격도 달라진다. 권리의 논리가 지배하는 분쟁은 시시비비를 따지는 '권리 중심의 협상'으로 진행된다. 힘의 논리가 지배하는 분쟁에 대해서는 경제력이나 군사력의 우열 또는 분쟁 당사자의 숫자나 조직력이 중요하게 취급되는 '힘 중심의 협상'을 선택한다. 반면 이익의 논리가 지배하는 분쟁에 대해서는 시시비비를 따지거나 힘을 겨루는 것이 아니라 당사자들의 이해관계를 조정하는 '이익 중심의 협상'을 하게 된다.

권리 중심의 협상이나 힘 중심의 협상은 내가 옳다거나, 내 주장이 반드시 관철되어야 한다는 입장에 기반을 둔 것이다. 이럴 때 당사자들은 어떤 '입장'에 매달리기 때문에 협상은 '입장 중심의 협상'으로 진행된다. 반면 '이익 중심의 협상'은 상대방의 입장과는 관계없이 쌍방이 가지고 있는 이해관계의 차이를 극복하는 데 주안점을 두게 된다. 따라서 이익 중심의 협상은 이해관계의 차이를 줄이는 데 중점을 둔 '문제 해결형 협상'을 지향하게 된다.[6]

이익의 논리

이익의 논리로 해결될 수 있는 분쟁 이슈는 임금이나 가격의 문제처럼 누가 얼마만큼의 몫을 가질 것인가에 관한 것이다. 이에 대해 협상 당사자들이 어떤 입장을 내세우더라도 실제 내용은 이익에 관한 것이다. 물론 여기서 이익에는 경제적인 것만이 아니라 비경제적인 문제도 포함된다. 즉 나의 노력을 인정받고 싶다는 등의 내면적인 욕망을 비롯해 분쟁 당사자가 가지고 있는 욕구와 희망, 피하고 싶은 상황이 발생할지도 모른다는 우려와 불안을 포함하는 것이다.[7]

이익의 논리로 움직이는 분쟁에서, 협상은 나와 상대방의 이익을 조정하는 데 집중된다. 상대방의 이익을 이해하고 동시에 나의 이익을 상대방이 이해하게끔 하는 데 협상의 주안점이 두어진다. 따라서 이익의 논리가 주도하는 분쟁일수록 협상이 분쟁을 해결하는 핵심적인 방법이 되고, 설사 협상이 결렬되는 경우가 생겨도 조정 등의 방법을 활용하기가 쉽다.

노사가 임금을 얼마나 올려야 할지의 문제를 두고 다투고 있다. 노동조합은 임금을 10퍼센트 인상하라고 요구하고, 사용자는 그 요구에 대해 반대한다. 이 경우 분쟁의 이슈는 이익에 관한 것이다. 노조에게는 더 좋은 보수라는 이익이 있고, 사용자에게는 인건비를 절감하겠다는 이익이 있다. 따라서 협상은 이익의 논리 위에서 진행된다.

권리의 논리

권리의 논리가 분쟁의 해결을 주도하는 이슈는 누가 옳은가 또는 정당한가 등에 관한 문제다. 옳고 그름의 판단에는 원칙과 기준이 필요하다. 따라서 권리의 논리 위에 서 있는 분쟁에는 시시비비가 따르게 마련이다. 그리고 분쟁을 해결하기 위해서 협상을 할 때에도 원칙과 기준을 어떻게 적용하고 해석할 것인가 하는 문제가 뒤따르게 된다. 이런 경우에는 무엇보다도 분쟁을 해결하는 과정에서 합법성과 공정성을 확보하는 것이 관건이다. 따라서 권리의 논리가 주도하는 분쟁을 해결하기 위해서는 협상을 하더라도 법원의 판결이나 노동위원회 등의 심판과 같은 판정을 배경으로 활용하는 것이 정석이다.

예를 들어 회사로부터 당한 해고가 정당한 사유를 갖는지, 퇴직금을 계산할 때 어떤 수당이 평균 임금에 포함되는지를 놓고 다투는 경우, 권리의 논리에 기반을 둔 협상이 진행된다.

힘의 논리

힘의 논리가 분쟁의 해결을 주도하는 경우에는 힘의 우열이 협상의 관건이 된다. 분쟁 당사자는 조직의 규모나 응집력, 또는 경제력이나 군사력의 우위를 바탕으로 상대방에게 자신의 요구를 받아들이도록 강요한다. 다수를 차지하는 집단이 표 대결을 주장하거나 경제적·군사적 우위 집단이 상대방에게 지원을 약속하거나 중단하는 방법을 사용한다면 이것은 힘의 논리로 분쟁을 해결하려는 것이다.

힘의 논리가 분쟁의 해결을 주도하는 경우에 협상은 상대방에게 피해를 입힐 수 있는 능력에 기반을 두고 진행된다. 즉 관계의 단절이나 전쟁, 파업과 같은 실력행사를 바탕으로 협상을 활용하게 된다.

여야가 법안 처리를 둘러싸고 대립하는 상황에서 다수당이 소수당의 의견을 무시하고 표결을 통해서 법안을 처리하겠다고 하는 것도 이런 예가 될 수 있다. 또 단체교섭을 할 때 노동조합이 임금 인상을 주장하며 파업을 통해 분쟁을 해결하려고 한다면, 임금은 이익의 문제에 속하기는 하지만 파업이 힘의 영역에 속하기 때문에 협상은 힘 겨루기 양상이 되어 힘의 논리에 따라 협상이 진행된다.

2) 협상 이슈의 성격을 조정하기

분쟁의 성격과 협상의 만족도

분쟁의 이슈가 가지고 있는 성격에 따라 분쟁을 해결하는 논리가 달라진다. 그리고 그 논리에 따라 협상의 양상과 성격이 달라진다. 그런데 분쟁이 힘이나 권리의 논리에 의해 지배를 받는 경우라고 해도, 이익의 논리가 주도하는 분쟁에서 유효한 협상이나 조정의 방법을 아예 배제하는 것은 아니다. 예를 들어 파업이 벌어지면 분쟁 당사자들이 조금씩 양보하게 되기 때문에 파업을 이용해 분쟁 당사자가 협상에 적극적으로 임할 수도 있다. 또 재산권을 두고 분쟁이 벌어졌을 때는 법원에 의한 재판 과정이 분쟁 당사자들로 하여금 자율적으로 합의에 이르도록 압박한다.

이익의 논리에 입각한 협상은 권리의 논리에 입각한 판정이나 힘의 논리에 입각한 실력행사에 비하면 분쟁을 해결하는 바람직한 방법에 속한다. 이익의 논리에 입각한 협상은 당사자들이 분쟁을 야기한 문제를 이해하고 있으며 서로 합의할 수 있는 조건을 대화를 통해 찾기 때문에, 분쟁이 해결된 후 결과에 대한 만족도가 높다. 또 협상을 하면서 분쟁 당사자들 간의 관계가 개선되고 차후 분쟁이 재발할 소지가 적어져 거래 비용을 줄일 수 있다.

반면, 권리나 힘의 논리가 지배하는 분쟁을 해결하기 위해 협상을 하는 경우에는 당사자들 사이에 긴장이 고조되어 후유증이 남거나 문제가 재발할 가능성이 크다. 자연히 분쟁을 해결하는 데 드는 비용이 커진다. 이 협상에서 가장 큰 장애물은 누가 옳고, 누가 힘이 센지에 대해 분쟁 당사자들이 가지고 있는 생각의 차이다. 옳고 그름을 따지는 기준부터 다르기 때문이다. 분쟁 당사자들은 협상에 나서더라도 내게 불리한 기준에 대해서는 공정하지 않다고 판단한다.

힘의 논리로 보아도 마찬가지다. 그 힘의 행사가 정당한가에 대한 생각이 서로 다르다.[8] 힘이 약한 쪽에서는 힘을 행사하는 것이 공정하지 않다고 생각할 수 있다.

협상을 기획하면서 유념해야 할 점 한 가지는, 협상이 진행되는 도중에 협상의 성격이 바뀔 수 있다는 사실이다. 협상을 거부하는 상대방을 협상 테이블에 끌어내기 위해서 법적인 절차를 밟거나 집단적인 시위를 하는 경우가 그런 사례다. 예를 들어 환경오염 업체에게 그 지역 주민들이 환경오염을 중단하거나 줄이라는 요구를 하기로 했다. 하지만 업체는 협상에 나서지도 않으며 주민들의 요구에 성의를 보이지 않았다. 그런 경우 주민들은 업체를 고발하는 등 법적인 조치를 취하거나 서명운동을 벌여 업체가 협상에 적극적으로 나오도록 압박을 가할 수 있다.

뿐만 아니라 협상이 진행되면서 분쟁 당사자들이 입장이나 의견을 바꿀 수도 있다. 대화를 하는 도중에 협상의 문제를 새롭게 이해하게 되기 때문이다. 힘의 논리로 분쟁의 이슈에 접근하다가 자신이 틀렸다는 점을 깨닫고 권리의 논리로 분쟁을 다시 바라볼 수도 있다. 또 권리의 논리가 아니라 이익의 논리로 분쟁에 접근하는 것이 필요하다고 판단할 수도 있다.

어떤 경우든, **협상에 대한 만족도가 가장 높은 것은 이익의 논리에 입각한 협상이라는 점을 기억해둘 필요가 있다.** 이익의 논리를 가지고 분쟁을 해결할 때는 분쟁을 유발한 문제에 초점을 맞추기 때문에 협상의 내용이 분명하고 단순하다.

반면 권리의 논리로 분쟁을 해결할 때는 시시비비를 가리는 원칙과 기준에 집착하게 된다. 그러다 보면 원래의 이슈만이 아니라 권리의 원칙과 기준, 그 해석과 적용이 공정한가를 두고 또 다른 이슈가 등장한다.

한편 힘의 논리에 기반한 분쟁에서는 어느 한쪽을 굴복시켜야 분쟁이 해결되기 때문에 주도권 쟁탈전이 벌어진다. 당사자들끼리도 감정이 악화되어 새로운 문제가 발생하거나 문제가 재발할 가능성이 크다.

> 협상을 효과적으로 진행하려면 분쟁을 해결하기 위한 논리를 분석하고, 그 성격을 바꿀 수 있는지부터 검토해야 한다. 만약 힘의 논리에 기초한 협상이라면 그 성격을 권리의 논리로 전환할 수 있는지, 권리의 논리에 기초한 협상이라면 이익의 논리로 전환할 수 있는지를 검토한다.

분쟁의 성격과 협상의 영역

분쟁의 성격을 규정하는 논리가 힘이냐 권리냐, 혹은 이익이냐에 따라 협상의 동력과 영역이 달라진다. 힘을 중심으로 하는 협상에서는 협상으로 해결할 수 있는 영역이 좁고, 반면 이익 중심의 협상일 때는 협상으로 해결할 수 있는 영역이 넓다. 권리 중심의 협상은 그 중간 정도에 위치한다.

협상에 대한 의지는 이익의 논리가 지배하는 분쟁에서 가장 많고, 힘 중심의 협상에서 가장 적다. 따라서 협상을 기획할 때는 분쟁 해결의 논리를 힘에서 권리로, 권리에서 이익으로 바꾸는 것이 좋다.

해고자 복직을 둘러싸고 노사 간에 분쟁이 일어났다. 이 분쟁을 시위나 농성으로 해결하려고 하는 것은 힘의 시각에서 분쟁을 바라보는 것이다. 그렇지 않고 해고자 복직이 정당한지 시시비비를 따지는 일은 권리의 시각에서 분쟁을 보는 것이다. 또한 해고자의 복직 여부에는 당사자의 생계 문제가 걸려 있으므로 이 문제를 이익의 시각으로 보는 것도 가능하다.

이 분쟁에서 해고자에 대해 생계를 지원하는 방법은 다양하게 고려될 수 있다. 하지만 해고자를 복직시키는 것이 정당한지 아닌지의 문제에 대해서는 '정당하다.'와 '아니다.'라는 두 개의 선택지밖에 없다. 만약 이 분쟁을 해결하기 위해 시위나 농성을 선택할 경우에는 그런 행위가 적법한가를 둘러싸고 새로운 분쟁이 발생할 것이다.

이런 경우, 분쟁이 처음에는 시위나 농성의 형태로 시작되더라도, 법적인 판단을 의뢰하는 것으로 분쟁의 성격을 전환하고, 이것을 다시 생계 문제를 둘러싼 이익 중심의 협상으로 전환하는 것이 분쟁을 효율적으로 해결하는 길이 된다.

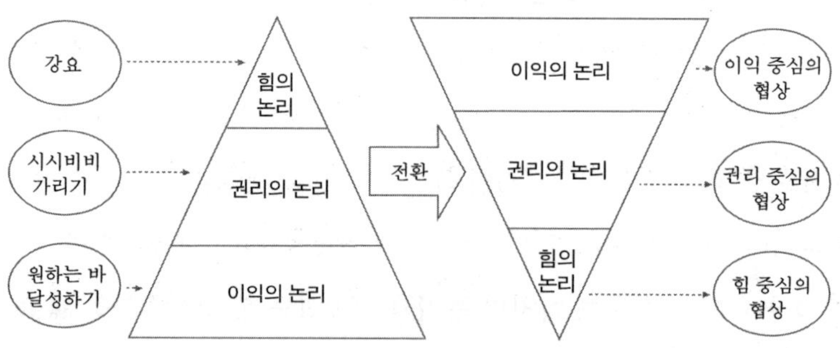

협상의 용이성 : 이익의 논리〉권리의 논리〉힘의 논리

〈그림 4〉 분쟁의 이슈와 분쟁 해결의 논리

3) 협상 이슈의 구조조정

이슈의 양적 조정

분쟁의 이슈가 많으면 협상 과정이 복잡해진다. 따라서 협상에서 다뤄지는 이슈의 숫자를 줄이는 것이 바람직하다. 분쟁의 원인이 되는 이슈를 모두 협상 테이블에 올릴 필요는 없다. 복잡하게 서로 얽혀 있는 이슈들을 성격이 비슷한 것들끼리 묶거나, 핵심적인 것과 부수적인 것으로 분류해서 협상에서 다뤄지는 이슈의 양을 조절해야 한다.[9]

우선 분쟁에 연관된 이슈들에 어떤 것들이 있는지 목록을 만들어본다. **각 이슈를 성격에 따라 나누고 각 이슈들 사이의 연관성을 찾아 이슈 맵(issue map)을 만든다.**

예를 들어 자동차나 주택을 매매하는 것과 노사가 단체교섭을 하는 것은 아주 다르다. 전자의 경우, 협상은 가격을 결정하는 데 집중되기 때문에 협상 과정도 단순하다. 하지만 노사가 단체교섭을 할 때에는 임금과 수당, 근로 시간, 휴일 및 휴가, 산업안전, 노조 전임자 문제, 조합원 교육 등 관련된 이슈가 많아진다. 어떤 이슈에 대해서는 쉽게 합의할 수 있지만 다른 이슈에 대해서는 합의에 이르기 어렵기 때문에, 협상할 수 있는 영역이 좁고 협상 과정도 복잡하다. 이런 경우, 각각의 이슈들이 가진 연관성을 파악해 활용하면 협상의 양상을 바꿀 수 있다. 즉 임금과 수당은 한데 묶을 수 있는 문제다. 근로 시간과 휴일 및 휴가도 하나로 묶을 수 있다. 아니면 임금, 근로 시간, 휴일 및 휴가를 하나의 문제로 묶어서 인건비로 치고, 노조 전임자와 조합원 교육은 조합 활동에 관한 것으로 정리할 수도 있다.

그런데 어떤 경우에는 이슈 하나가 너무 거대해서 오히려 그것을 세부적으로 잘게 나눌 필요가 생긴다. 이슈가 방대하고 복잡하면 분쟁을 겪는 당사자들이 그 문제에 대한 정확한 인식을 갖기가 어렵기 때문이다. 또 하나의 이슈에 대해 당사자들이 서로 다른 인식을 가질 가능성이 커져서 견해 차이를 키우는 원인이 된다. 이슈에 대한 이해가 서로 달라지면 해결 방법도 정반대 방향에서 구하게 되기 쉽다.

노사가 임금 체계를 개선하는 문제를 내걸고 협상에 들어갔다. 양쪽이 모두 임금 체계가 바뀌어야 한다는 데는 동의하지만, 노조는 수당을 올려야 한다고 생각하고, 사용자는 성과급 제도를 도입해야 한다고 생각한다. 이때 이슈는 그냥 임금이 아니라 수당과 성과급의 두 문제가 하나로 뭉쳐져 있는 것이다. 따라서 이것을 둘로 쪼개서 독립적인 이슈로 접근하고, 여기에 기본급과 직원에 대한 평가라는 문제를 부수적인 이슈로 다루는 것이 좋다.

협상을 기획할 때는 새로운 협상 이슈가 등장할 가능성을 늘 열어두어야 한다. 협상이 시작될 때는 안 보이던 문제가 협상 과정에서 중요하게 등장할 수도 있고, 당사자의 어느 한쪽이 협상 중간에 새로운 문제를 제기할 수도 있다. 또 협상 과정에서 이미 전제하고 들어간 조건에서 문제가 발생해 원래는 부수적인 이슈였던 것이 쟁점으로 떠오를 수도 있다. 중요한 것은, 협상은 핵심으로부터가 아니라 부수적인 문제로도 언제든지 교착 상태에 빠질 수 있다는 점이다.

협상을 효과적으로 진행하려면 이슈를 명확히 해야 한다. 협상에서 다룰 이슈의 숫자는 줄이고, 각각의 이슈가 가지고 있는 성격을 구체적으로 정리한다. 그리고 예상하지 못한 이슈가 등장할 가능성에도 대비해야 한다.

이슈의 질적 조정

협상에서는 이슈의 양적인 숫자만이 아니라 이슈가 가지고 있는 의미와 무게도 중요한 의미를 갖는다. 협상을 기획할 때는 이슈의 중요도에 따라 우선순위를 매기는데, 이 우선순위는 분쟁 당사자들의 개인적인 경험이나 조직의 속성에 따라 달라진다. 그런데 공히 가장 중요하게 작용하는 기준은 이익이다. '당장 이익이 실현될 수 있을까? 아니면 미래에 실현될까?', '이익을 실현하려면 어떤 위험을 감수해야 할까?'와 같은 질문들은 이슈를 몇 개로 정리해서 묶을 때 기준으로 사용할 수 있다.

이렇게 협상에서 다루어지는 이슈의 의미와 무게에 따라 묶거나 나누는 것을 이슈의 질적인 조정이라고 한다. 이 질적 조정은 각 당사자들이 중요하게 생각하는 이슈가 서로 다를 때 특히 중요하다. **이쪽이 양보할 수 있는 이슈와 상대방이 양보할 수 있는 이슈를 함께 묶어서 패키지로 만드는 것이 가능하기 때문이다. 또 어떤 이슈에 대해서는 이쪽이 양보하고 다른 이슈에 대해서는 상대방이 양보하는 식으로 '서로 밀어주기'를 할 수도 있다.** 이 문제를 노사 간의 협상을 예로 들어 살펴보자.

노동조합과 사용자 사이에 임금 인상, 근로 시간 단축, 배치전환 문제와 조합원 교육을 이슈로 분쟁이 발생했다. 가장 중요한 임금 인상에 대해서는 노사 간에 이견이 크지 않지만, 배치전환 문제와 조합원 교육에 관해서는 의견차가 크다. 게다가 노조에서는 조합 간부에 대한 징계 문제를 처리하고 나서 단체교섭을 하자고 요구하고 있다. 이 상황을 이슈맵으로 그려보면 〈그림 5〉와 같다.

의논 끝에 노사는 협상의 첫 번째 난관이던 조합 간부의 징계 문제에 관한 단체교섭을 먼저 하고 나중에 징계수위를 낮추는 방향으로 협의하기로 결정했다. 그리고 기본급과 수당은 인건비로 묶고, 근로 시간과 무급휴가제 문제는 주 5일제 입법을 따라 처리하기로 했다. 그런데 배치전환제 확대와 조합원 교육의 강화안이 끝까지 문제로 남았다.

이때 양 당사자가 중요하게 생각하는 이슈의 우선순위를 점검해보니 사용자는 배치전환에서 유연성을 확보하는 문제를 중요하게 생각하고, 노조는 조합원 교육을 강화하는 문제를 우선순위에 놓고 있다. 이에 따라 조합원 교육에 대한 강화와 배치전환의 유연성 확보라는 두 가지 문제를 하나의 패키지로 묶는 것이 가능해졌다. 즉 노조는 배치전환의 유연성을 받아들이고 사용자는 조합원에 대한 교육 시간을 늘림으로써 합의에 도달하게 된 것이다.

이슈를 질적으로 조정하려면 상대방이 협상의 이슈에 대해 어떻게 생각하는지 알아야 한다. 상대방이 원하는 것에 대한 정보가 없으면 서로 밀어주기를 하기 어렵다. 이렇게 나와 상대방이 아는 바가 같지 않은 정보의 비대칭성 문제는 이슈의 질적인 조정이 어려워지는 첫 번째 이유가 된다. 이 문제는 협상이 진행되면서 당사자 간에 정보가 교환되면서 점차 해소된다.

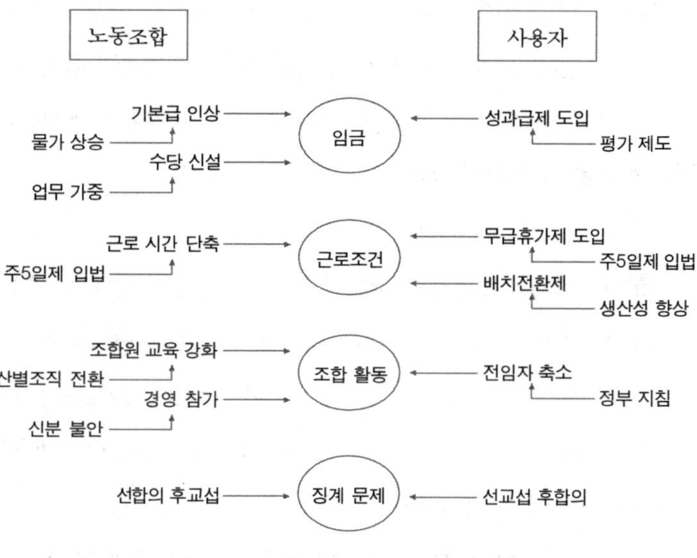

〈그림 5〉 이슈맵: 노사 분쟁의 한 경우

이슈의 구조를 단순하게 정리하는 과정에서 난관이 되는 또 다른 문제는 협상 당사자들이 가지고 있는 심리적인 문제다. 당사자들이 협상을 지나치게 낙관적으로 보고 자신이 주도할 수 있다고 생각할 때는 협상에서 다룰 이슈를 조정하는 데 주저할 소지가 크다. 또 결과에 집착하거나 위험에 대해 지나친 부담감을 가져서 이슈를 조정하기를 기피하기도 한다.[10]

만약 이슈의 구조를 단순하게 바꾸는 일이 어렵다면, 협상을 기획할 때 조정을 활용하는 것도 고려할 필요가 있다. 조정자는 협상을 측면에서 지원하며 당사자들의 심리적인 문제를 포함해, 각 이슈가 당사자들에게 어떤 의미와 중요도를 가진 것인지를 살피게 된다. 그리고 당사자들 간의 대화를 촉진해 시각차를 좁히고, 때로는 직접 당사자들 사이를 오가며 메신저 역할도 한다. 이 과정에서 얻은 정보를 토대로 조정자는 이슈를 단순하게 정리하고 패키지로 묶거나 밀어주기를 이용해 쌍방이 합의에 쉽게 도달하도록 지원한다. 또한 분쟁 당사자들로 하여금 협상이 처해 있는 현실을 직시하도록 교육하는 역할도 한다.[11]

2000년, 의약 분업 분쟁이 일어났을 당시의 상황이다.[12] 당시 의약 분쟁은 개인주의적이고 잘사는 계층으로 알려진 의사들이 집단행동에 나섰다는 점에서 우리 사회에 엄청난 파장을 몰고 왔다. 분쟁이 마무리된 후, 정부는 의약 분업의 실시라는 명분은 지켰지만 의사들의 요구를 대부분 수용하면서 개혁 정책이 실패하는 좋지 않은 사례를 남기게 됐다.

이 의약 분업 분쟁은 협상이 진행되면서 분쟁의 이슈가 증가하고 협상의 당사자도 바뀌는 등 복잡한 양상으로 발전했다. 처음에는 의약 분업만이 이슈였지만 곧이어 의약품 실거래가, 의료보험료, 대체조제 문제 등이 차례차례 이슈로 등장했다. 그리고 분쟁의 초기 단계에서는 협상 당사자가 정부와 의사협회, 병원협회, 약사회, 시민단체 등이었는데, 분쟁을 수습하는 마지막 단계에 이르면서는 협상 당사자가 정부와 의료계로 좁혀졌다.

의약 분업 분쟁이 꼬인 주요한 이유는 정부가 의약 분업을 둘러싼 이해 집단의 갈등을 과소평가한 반면, 스스로의 분쟁 해결 능력은 과신한 데 있었다. 사실 의약 분업이라는 문제는 국가의 의료보건 시스템과 직결된 문제라서 법과 제도를 개선하는 것과 동시에 재정 투입도 필요한 사항이다. 그런데 정부는 이 문제가 의사들의 수입과 직결된 문제라는 것을 알면서도 의약 분업이 몰고 올 이슈들을 간과하고 말았다.

정부가 의사들이 원하는 이익을 제대로 파악하지 못했던 것은 당시 협상이 진행되는 와중에 무려 세 차례의 파업이 일어나는 원인으로 작용했다. 정부는 의약 분업이 핵심 이슈라고 생각했지만, 의료계는 수입과 직결되는 의약품 실거래가 문제를 더 중요하게 여겼고, 의약 분업이 아니라 의료보건 시스템의 개선을 요구했다.

그리고 분쟁 당사자들의 논리가 서로 맞지 않았던 것도 파업과 같은 격한 행동을 끌어낸 이유가 됐다. 정부는 개혁 차원에서 의약 분업을 추진하겠다며, 의사들의 반발은 국민 대다수의 이익과 배치되므로 힘의 논리로 극복하고 강행하겠다는 입장을 취했다. 여기에는 의약 분업은 옳고 기존의 제도는 나쁘다는 선악의 논리가 깔려 있었다.

의사들은 이런 개혁에 대해 불안감과 거부감이 있었지만 처음에는 암묵적인 것일 뿐이었다. 그러다 정부가 의약품 실거래가 정책을 발표하자 당장의 이익에 타격을 받게 되면서 집단행동을 시작했다. 불에 기름을 부은 것이었다.

한편 분쟁을 더욱 어렵게 만든 이유로 이슈의 성격이 지극히 복잡했다는 점을 빼놓을 수 없다. 의사와 약사 등 이익 집단의 이해관계와 함께 의료보험과 의사 양성 시스템 등 제도적인 문제들이 걸려 있었다. 모두 재정적인 지원이 따라야 하는 문제들인데, 정부 관련 부처들은 정리된 입장을 가지고 있지 못했다. 부처들끼리 유기적으로 협조하거나 적절한 의사 결정을 하지도 못했다.

이렇게 부처 간에 정책 조정이 안 되는 상황이었지만 대통령이 의약 분업을 지시하자 정부는 여기서 밀리면 개혁은 물 건너간다는 듯이 강경하게 밀어붙이기 시작했다. 정부가 시민단체와 언론을 끌어들여 의료계의 문제점을 널리 알리고 여론화하자, 의사들은 자신들의 주장이 국민에게 제대로 전달되지 못한다며 정부와의 협상이 공정성을 잃었다고 생각하게 됐다.

결국 극단적인 반발이 일어났고, 정부와 의사 둘 중 하나는 무릎을 꿇어야 분쟁이 해결되는 구조로 치달았다. 이 의약 분쟁은 정부가 의약 분업이라는 복잡한 분쟁 이슈의 성격에 맞는 대응을 하지 못하고 여론몰이식 개혁을 추진하다가 실패를 자초한 사례가 됐다.

3

상대방을
똑바로 알기

협상에 들어가기 전, 각 이슈에 관련된 이해 당사자가 누구인지 파악해야 한다. 그 당사자들은 국가나 기업, 노조만이 아니라 불특정 다수의 일반 국민이 될 수도 있다. 당사자의 성격에 따라 협상의 의미와 양상이 달라진다. 예를 들어 이윤 추구를 목적으로 하는 기업과 조합원의 권익을 대변하려는 노조는, 협상을 바라보는 시각은 물론이고 의사 결정 방식도 다를 수밖에 없다.

1) 분쟁 당사자들의 수와 협상의 구조

협상에 참여하는 당사자들의 숫자는 협상의 구조를 설계할 때 일차적인 변수가 된다. 만약 협상에 참여하는 분쟁 당사자들의 구조가 결정되어 있다면 주어진 구조 안에서 협상을 진행하면 된다. 하지만 분쟁의 이슈에 따라서는 당사자들이 협상의 구조를 선택할 수도 있다.

분쟁에 관련된 당사자가 다수거나 협상에 영향을 미치는 이해 당사자가 별도로 존재할 때는 협상의 구조를 설계하는 문제가 특히 중요해진다. 누가, 또 얼마나 많은 당사자가 참여하느냐에 따라 돌아가는 이익의 양과 이익을 확보하는 방법이 달라지기 때문이다.

협상 당사자가 둘일 때 협상은 쌍무적 구조로 이뤄지고, 셋 이상이면 다자 간 구조로 진행된다. 그런데 협상이 쌍무적으로 벌어지는 경우라도 분쟁의 발생과 해결 과정에 다른 이해 당사자가 직간접적으로 영향을 미친다면 협상은 다면적으로 진행된다. 이런 다면적 구조는 쌍무적 협상에서뿐만 아니라 다자 간 협상에서도 나타난다. 협상 당사자가 직접적인 이해 당사자, 즉 분쟁 당사자의 대리인인 경우가 그런 경우다. 그 경우에 협상은 협상 당사자들 사이에 진행되는 외부협상과, 분쟁 당사자와 협상 당사자 사이에 진행되는 내부협상의 영향을 동시에 받게 된다. 또 공공이익이 걸려 있는 협상에서는 협상 당사자와 이해의 간접적인 당사자가 벌이는 측면협상도 중요하다.

예를 들어 국가경제에서 차지하는 비중이 큰 사업장이 있다. 여기서 분쟁이 벌어질 경우 표면적으로는 노사 대표가 만나 협상을 하는 것으로 보이지만, 내부적으로는 노동조합 대표는 조합원들과, 사용자 대표는 대주주와 협상을 벌인다. 또한 노사 모두 조속히 합의에 이를 것을 요구하는 정부와 측면협상을 벌이게 된다.

쌍무적 협상 구조

협상에 대한 일반적인 논의는 쌍무적 협상을 전제로 한다.[13] 쌍무적 협상은 두 당사자 사이의 상호작용으로 진행된다. 협상 상대방이 하나여서 협상의 구조가 확정되어 있기 때문에 협상 구조가 그 과정이나 결과에 별 영향을 미치지 않는다. 대신 쌍방이 협상에 임하는 자세와 협상 전략이 중요하다.

다자 간 협상 구조

다자 간 협상은 쌍무적 협상에 비해 훨씬 복잡하고 시간도 오래 걸린다. 다자 간 협상은 쌍무적 협상을 여럿 모아놓은 것이 아니라, 셋 이상의 협상 당사자가 집단으로 협상을 하는 것이다.[14] 다자 간 협상 구조에서는 당사자들이 이슈에 따라 제휴나 협력을 하는 것이 가능하다.

즉, '합종연횡'의 형태로 연합(coalition)을 만들 수도 있고, 어떤 이슈를 택해 공조를 하거나 서로 다른 이슈에 대해서 교차적인 공조를 취할 수 있다. 또 제휴와 협력을 눈에 띄지 않게 비밀스럽게 진행할 수도 있다. 그래서 협상의 구조는 늘 유동적이다.

> 다자 간 협상을 기획할 때에는 협상의 구조가 전략적 선택의 변수가 된다는 점을 기억해야 한다.

다면적 협상 구조

쌍무적 협상이든 다자 간 협상이든, 협상 테이블에 앉지는 않더라도 관계를 가지고 있는 이해 당사자가 누구며, 이들의 영향력이 어떻게 작용하는지를 파악하는 일은 중요하다. 그들이 보이지 않는 영향력을 행사하면 협상은 복잡하고 유동적인 구조를 갖게 되고, 협상 당사자들은 다면적 관계에 놓인다. 이런 다면적 협상 구조에서는 협상의 과정이 길고 결과를 예상하기도 어렵다.

가. 협상의 연계성

협상 당사자들이 다면적인 관계에 놓여 있을 때 이해 당사자들은 다양하게 존재한다. 먼저 협상 당사자가 상대방과 협상을 진행하면서 동시에 제3의 분쟁 당사자와 협상하는 경우를 보자. 이때 협상 당사자 입장에서는 연계된 두 개의 협상(linked negotiation)을 진행하는 셈이다.[15] 이 두 협상은 각각 별개의 협상이긴 하지만 내용은 서로 맞물려 있다. 여기서 외부효과와 무임승차라는 새로운 문제가 발생한다. 이 문제를 예를 들어 자세히 살펴보자.

원청기업 A는 하청기업 B로부터 부품 ㄱ을 납품받는다. 이 부품 ㄱ 의 납품 단가를 두고 A와 B 사이에 협상이 벌어졌다. 그런데 원청기업 A는 부품 ㄴ의 납품 단가를 두고 하청기업 C와도 협상을 하는 중이다. 이때 A와 B의 협상 결과는 A와 C의 협상에 영향을 미칠 수 있다. 이렇게 어떤 협상이 특정한 다른 협상에 영향을 미치는 것을 외부효과라 한다. A와 B의 협상 결과가 하청기업 C에게 도움을 줄 경우, C는 긍정적인 외부효과에 무임승차를 함으로써 반사이익을 누린다. 반대로 A는 부정적인 외부효과에 의해 반사적 손해를 입는다.[16]

이 외부효과는 협상 가능 영역에도 영향을 미친다. 기업 A가 유사한 성격의 분쟁 이슈를 가지고 기업 B와 기업 C와 차례로 협상을 한다고 치자. A는 B와 먼저 협상을 하고서 그 다음에 C와 협상을 할 예정이다. 이때 C는 A와 B가 협상한 결과를 가지고 협상의 기준점(reference point)을 삼게 된다. 따라서 A와 B의 협상 결과가 A에게 불리하게 내려진다면, A와 C의 협상에서도 A의 협상 가능 영역은 좁아질 수밖에 없다. 불리한 외부효과 때문에 협상 가능 영역이 좁아진 것이다.

일반적으로 원청기업은 다수의 하청기업과 거래를 한다. 이미 살펴본 것처럼 원청기업은 경제적인 이유뿐만 아니라 외부효과 때문에 납품 단가의 기준을 낮추려고 한다. 만약 그 기준이 제품의 특수성과 질을 반영하지 않은 채 가격으로만 일률적으로 정해져 있으면 외부효과의 영향을 더 민감하게 받는다.

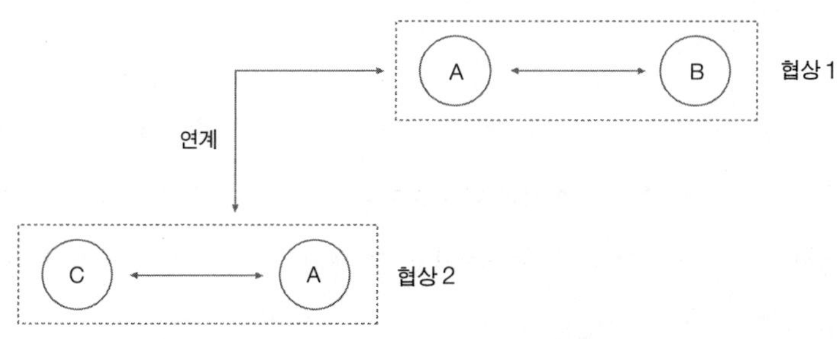

〈그림 6〉 협상의 외부효과 문제

다면적 관계에 있는 분쟁 당사자에게는 협상의 연계성(linkage)을 적절히 활용하거나 피하는 것이 중요한 과제다. 특히 국제적 관계에서는 국가 간의 이해관계가 복잡하게 얽혀 있기 때문에 서로의 협력 구조를 설정하는 데 연계성이 큰 영향을 미친다.

예를 들어, 일본과 중국이 견제 관계에 있는데 한국이 두 나라와 협상을 한다고 하자. 한국은 두 나라 중에서 어느 한쪽을 선택해 먼저 협상을 하고, 그 결과를 지렛대 삼아 다른 한 나라와 협상함으로써 유리한 협상 결과에 도달할 수 있다.

이 연계성에 관한 문제를 협상에서의 이슈와 시간, 상대방과의 관계라는 측면에서 더 자세히 살펴보자.

첫째, 협상 1과 협상 2가 있다. 두 협상은 각각 다른 협상이 더 쉽게 합의에 이를 수 있도록 도와주는 관계에 있다. 이것을 상승적 연계성(synergetic linkage)을 가지고 있다고 한다. 만약 협상 1과 협상 2가 서로에게 방해가 되는 관계에 있다면 상치적 연계성(antagonistic linkage)을 가지고 있다고 한다. 상치적 연계성을 가지고 있으면 협상이 합의에 이르기 어렵다.

북한과 미국이 핵 개발 문제를 두고 협상을 벌이고 있다. 그런데 다른 한편에서는 남한과 북한이 이산가족 면담 문제를 두고 협상을 벌이고 있다. 만약 핵협상이 결렬되면 이산가족 면담 문제에 불리하게 작용할 것이다. 이때 두 협상은 상치적 연계성을 갖는다.[17]

둘째, 시간적으로 먼저 진행되는 협상 1이 나중에 진행되는 협상 2에 영향을 미치는 것은 순차적 연계성(sequential linkage)이다. 만약 협상 1과 2가 동시에 진행되면 동시발생적 연계성(concurrent linkage)이 만들어진다.

미국은 한국에 쇠고기 시장을 개방하라고 압력을 가하며 협상을 요구하고 있다. 그런데 한국과 협상에 들어가기 전에 미국은 우선 일본의 쇠고기 시장을 개방하는 문제에 대해 일본과 합의를 이뤘다. 이 합의는 한국에 상당한 압력으로 작용하게 될 것이다. 이것은 순차적 연계성을 활용한 협상 전략이다.

> 협상을 설계할 때는 '누구와 먼저 협상을 할 것인지'의 문제가 전략적으로 선택되어야 한다.

예를 들어 지금 A는 B와 C, 둘 다와 협상을 해야 한다. 여기서 B와 협상하는 쪽이 C와 협상하는 쪽보다 더 유리한 결과를 만들어낼 수 있다고 판단하고 B와 먼저 협상한다면, B는 선도적 역할(pattern setter)을 하는 것이다. 그런데 만약 이 결과가 C와의 협상에 미치는 영향이 너무 커서 C의 무임승차가 문제가 되는 경우에는, 아예 A가 B와 C에게 함께 모여 협상을 하자고 다자 간 협상을 요구할 수도 있다.

노사 간의 협상을 예로 들어보자. 계열사를 거느린 기업이거나, 한 업종에 소수의 기업이 경쟁하는 구조일 때, 각 기업의 노사는 단체교섭을 하면서 계열사와 경쟁업체를 의식하지 않을 수 없다. 이럴 때는 계열사 가운데 핵심 사업장이나, 그 업종에서 지배적 위치에 있는 기업이 단체교섭에서 선도적인 역할을 하게 된다.

노조가 산업별로 조직되어 있을 때는, 선도적인 기업들 가운데 사용자 측의 협상력이 약한 기업 하나를 표적으로 삼아 집중적으로 단체교섭을 진행하고서, 그 결과를 토대로 다른 기업의 사용자들과 협상에 나서는 전략을 쓸 수 있다.

셋째, 서로 경쟁 관계에 있는 A와 B가 각각 협상 1과 협상 2를 진행하고 있다면, 이 두 협상은 경쟁적 연관성(competitive linkage)을 갖게 된다. 만약 A와 B가 상호보완적인 관계를 맺고 있다면 협상 1과 협상 2는 호혜적 연관성(reciprocal linkage)을 가진 것이다.

예를 들어 한국과 중국이 일본의 역사교과서 왜곡 문제를 두고 각각 분쟁을 벌일 경우, 한국과 일본 간의 협상과 중국과 일본 간의 협상은 호혜적 연관성을 갖게 된다.

나. 내부협상

협상에는 참여하지 않지만, 협상의 결과에 의해 직접적인 영향을 받는 분쟁 당사자가 협상에 영향력을 행사할 경우, 협상은 다면적 구조를 갖게 된다. 협상과 분쟁의 당사자가 서로 분리되어 있고 협상 당사자는 분쟁 당사자의 이익을 대변하고 있기 때문에, 협상 당사자와 분쟁 당사자는 지속적으로 내부협상을 벌이게 된다.[18] 협상 당사자와 분쟁 당사자는 모두 자신의 이익을 추구하기 때문에 협상 목표와 전략을 두고 종종 갈등을 빚기 때문이다.

협상 당사자는 먼저 분쟁 당사자와 협상의 목표와 전략을 조율한 후, 그 조율된 내용을 가지고 상대방과 협상을 벌인다. 내부협상은 겉으로는 보이지 않지만 외부협상이 진행되는 동안 동시에 계속되며, 외부협상의 내용과 결과에 큰 영향을 미친다. 따라서 협상 당사자는 분쟁 당사자의 이익을 지키기 위한 외부협상과, 분쟁 당사자가 합의안에 동의할 수 있도록 하기 위한 내부협상을 함께 수행하는 이중적 역할을 하게 된다.

다. 협상의 객체

다면적 협상에서 협상을 주도하는 당사자들을 협상의 주체라고 하고, 협상을 지켜보는 이해 당사자는 협상의 객체라고 한다. 넓은 의미에서는 분쟁 당사자도 협상 객체에 포함된다. 협상 객체가 협상 주체에 미치는 영향을 협상의 관객효과라고 한다. 관객효과가 너무 크면 협상에 부작용이 발생한다. 협상 주체가 객체의 눈치를 보느라 협상에서 경직되어 버리거나 양보하지 않으려 들기 때문이다.

이럴 때 협상 당사자는 협상 객체의 기대와 협상 상대방의 기대 속에서 딜레마에 처하게 된다. 분쟁 당사자는 더 단호하게 나가라고 주문하고, 협상 상대방은 유연한 태도를 기대한다. 여기서 협상 당사자는 협상 객체의 압력을 적절히 조절해 최대한 유리한 협상 결과를 얻어내야 한다. 협상 상대방의 비현실적인 요구에 대해서는 협상 객체의 과격함을 지렛대로 활용하고, 협상 객체의 터무니없는 요구에 대해서는 협상 상대방의 강경함을 지렛대로 활용하는 것이 좋다.

협상 객체의 영향력은 특히 공공분쟁(public dispute)에서 크게 작용한다.[19] 이슈의 성격상 일반 국민과 언론이 모두 관심을 갖고, 시민단체도 협상에 영향을 미치기를 원한다. 이렇게 협상 객체의 영향력이 커지거나 객체들 사이의 이해관계가 엇갈리면, 협상 주체의 재량권이 축소되기 쉽다. 여론은 언제 바뀔지 모른다. **공공분쟁에서는 대중매체를 적절히 활용해 협상의 관객효과를 통제하는 것이 아주 중요하다.**

협상 구조를 선택하라

협상 당사자가 셋 이상인 다자 간 협상에서는 협상의 구조를 전략적으로 선택할 수 있다.

우선 자신에게 유리한 방향으로 협상 구조를 바꾸기 위해 연합을 활용할 수 있다. 예를 들어 어느 한쪽을 제외하고 나머지 협상 당사자들이 하나로 뭉치면 다자 간 협상 구조가 쌍무적 구조로 바뀐다.

반대로 다른 협상 당사자를 끌어들여 쌍무적 협상 구조를 다자 간 협상 구조로 바꾸기도 한다. 예를 들어 서로 연계성을 가진 두 건의 쌍무적 협상이 동시에 진행될 때, 부정적인 외부효과를 피하기 위해서 두 협상을 통합해 관련된 협상 당사자들이 함께 모여 다자 간 협상을 하는 경우가 있다.

협상 구조가 다면적인 경우에도 그 구조를 조정하는 경우가 적지 않다. 또는 협상이 자신에게 불리하게 진행될 때는, 협상의 객체를 활용해 상대방에게 압력을 넣는 방법도 종종 활용된다. 반대로 자신에게 가해지는 협상 객체의 압력은 배제하려고 한다.

국가 간에 협력 구조를 설정하는 문제는 국가 전략에 있어서 중요한 과제다.[20] 국제 사회에서 갈등이 생겼을 때 이를 해결하는 협상은 다

면적 구조로 진행된다. 우선 국제 협상은 협상 당사자인 정부와 국민의 관계에서 영향을 받는다. 그리고 지정학적인, 혹은 정치·경제적인 우방국가나 경쟁국가의 이해관계도 고려되어야 한다. 따라서 국가 간의 국제 협상은 정부와 국내 이해 당사자들 사이의 협상과 정부와 정부 사이의 협상이라는 두 단계 구조로 진행된다. 이 때문에 국가 간에 벌어지는 외교와 국내 정치는 양면성을 갖게 된다.

여기서 국가 간 협상의 양면성과 연계성의 사례를 햇볕정책을 통해 들여다보자. 한국 정부가 취하는 대북정책은 한국 사회 안에서만이 아니라 북한과 미국, 일본, 중국 등 주변국가들에게 언제나 중요한 관심사항이었다. 한국의 역대정권이 북한과 중요한 협상을 벌일 때 언제나 비밀을 유지했던 데는 국내 세력과 주변국가 등 협상 객체가 영향력을 행사하는 것을 미리 차단하려는 목적이 있었다. 햇볕정책도 마찬가지 이유로 비밀리에 추진된 측면이 있다. 하지만 햇볕정책은 협상의 상대방인 북한의 이익을 배려하는 데는 적극적이었던 반면, 협상의 객체인 남한 내부 구성원과 남북한 관계로부터 영향을 받는 주변국가들의 이익을 고려하는 데는 너무 소홀했다.

정부는 햇볕정책을 추진하면서 야당과 언론의 협조를 얻어내는 데 실패했고, 북한을 불신하는 미국과도 갈등을 일으켰다. 햇볕정책이 국내 정치에 대해서 가지고 있는 양면성과 국제 정치에 대해서 가지고 있는 연계성을 북한과의 협상에 제대로 반영하지 못한 실수는 결국 북한까지도 햇볕정책에 소극적인 자세로 돌아서는 것으로 귀결되고 말았다.

협상 구조를 결정하는 요인

협상의 결과에 큰 영향을 미치는 협상의 구조는, 한번 설정되고 나면 그것을 바꾸는 일이 쉽지 않다. 따라서 협상 초기에는 협상 당사자들이 협상 구조를 자신에게 유리하게 설정하려고 긴장하고 경쟁적인 관계를 형성하게 된다.

북한의 핵 개발을 둘러싼 갈등은 협상 구조의 선택이 얼마나 중요한지를 보여주는 사례다.

북한 핵 문제는 한국만이 아니라 한반도 정세에 민감한 미국, 일본, 중국, 러시아 등 주변국가들의 이해와도 밀접한 관계를 가진 문제다. 핵과 관련해 북한은 미국과의 쌍무적 협상 구조를 원하고, 반면 미국은 주변국가들이 모두 참여하는 다자 간 협상 구조를 원한다. 왜냐하면 한국, 일본, 중국, 러시아가 모두 북한의 핵 개발을 반대하기 때문에 다자 간 협상 구조에서는 미국이 주변국가들과의 연합을 통해 북한을 효과적으로 압박할 수 있기 때문이다.

반대로 쌍무적 협상을 하게 되면 미국은 북한과 합의를 이루기 위해 안전을 보장한다는 약속이나 경제적 지원을 해줘야 한다. 미국 정부로서는 북한에 대해 좋지 않은 미국 안의 여론을 극복해야 하는 부담이 생기는 반면, 바깥의 주변국가들은 북미협상이 진행되는 것을 구경만 하다가 그 결과에 무임승차할 수 있다. 또한 북한으로서는 국제 질서를 주도하는 미국과 쌍무적 협상을 통해 국가의 안전을 보장받고, 그 협상 결과를 바탕으로 다른 주변국가들과 쌍무 협상을 벌이면 추가로 경제 지원을 받아낼 수 있다는 계산을 하고 있다.

분쟁을 해결하기 위해 협상을 반복하면서 관행이 만들어졌거나 제도로 정비되어 있으면 협상의 구조는 안정적이 되고 쉽게 바뀌지 않는다. 이때 협상의 구조는 선택적 변수가 아니라 협상의 환경에 의해 결정되어 있는 조건이다. 협상의 환경이란 이슈의 성격, 분쟁 당사자의 조직적 성격, 관련된 법과 제도 등을 말한다.

노사 간의 단체교섭을 예로 들어 협상 구조의 결정 요인을 살펴보자.[21] 단체교섭을 위한 협상 구조는 개별 기업이나 사업장 단위에서 벌어지는 개별 교섭과 초(超)기업, 초(超)사업장 단위에서 벌어지는 공동 교섭, 그리고 대각선 교섭으로 나뉜다.

기업 A와 기업 B가 있다. A와 B 모두가 노사 간에 임금 문제를 놓고 협상을 하고 있다. 어느 쪽이든 먼저 합의안을 만드는 쪽이 다른 쪽의 노사 분쟁의 기준점으로 영향을 미치게 된다. 이때 기업 A와 B는 각각 개별 교섭의 구조 아래 쌍무적 협상을 진행할 수도 있고, A와 B의 사용자와 A와 B의 노조가 하나의 협상 당사자로 연합해서 공동 교섭의 구조를 만들고 쌍무적 협상을 진행할 수도 있다. 또는 기업 A의 노동조합과 기업 B의 노동조합이 산업별 노조를 결성해 하나의 협상 당사자가 되고, 이 산업별 노조가 A와 B에 대해서 개별적으로 쌍무적 협상을 하는 이른바 대각선 교섭을 할 수도 있다. 또는 A와 B의 노사가 다 함께 모여 다자 간 협상을 할 수도 있다.

이 단체교섭의 구조를 결정하는 요인에는 경제적 요인과 법·제도적 요인, 노사의 조직적 요인이 있다. 경제적 요인으로는 노동력의 수요공급과 관련이 있는 산업 구조 및 경기 변동의 문제를 들 수 있다. 예를 들어 경기가 좋을 때는 노동력이 공급되는 양보다 업체에서 필요로 하는 양이 많기 때문에 임금이 인상된다. 이때 중소기업은 협상 비용을 줄이기 위해 공동 교섭을 원하는 반면, 노동자는 교섭 구조를 분권화해 개별 교섭을 하려고 한다. 반대로 경기가 나쁠 때는 사용자 측이 개별 교섭을 주장하고 노동자는 공동 교섭을 선호한다.

법·제도적 요인으로는 노사 단체의 법적 지위나 노동조합의 설립 요건을 들 수 있다. 예를 들면 노동조합의 설립과 운영에 관한 법과 제도가 유럽처럼 결사의 자유를 바탕으로 하고 있고 노조도 이에 입각해 활동한다면 공동 교섭의 가능성이 커진다. 반면 노동기본권을 보장하는 차원에서 국가가 노사 관계의 규칙을 구체적으로 정하고 이 규칙이 개별 사업장에 있는 노동조합의 활동을 전제로 한다면 개별 교섭의 가능성이 커진다.

노사의 조직적 요인이라는 것은 가치관과 이념, 각 노사 당사자가 개별 사업장이나 노조에 대해 가지고 있는 권한 등을 의미한다. 노동조합이 조합원들 간의 차별성을 지양하고 연대성을 강화하려는 노동운동의 전통적인 이념에 충실할 때는 공동 교섭을 지향한다. 반면 사용자가 분권화나 자율성 등 시장 이념을 강조하고 기업의 특수성을 내세울 때는 개별 교섭을 지향한다. 또 노사 단체가 각 개별 기업과 개별 노동조합을 모두 아우를 수 있고, 노사 단체가 체결한 단체협약을 개별 노사가 따른다면 공동 교섭이 이뤄질 가능성이 높다.

2) 분쟁 당사자와 조직

분쟁 당사자들의 관계

분쟁 당사자들이 맺고 있는 관계가 일시적인 것이냐 아니면 지속적인 것이냐에 따라 협상의 과정이 달라진다. 만약 지속적인 관계를 맺고 있다면, 당장의 분쟁에서는 유리한 결과를 얻더라도 관계가 악화될 경우에는 다른 문제를 둘러싼 분쟁에서 불리한 위치에 설 수 있다. 말하자면 '전투에서는 이겼지만 전쟁에서는 지는' 결과를 맞거나, 이겨도 '상처뿐인 영광'으로 남게 된다. 그런가 하면 분쟁 과정에서는 치열하게 다투더라도, 그로 인해 상대방을 더 잘 이해하게 되어 오히려 '비 온 뒤에 땅이 굳는' 좋은 결과를 얻을 수도 있다. 따라서 협상을 할 때는 이후 다른 협상이 원만하게 진행될 수 있도록 당사자들의 관계를 배려하는 것이 중요하다.

분쟁 당사자들이 지속적인 관계를 맺고 있는 경우에는, 이번 협상에서 내가 취한 전략과 행위가 다음 협상에서 상대방이 취하게 될 전략이나 행위에 영향을 미친다. 즉 지금 내가 거짓말을 한다면, 그 사실이 평판으로 남아 다음 협상에서 상대방으로 하여금 나의 주장을 믿지 못하게 만든다. 결국 길게 보면 진실을 말하는 것이 훨씬 유리하다. 이것을 사실 진술의 원리(truth-revelation principle)라고 한다.

협상 당사자의 조직적 성격

협상 당사자가 속한 조직이 개인이냐 집단이냐에 따라, 또 협상 당사자가 바로 분쟁 당사자냐, 아니면 협상 당사자와 분쟁 당사자가 분리되어 있어서 협상 당사자가 분쟁 당사자의 대리인이냐에 따라 협상 과정과 구조가 달라진다.

분쟁 당사자가 개인일 경우에는 보통 직접 협상을 한다. 설사 협상에 대리인을 내보내더라도 그 대리인과 협상의 목표와 전략에 대해서 긴밀하게 협의한다. 하지만 분쟁 당사자가 집단일 경우에는 문제가 복잡해진다. 한 집단 안에서도 이해관계에 따라 여러 세력이 존재할 수 있기 때문이다. 보통은 집단의 대표자나 대리인이 협상 당사자가 되지만, 세력 간의 이해관계에 따라 협상 당사자가 따로 선정될 수도 있다. 특히 집단이 꽤 크거나 분쟁의 이슈가 복잡하고 숫자가 많을 때는 협상 당사자를 한 명이 아니라 여러 명을 뽑아 협상팀을 구성하는 경우가 많다. 협상팀에는 협상 대표자가 있고, 필요할 경우 별도의 대변인을 둔다.

이런 구조에서는 협상이 내부협상과 외부협상의 두 단계로 진행되는 경우가 많다. 협상팀의 내부협상에는 협상 대표자의 권한과 협상팀원들 사이에 형성된 관계가 영향을 미치고, 이 내부 역학 관계에 의해 상대방과 진행하는 외부협상도 영향을 받는다.

분쟁 당사자와 협상 당사자의 관계

분쟁 당사자가 협상에 대리인을 내세우는 경우는 다음과 같다.[22] 첫째, 이슈의 성격이나 협상 기술에 대해 전문성이 요구되는 경우다. 둘째, 협상에서 감정적인 관계를 배제하기 위해 중개자가 필요한 경우다. 셋째, 협상을 유리하게 끌고 가는 데 전술적 유연성이 필요한 경우다. 즉 상대방의 요구에 대해서 권한이 없다는 등의 이유로 버티기 위한 것이다.

가. 협상 당사자의 권한과 책임

협상 당사자가 분쟁 당사자로부터 권한을 위임받아 협상을 할 때, 협상 당사자는 대리인, 분쟁 당사자는 주인의 관계를 맺게 된다.

이때 협상 당사자가 갖는 대표성은 중요한 변수가 된다. 대리인에 대해 주인이 가지고 있는 신뢰, 대리인이 갖는 권한의 범위, 협상 결과에 대해 주인, 즉 분쟁 당사자가 동의할지 여부가 협상의 과정과 결과에 직접적인 영향을 미치기 때문이다. 어떤 협상 당사자를 어떻게 선정해서 얼마만큼의 권한을 위임하고 어떤 관계를 설정할 것인지에 대해 잘 고려해야 한다.

협상 당사자는 분쟁 당사자의 이해를 대변하기는 하지만 동시에 자신의 이익과 입장도 고려한다. 그러므로 대리인으로서의 역할에 충실할 수 있을 만큼 충분한 인센티브를 주지 않거나, 대리인으로서의 권한과 책임이 불분명해서 나중에 감당할 위험에 대한 부담이 너무 커지면, 분쟁 당사자의 이익보다 자신의 이익을 먼저 고려하게 된다. 이럴 경우 상대방에게 지나치게 많이 양보하거나, 양보를 지나치게 기피함으로써 분쟁 당사자에게 손해를 입힐 수 있다. 이것을 대리인 문제라고 한다.[23]

대리인이 협상한 결과가 효력을 갖기 위해서는 분쟁 당사자의 검증과 동의를 받아야 하는 경우도 있다. 이것을 분쟁 당사자의 추인(ratification)이라고 한다. 추인은 협상 당사자가 분쟁 당사자에게 갖는 책무를 강조하기 위한 과정으로, 협상 당사자로 하여금 양보를 기피하고 강경한 자세를 취하게 만든다. 또 분쟁 당사자가 잘 모르거나 관심이 없는 항목에 대해서는 양보하고, 그렇지 않은 문제에 대해서는 완강하게 만드는 요인이 된다.

대리인 문제는 분쟁 당사자가 개인이 아니라 집단일 때 발생할 가

능성이 커진다. 개인일 때에는 대리인의 협상 권한과 지침을 명료하게 표시할 수 있고, 진행 상황에 따라 권한을 신축적으로 조정할 수도 있다. 하지만 집단일 때에는 협상의 권한과 지침을 규정하기도 어렵고, 집단 내부의 세력 갈등 때문에 한번 정한 것을 상황에 맞춰서 유연하게 조정하기도 어렵다. 전략이 바뀌면 이해관계가 달라지다 보니 집단 내부에서 강경파와 온건파 등 분파가 갈리기도 한다.

반면 협상 당사자가 팀으로 구성될 때에는 다른 형태의 대리인 문제가 발생한다. 협상팀은 집단적으로 의사 결정을 하기 때문에[24] 협상 팀 안의 내부 역학 관계에 따라 협상의 양상이 달라진다. 협상팀원들 사이의 역할 분담이 불분명할 때는, 자신의 역할을 소홀히 하거나 혹은 권한만 행사하고 책임은 전가하는 문제가 생기기도 한다.

> 분쟁 당사자는 협상팀원을 선정할 때 단합과 역할 분담의 문제를 중요하게 챙겨야 한다.

노사 간의 단체교섭을 예로 들어보자. 노동조합 위원장과 기업체 사장이 노사 대표로 협상에 나선다. 노조 위원장은 조합원의 대리인이고 사장은 주주의 대리인으로서 각각 내부협상을 진행한다. 여기에 협상 객체로 정부가 있다. 이때 당사자 맵(party map)은 이렇게 그려진다.

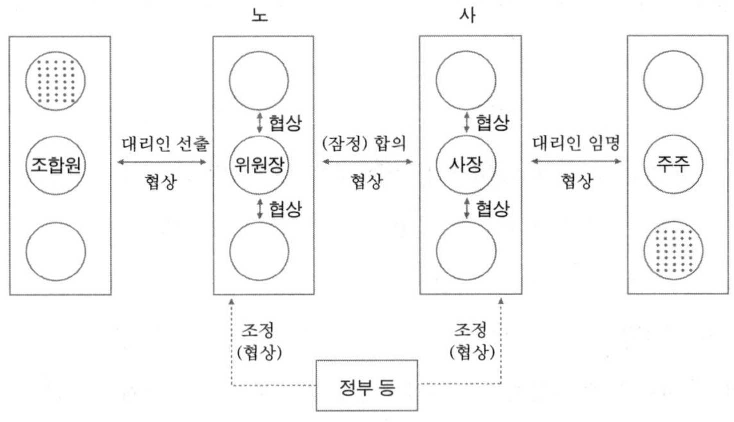

〈그림 7〉 당사자 맵: 노사 분쟁의 경우

노조 위원장이 조합원들의 신임을 받고 교섭 권한도 충분하면 교섭 기간은 짧아지고 파업 같은 실력행사가 벌어질 가능성도 줄어든다.[25] 반면 위원장이 조합원들로부터 부담스러운 압력을 받고 있으면 협상이 난항에 처한다. 특히 노조 선거가 임박했을 때는 위원장이 재선을 의식해 무리한 요구를 할 가능성이 커진다. 이것은 사용자도 마찬가지여서, 사장의 임기가 끝나갈수록 기업의 경쟁력을 키우기보다는 주주의 호감을 끌기 위해 단체 교섭을 조기에 마무리하려는 경향이 나타난다.

나. 협상 당사자 선정

분쟁 당사자가 자신의 대리인 역할을 할 협상 당사자를 선정할 때 제일 처음 고려하는 요인은 자신이 추구하는 협상의 전략이다. 상대방의 양보를 얻어내려는 '양보 추구형' 전략을 쓸 때와 상대방과 나의 이익을 모두 배려하는 '문제 해결형' 전략을 쓸 때, 적합한 협상 당사자는 서로 다를 수밖에 없다.

다음으로 고려할 요인은 대리인인 협상 당사자가 원하는 이익이다. 금전적 보상일 수도 있고, 명예나 평판, 조직 안에서의 신분 상승일 수도 있다. 분쟁 당사자는 자신의 협상 전략과 협상 당사자의 이익이 서로 맞는 선에서 협상 당사자를 찾아야 한다.

이 문제를 협상 대리인으로서 가장 선호되는 변호사의 예를 들어 살펴보자. 만약 분쟁 당사자가 수단과 방법을 가리지 말고 무조건 이겨야 한다고 요구할 경우, 자신의 명예와 평판을 중요하게 여기는 변호사는 그 사건을 맡지 않을 것이다. 하지만 금전적 보상을 중요하게 여기는 변호사라면 응할 가능성이 높다.

만약 협상 결과에 따라서 변호사가 금전적인 손해를 볼 수도 있다면, 위험을 부담할 자신이 없는 변호사는 사건을 맡지 않을 것이다. 반면 법무법인은 위험하더라도 승소했을 때의 이익이 큰 대형사건을 쉽게 맡을 수 있다. 한편 법인에 소속된 변호사는 고객인 분쟁 당사자에게 무리한 요구를 하지 말라고 충고하면서 가능하면 협상 상대방과 합의를 통해 사건을 해결하려는 경향을 보인다.[26]

만약 분쟁 당사자가 집단이라면, 그 집단의 성격에 따라 협상 당사자의 선정 방식이 달라진다. 집단이 위계질서를 가진 조직일 때는 집단의 대표가 협상 당사자가 되거나 당사자를 임명하는 것이 일반적이다. 이렇게 집단의 대표가 임명할 때는 협상 능력과 전문성이 있는 협상 당사자를 고르기가 쉽다.

반면 집단이 민주주의적인 의사 결정 구조로 움직일 때는 투표로 협상 당사자를 선출하기도 하는데, 그럴 경우 대표성은 보장되더라도 전문성이 문제가 되는 경우가 많다. 그래서 협상 당사자의 대표성과 전문성 사이에 갈등이 발생한다.

집단의 대표에 의해 임명된 협상 당사자는 그 대표자와 긴밀한 협조를 이뤄 협상을 효율적으로 끌고 갈 수는 있지만, 자신의 역할이 집단보다는 대표의 이익을 책임지는 것이라고 느끼기 쉽다. 그래서 집단의 이익을 실현하는 데는 상대적으로 소홀해지는 경우가 생긴다.

집단의 대표가 직접 협상 당사자로 나설 경우에는 협상 권한도 충분하고 집단의 자원을 동원하기도 용이하다. 하지만 협상의 결과를 전적으로 책임져야 하는 부담이 생긴다. 분쟁 당사자들이 그 결과를 가지고 대표에 대한 신임 여부를 물을 수 있기 때문이다. 뿐만 아니라 협상 상대방의 요구나 주장이 협상 테이블에 나선 집단의 대표를 표적으로 집중되기 때문에, 취할 수 있는 운신의 폭이 좁아진다. 그래서 **집단의 대표가 협상의 당사자로 나서는 것이 꼭 협상을 신속하게 이끌거나 유리하게 하지는 않는다.**

협상 당사자의 문제가 분쟁의 해결에 얼마나 큰 영향을 미치는지는 2000년 의약 분업 분쟁을 살펴보면 알 수 있다.

2000년 의약 분업 분쟁 당시, 의사 집단과 정부 사이에 벌어진 협상은 협상을 진행하는 당사자와 협상의 구조가 계속 바뀌면서 오히려 분쟁을 더욱 복잡하게 만들었다. 정부는 정부대로, 의사는 의사대로 협상의 주체를 바꿨고, 이에 따라 협상 구조가 유동적으로 흔들렸다. 의사들이 파업을 벌인 후 정부가 수습

을 위해 본격적으로 나섰을 때, 도대체 누구를 대화의 상대로 삼아야 하는지 불분명할 정도였다.[27]

사실 의약 분업 분쟁은 처음 협상을 설계할 때부터 문제가 있었다. 정부는 의약 분업을 추진하던 초기부터 시민단체와 행동을 함께 했다. 하지만 의사들은 시민단체를 배제하고 정부와 쌍무적 협상을 하자고 요구했다. 시민단체는 정부가 협상을 주도하던 초기에는 협상의 주체로 나서다가 의사가 협상을 주도하는 단계에 이르면서 협상의 객체로 물러났다.

이렇게 정부가 시민단체와 언론을 끌어들여 의사를 압박하자 협상이 오히려 복잡해졌다. 의약 분업의 주무부서인 보건복지부의 역할이 줄어든 반면, 관찰자에 머물러 있던 일반 의사들이 결집하기 시작했다. 결과적으로 정부의 협상력은 떨어지고 의사들의 파업이 확산됐다. 사태가 걷잡을 수 없이 번지자 언론의 태도가 바뀌고 시민단체가 뒤로 빠지면서 보건복지부가 나섰는데, 이것이야말로 의사들이 요구하던 의·정 대화 구도였다.

한편 의사 집단 내부에서도 분쟁이 악화되면서 분파가 발생했다. 개원의, 전공의 등 직능별 조직과 지역별 조직이 만들어지고, 대표 기구인 의사협회 지도부가 불신임당하면서, 강경파가 새로운 지도부로 등장했다. 정리하면 의약 분쟁이 벌어지던 초기에는 시민단체와 정부가 한 편이 되고 개원의가 주도하는 의사 집단이 다른 편에 서서 다투다가, 중기와 후기로 가면서 전공의를 중심으로 하는 의사 집단과 정부가 대립하는 구도로 바뀌었다.

4 냉정한 현실 인식의 중요성

1) 법과 관행

협상의 규범

협상을 기획할 때 꼭 챙겨야 하는 일이 관련된 법과 제도, 관행 등 제약 조건이 되는 규범을 파악하는 것이다. 관련 법령뿐만 아니라 정부의 정책, 지침 등을 분석하고, 유사한 성격의 분쟁을 찾아 판례와 관행을 조사하고, 여론의 동향도 챙겨야 한다.

법과 관행은 협상의 규칙과 직결되는데, 두 종류로 나눌 수 있다. 하나는 분쟁의 이슈 및 분쟁 당사자의 신분과 지위를 규정하는 규범이고, 다른 하나는 분쟁 해결의 절차 및 합의를 이행하는 문제에 관한 규범이다. 전자를 협상의 내용에 영향을 미치는 실체적 규범이라고 한다면, 후자는 협상의 진행에 관한 절차적 규범이다.

법과 관행이 분쟁 이슈의 해결 방식이나 분쟁 당사자의 지위와 맞아떨어질 때, 그 법과 관행은 합의의 내용을 결정하는 중요한 준거가 된다. 분쟁 당사자가 관행에 준하는 요구를 할 때, 그 관행이 정당성의 근거가 되어 협상력을 키워주기 때문이다. 그래서 분쟁 당사자들은 자신의 요구를 뒷받침할 수 있는 정보와 법적인 근거를 찾아 자신에게 유리한 논리를 개발하려고 노력한다. 반면 상대방의 요구에 대해서는 반박할 수 있는 반증근거와 논리들을 만들어낸다.

분쟁에 관한 법과 보편적 관행이 있을 때는 분쟁을 해결하는 데 드는 비용이 줄고 협상이 촉진된다. 법원에 소송을 제기하는 것보다 상대방과 협상을 통해 해결하는 쪽이 유리하기 때문이다.[28] 만약 상대방이 합의를 거부하고 소송을 한다면, 소송은 협상을 하는 데 압력으로 작용한다.

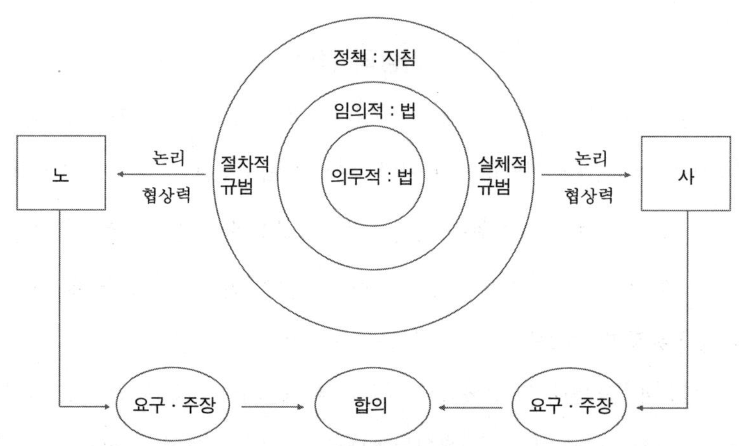

〈그림 8〉 규범 맵: 노사 분쟁의 경우

만약 관행이 없더라도 선례가 있으면 분쟁을 해결하는 데 영향을 미칠 수 있다. 물론 선례가 반복적인 과정을 통해 상대방도 인정하고 당사자 모두에게 이익이 되는 관행으로 정착된 것이 아닐 때는 그 선례를 받아들일 것인가의 문제를 두고 새로운 이슈가 생길 가능성이 있다.

한편 정부의 정책과 지침도 분쟁을 해결하는 데 큰 영향을 미친다. 그래서 정부가 간접적으로 관여하는 경우도 많다. 관행이나 관련된 법이 없을 때는 특히 정부의 정책이나 지침이 그 공백을 메우게 된다.

새로운 성격의 분쟁

법과 관행, 선례가 없는 새로운 성격의 분쟁이 벌어지면 협상을 진행하기가 쉽지 않다. 그래서 분쟁 당사자가 경험해보지 못한 이슈거나 당사자의 범위가 불분명한 분쟁에 대해서는 협상의 규범을 다각적으로 검토하는 일이 더욱 중요해진다.

분쟁 당사자들은 자신에게 유리한 규칙을 적용하기 위해 협상의 규칙을 두고 다투거나, 상대방이 분쟁 당사자로 적격인지를 두고 갈등을 일으키는 경우가 많다. 이럴 때는 분쟁의 이슈와 당사자의 성격을 면밀히 검토하고 협상을 통해 새로운 규범을 만들어야 한다.

한편 새로운 성격의 분쟁이 생겼을 때는 협상 당사자의 심리적인 문제도 중요한 변수로 작용한다. 낯선 분쟁 앞에서 불안감을 느낀 당사자들이 자기 나름대로 해결책을 모색하기 때문이다. 분쟁 당사자들은 자신의 가치관과 경험에 근거해서 분쟁에서의 이해관계와 위험에 대해 나름대로 판단을 하게 된다. 이것을 **틀 짜기(framing)**라고 한다.

이 틀 짜기에 따라 분쟁 당사자들은 이슈가 갖는 의미와 중요도를 다르게 받아들인다. 또 분쟁의 해결 방안이 각자의 이해관계에 미치는 영향도 다르게 평가한다. 만약 당사자가 분쟁에 대해 비관적인 틀을 짠다면 이익보다 손실을 크게 의식하고 협상에 소극적으로 나서게 된다.

한편 분쟁의 이슈가 여러 개일 때는 각각의 이슈에 대해 서로 다른 틀을 가지고 접근할 수도 있다. 어떤 이슈에 대해서는 경쟁적으로 접근하고, 다른 이슈에 대해서는 통합적으로 접근하는 것이 가능하다. 그런데 분쟁 당사자들이 너무 다른 틀을 가지고 있을 때는 협상을 기획하면서 서로의 가치관과 시각차를 좁힐 수 있는 방안을 찾아야 한다. 특히 상대방이 협상에 대해 심리적인 거부감을 가지고 있을 때는, 이 틀을 긍정적인 것으로 전환하려는 노력이 중요하다.

미국 등 선진국과 개발도상국 간에 벌어진 지적재산권 분쟁은 전에는 없던 새로운 성격의 분쟁이었다. 1994년 우루과이라운드 협상에서 선진국은 제약업계, 컴퓨터 소프트웨어업계, 오락업계의 요구를 받아들여 지적재산권에 관한 국제 기준을 마련했다. 책과 비디오, CD 등을 복사하는 행위는 재산권 보호의 관점에서 저작권을 침해하는 일로 규정됐다. 하지만 개발도상국들은 공정성의 관점에서 선진국이 기술 지배를 통해 신식민지를 만들려는 것이라며 강력하게 반발했다. 여기서 지적재산권 문제를 바라보는 틀을 서로 다르게 짰을 때의 차이가 드러난다.[29]

분쟁 자체가 새로운 것은 아니더라도 낯설고 어려운 기술 문제가 분쟁

의 한 요인으로 작용하고 있을 때 일반인들은 생소한 분쟁으로 여긴다.[30]
이런 경우 기술적인 문제가 당사자들의 이익에 끼치는 영향이 불확실할 뿐
만 아니라, 그 영향에 대해 당사자들이 서로 다른 평가를 내리기도 한다.
또 그 문제로 인해 영향을 받는 당사자들의 범위가 어디까지인지를 두고
다툼이 벌어지기도 한다. 따라서 기술적인 문제를 협상 대상에 포함시킬
것인지도 문제가 되는데, 이 기술적인 문제는 협상 초기에는 묻혀 있다가
협상 막판에 가서 쟁점으로 떠오르기도 한다.

예를 들어 핵폐기물 처리 시설을 설치하는 문제를 두고 벌어진 분쟁을
살펴보자. 지역의 주민들은 그 지역에 처리 시설이 들어오는 것을 적극 반
대하고 있다. 이때 처리 시설이 안전한가에 대한 평가는 협상을 하는 데 아
주 중요한 의미를 갖는다. 정부는 처리 시설의 안전성을 보장하고 지역 개
발을 지원하겠다며 주민들을 설득한다. 이때 처리 시설의 안전도에 대한
평가에 따라서 피해보상을 받을 수 있는 주민의 범위와 보상의 규모가 달
라진다. 그래서 처리 시설을 유치하는 데 합의가 되더라도 보상 문제를 의
논하다가 협상 막판에 이르러 시설의 안전도에 대한 의문이 새롭게 제기될
수도 있다.

이렇게 기술적인 문제가 따르는 새로운 분쟁에서는 당사자들 사이에 형
성되어 있는 신뢰가 분쟁을 해결하는 데 큰 영향을 미친다. 그런데 우리나
라는 정부가 핵폐기물 처리 시설이 안전하다고 말해도 주민들은 그 말을
믿지 않는다. 정부가 아니라 제3의 기관이 나서도 마찬가지다. 과거 그 기
관들이 정부의 들러리를 섰던 경험이 있기 때문이다. 결국 우리나라에서
각종 환경 분쟁이 쉽게 해결되지 못하는 중요한 이유가 이 틀 짜기의 문제

에서 출발하는 것을 알 수 있다.

대부분의 환경 분쟁에서 당사자 간의 신뢰도는 분쟁 해결에 결정적인 역할을 한다.

개발을 둘러싸고 환경 분쟁이 벌어질 때는, 그 개발이 환경에 미치는 영향을 평가하는 환경 영향 평가가 중요한 기준이 된다. 그런데 이 평가를 누가 어떤 방법으로 하느냐에 따라 결과가 전혀 달라지는 경우가 있었다. 새만금 간척 사업의 경우가 바로 그런 사례다.

새만금 간척 사업은 1991년 농지 조성을 통한 전북 지역 개발 사업의 일환으로 시작됐다. 하지만 1996년 시화호 오염 사건이 터지면서 새만금호마저 오염시킬 수는 없다는 환경단체의 경고를 계기로 분쟁이 시작됐다.

농림부가 농지를 개발한다며 간척 사업을 추진하던 당시에는 이 사업이 환경에 미치는 영향이 아주 미미한 반면 경제적 이익은 크다는 것이 정부의 입장이었다. 그런데 환경 분쟁으로 전이된 후 환경부가 조사한 바에 따르면 갯벌 파괴와 수질오염의 문제가 심각한 것으로 조사됐다.

결국 두 부처로부터 상반된 환경 평가를 받은 새만금 간척 사업은 '개발이냐, 환경 보전이냐?'라는 두 개의 이슈가 대립하는 상징적인 분쟁이 됐다.

1999년에 새만금 간척 사업이 환경에 미치는 영향을 객관적으로 진단하기 위해 민간 합동조사단이 구성됐는데, 사업을 계속 추진하려는 정부와 사업을 중단시키려는 환경단체의 요구가 맞서면서 합동조사단은 중재자의 역할을 제

대로 수행하지 못한 것은 물론이고, 환경 영향 평가의 결론도 내리지 못했다.[31]

분쟁 이슈가 당사자들에게 미치는 영향이 불확실하기는 하지만 협상에서 차지하는 의미가 클 때는 외부 전문가를 활용하는 것도 방법이다. 이 외부 전문가는 당사자들이 합의해서 선정하는 것이 좋다. 또 분쟁 당사자들의 불신과 불안을 씻기 위해 협상에 당사자를 참여시켜 분쟁에 대한 진단과 대안에 대한 평가, 피해에 대한 보상에 이르기까지 함께 협의할 수 있다.

예를 들어 단체교섭을 할 때 임금 문제는 매년 협상을 하는 주제라 노사 모두에게 익숙한 이슈다. 하지만 신기술을 도입하면서 인원을 조정하고 배치를 바꾸는 문제는 새로운 이슈에 속한다. 이때 노사 당사자는 신기술 도입의 영향을 평가하기 위해 전문가가 포함된 소위원회를 구성하고 소위원회가 결과를 보고하면 협상을 통해 대안을 선택할 수 있다.

2) 합의가 갖는 법적 효력

협약 체결의 강제성

법이나 관행 때문에 협상을 의무적으로 하는 경우가 있다. 그럴 때 관련 법과 관행은 협상이 가능한 영역과 협상력, 또 협상의 과정에 직접 영향을 미친다. 법에 의해 협상을 강제당하는 쪽은 방어적 입장에 서야 하기 때문에 불리하다. 그래서 관련된 법과 그 해석을 둘러싸고 분쟁 당사자들은 팽팽하게 대립한다.

　이 문제를 의료 분쟁 조정법을 통해 살펴보자. 이 법을 어떻게 제정하느냐에 따라 의료사고를 당한 환자의 권리와 의사가 지는 책임, 정부가 지는 부담이 달라진다. 그래서 의료계와 정부, 특히 보건복지부와 법무부 등 관련 부처는 10년 이상 이 법의 입법을 둘러싸고 대립해왔다.

　이 의료 분쟁 조정법의 핵심 쟁점 중 하나가 조정 전치주의다. 조정 전치주의가 도입되면 환자가 법원에 소송을 내기 전에 반드시 조정위원회를 거치게 된다. 의료 분쟁에 밝은 전문가가 조정인의 자격으로 당사자들 간의 대화를 돕고, 필요하다면 의료 사고의 과실 여부에 대한 의견을 제시할 수도 있어서 분쟁을 신속히 해결하는 데 도움이 되는 제도다. 하지만 소송을 내기 전에 반드시 조정을 거치도록 함으로써, 환자가 의사를 상대로 직접 협상을 하기가 어려워져서 환자의 권리를 침해할 수 있는 여지가 있다.

　한편 분쟁을 해결하기 위해 협상을 하도록 규정할 때는, 협상을 통해 합의에 도달하지 못할 때를 대비해 별도의 분쟁 해결 방법을 마련해놓는 것이 일반적이다. 노사 분쟁에서는 조정이나 중재를 활용할 수 있고, '마지막' 수단으로 파업도 할 수 있게끔 법으로 보장하고 있다.

　협상 당사자들은 협상을 하면서 이런 '마지막' 수단을 늘 염두에 두게 된다. 파업이 빈발하는 사업장에서는 노사 모두 결국은 파업이 발생할 가능성이 많다고 보고, 막판까지 양보하는 데 소극적인 경향이 있다. 뒤집어보면 마지막 수단을 사용하는 것이 협상을 촉진하는 차선책이 되기도 하는 셈이다.

파업을 법으로 보장하는 데는 내재적인 한계가 있다. 왜냐하면 파업을 통해 상대방에게 손해를 입히는 일을 법으로 보장하는 것은 상대방으로 하여금 협상에 적극적으로 나서게 해 합의를 끌어내려는 목적이 있기 때문이다. 따라서 파업은 오로지 합의를 끌어내기 위한 수단으로서만 적법하다는 이야기가 된다.

합의의 추인

가. 합의의 도출과 체결

합의가 효력을 갖기 위해서는 분쟁 당사자나 대표자가 추인을 해야 하는 경우가 있다. 협상 대리인의 협상권과 분쟁 당사자의 합의에 대한 체결권이 분리되어 있는 경우가 그런 경우에 해당한다.

이런 경우 협상은 두 단계로 진행된다. 1단계는 협상 당사자들이 잠정적인 합의안에 도달하는 과정이고, 2단계는 분쟁 당사자나 그 대표자가 추인을 함으로써 정식으로 합의를 체결하는 과정이다.[32]

이렇게 추인의 과정을 거쳐야 할 때 협상 당사자는 분쟁 당사자들의 '대중적' 관심을 크게 의식하게 된다. 즉 이슈의 중요성보다는 분쟁 당사자들의 관심에 맞춰서 해결 방안을 찾으려다 보니[33] 협상에서 실익을 잃더라도 명분을 우선 살리려는 경향이 나타난다. 이런 문제는 분쟁 당사자들이 투표를 통해 추인을 하는 경우나, 추인의 권한을 가진 대표자가 분쟁 당사자들의 여론을 크게 의식할 때 자주 발생한다.

예를 들어 국가 간의 합의는 국회의 추인을 필요로 한다. 이때 협상 당사자인 정부가 외국 정부와의 협상에서 상대국과의 관계보다 국내 문제에 더 신경 쓰느라 국익을 놓치는 실수를 범하기도 한다. 협상 결과를 대통령이나 국회에서 추인을 받아야 한다는 부담을 가지고 국민과 언론의 향방에만 신경을 쓴다면 그런 결과를 빚을 수 있다. 따라서 국가 간의 협상은 국내의 정치 · 경제 · 사회적 상황과 밀접한 관계를 갖는다. 상대방 국가에 대한 자국민의 감정, 이슈에 대한 국민의 관심과 이해도, 언론의 논조, 국내 이해 집단의 요구와 주장이 협상에 영향을 미치는 요인들이다.

지난 10여 년 동안, 우리나라와 외국과의 통상 협상은 국내 이해 집단의 반발 때문에 심각한 진통을 겪었다. 우리나라는 수출과 수입 등 국제 교역이 세계 10위권에 속하는데도 자유무역협정을 체결하지 못하고 있다.

특히 쌀 시장 문제를 포함해 마늘 수입, 꽁치조업 등의 사례에서도 드러나듯이, 농수산물 협상은 주무부서 장관을 사퇴시키는 등 후유증이 심각할 뿐 아니라 외교 관계에도 부작용이 커서 우리나라의 국제 신인도를 떨어뜨리는 요인이 되고 있다. 이해 집단의 반발 때문에 전체적인 피해가 커지는 협상의 부메랑 문제가 발생한 것이다.

협상에 대한 분쟁 당사자들의 기대 수준과 협상 당사자의 기대 수준이 다르면 추인을 받기가 어렵다. 또 협상에서 '실익'을 따온다고 해도 분쟁 당사자들이 가진 정보가 협상 당사자가 가진 정보와 다르면 역시 추인을 받기 어렵다.

협상 당사자는 잠정적인 합의안을 가지고 분쟁 당사자들을 설득해야 하는데, 분쟁 당사자들은 협상에 직접 참여하지 않기 때문에 결과만으로 평가하기 쉽다. 따라서 협상 당사자는 분쟁 당사자들이 협상의 여건을 정확하게 인식하도록 교육할 필요를 느끼게 된다. 이때 협상 당사자가 분쟁 당사자로부터 신임을 받고 있다면 교육하기가 쉽다. 그래서 협상 당사자는 분쟁 당사자의 신임을 얻을 수 있도록 협상의 진행 상황을 계속 알려주고, 분쟁 당사자의 주장을 협상에 반영하기 위해 가시적인 노력을 기울여야 한다.

협상 당사자를 분쟁 당사자가 신임할 때, 협상 당사자의 요구나 주장이 정당성을 확보할 가능성은 훨씬 높아진다. 이것은 상대방에 대해 협상 당사자의 협상력을 높여주는 요인이 된다. 왜냐하면 어떤 전략적인 행동을 취할 때, **상대방이 믿을 만한 약속을 하거나 두려워할 만한 위협을 할 능력**이 되기 때문이다.

합의를 추인해야 하는 경우, 협상하는 데 걸리는 시간이 길어진다. 협상 당사자가 분쟁 당사자를 대상으로 잠정적인 합의안에 대해 설명하고 공감대를 확보하는 한편으로, 협상 상대방에게 잠정적인 합의가 추인될 수 있다는 확신을 심어주어야 하기 때문이다.

나. 추인과 협상 전술

일반적으로 추인은 협상 당사자가 상대방에게 '지나치게' 양보해서 분쟁 당사자의 이익을 해치는 의사 결정을 하지 못하게끔 방지하는 기능을 한다. 또 국가 간의 협상처럼 합의 결과가 분쟁 당사자의 권리와 의무, 이익에 중대한 영향을 미칠 경우에는 추인을 통해 분쟁 당사자의 의사를 확인하고 교육하는 기능도 있다.

한편 추인은 협상 상대방으로부터 양보를 더 얻어내기 위한 전술로 쓰이기도 한다. 즉 일정한 합의에 도달한 후에, 합의안이 추인을 받으려면 이 조건이 꼭 필요하다는 구실을 대고 요구를 추가할 수 있다. 이때 추인은 전체를 다 차지하기 위해 '양보를 야금야금 얻어내는 협상 전술'(salami tactics)로 활용된다.[34] 지금까지 공들인 협상을 수포로 돌릴 수는 없다는 심리를 이용한 것이다. 이 전술은 상대방으로부터 어떤 제안을 강요받는 상황에서 그 제안을 받아들이는 대신 오히려 추가적인 양보를 받아내는 전술로도 활용할 수 있다.

남북한이 이산가족 상봉에 관한 협상을 하고 있다. 남북한이 대부분의 조건에 대해 합의에 도달했기 때문에 남한 측에서는 합의안을 발표하자고 서두른다. 그때 북한이 새로운 경제적 지원을 요구한다. 남한은 최종적인 합의를 위해 울며 겨자 먹기로 북한의 요구를 들어주게 된다. 이것은 양보를 야금야금 얻어내는 전술을 사용한 것이다.

이런 전술에 당하지 않으려면 위협의 강도를 단계적으로 조절할 수 있도록 대비하거나, 벼랑 끝 협상의 위험을 감수해야 한다.[35] 앞의 사례를 예로 들면, 남한은 북한의 이런 전술에 대비해 이산가족 상봉에 따른 대북지원의 규모를 북한이 수락하는 조건과 연동시켜두거나, 아니면 협상을 결렬시키는 상황을 사전에 설정해두는 것이 필요하다.

노사 간의 단체교섭을 예로 들어보자. 노동조합의 교섭권자가 체결권을 갖지 않고, 합의안을 인준투표를 거쳐서 확정하기로 했다면, 우선 대의원 대회나 조합원 총회를 거쳐야 한다. 이에 따라 교섭 기간이 길어지고 파업 가능성도 높으며, 일단 파업이 일어나면 오래 지속된다.[36] 그래서 사용자는 단체교섭을 시작하기 전, 노조 측 협상 대표자에게 체결권을 갖고 교섭에 들어올 것을 요구한다. 만약 노조가 규약에 '협약을 추인한다.'고 명문화 하고 있으면, 교섭의 체결권 문제를 두고 노사 간에 다툼이 생기기도 한다.

일반적으로 잠정적인 합의안을 추인받는 데는 협상에 참여한 쌍방의 당사자가 함께 나선다. 이 합의안은 양측의 협상 당사자가 함께 만들어낸 공동의 성과물이기 때문이다. 협상 당사자들은 상대방에 대해 동병상련과 공동체 의식을 느끼고, 협상 상대방을 치켜세우며 합의안이 순조롭게 추인받을 수 있도록 여건을 조성하기도 한다.

3) 협상의 시간적 제약

협상력과 시간

협상을 기획할 때는 협상할 수 있는 시간을 조절하는 문제가 아주 중요하다. 한 번의 회의 시간도 적절하게 정해야 한다. 회의 시간이 너무 길면 효율성이 떨어지고 정신적·육체적 피로 때문에 잘못된 판단을 내릴 수 있다.

뿐만 아니라 대부분 협상을 통해서 분쟁을 해결할 수 있는 시간은 제한되어 있다. 일정한 시간을 넘기면 협상을 통한 분쟁 해결은 기대하기 어렵다. 예를 들어 노사 간의 협상을 일정한 기간 안에 해결하지 못하면 파업이 발생한다. 국가 간에 갈등이 벌어졌을 때 일정한 시간 안에 외교적으로 해결하지 못하면 군사적 충돌이 발생할 수 있다.

협상 시간을 효율적으로 관리하려면 협상의 시작부터 종료까지 전체를 보고 시간을 배분해야 한다. 이때 협상이 진행되는 경로를 종합적으로 표시한 로드맵(road map: 경로 지도)을 활용하면 편리하다.

로드맵은 협상의 단계별 목표와 협상 전략을 담고 있다. 이 로드맵에 협상의 여건과 상대방의 협상 목표 및 협상 전략에 대해 내가 가정한 것과 그 근거를 정리할 수 있다. 또 내 가설을 뒷받침하는 자료와 통계를 분명히 하고, 추가로 확인이 필요한 정보가 무엇인지를 사전에 확인하는 데도 유용하다.

인건비 때문에 경영에 압박을 받고 있는 회사의 임금 교섭을 예로 들어 협상의 로드맵을 작성해보자.

노동조합은 경쟁업체만큼 임금을 인상해달라고 요구하고 있고, 사용자는 생산성이 제자리걸음이니 임금을 동결하자고 한다. 사용자는 회사 안에 고용에 대한 불안심리가 커지고 있다는 것은 알고 있지만, 그렇다고 노조 간부들이 사원들에게 임금 인상을 자제하자고 설득할 수 있을지에 대해서는 확신을 가지고 있지 못하다. 한편 사용자는 이번 임금 교섭이 경쟁사보다 조금 빨리 시작됐다는 점에 대해 부담감을 갖고 있다.

여기서 사용자의 임금 교섭에 관한 로드맵은 〈그림 9〉와 같이 구성된다.

	목표	전략	근거		시간
1단계	임금·생산성 연동 원칙에 대한 동의 확보	경영 상황에 대한 노사의 인식 공유 · 외부 감사의 경영 현황 설명	가정	·고용 불안 심리 증대 ·임금 동결에 대한 거부감	교섭 기간 3개월 중 1/2을 할애
			추가할 정보	·경쟁업체의 교섭 동행 ·조합 간부의 지도력	
2단계	작년도 생산성 증가분 5%의 임금 인상안에 대한 노동 조합의 동의	생산성 지표 만들기에 대한 노동조합의 참여 · 대비 기준의 선택 (매출액, 수익성 등) · 인력 및 인건비 구조의 문제점 확인	가정	생산성 지표에 대한 불신	교섭 기간 3개월 중 1/3을 할애
			추가할 정보	경쟁업체의 생산성	
3단계	고정급여 5% 인상 변동 성과금 + α 인상	목표 대비 생산성 초과분에 대한 이익 공유 제도의 필요성 인식	가정	생산성 향상의 필요성에 대한 공감대 확립	교섭 기간 3개월 중 1/6을 할애
			추가할 정보	이익 공유 제도에 대한 이해도	

〈그림 9〉 사용자의 임금 교섭 로드맵

협상에 걸리는 시간 자체가 협상력에 영향을 미치는 요인이므로, 이 시간을 전략적으로 조절해야 한다. 시간이 지연될수록 협상력은 떨어질 것이다. 따라서 시간의 압박이 예상될 때는 협상의 속도를 조절해 부담을 덜어야 한다. 또 협상을 둘러싼 여건이 불리하게 바뀔 것으로 예상될 때도, 이슈를 조정하거나 절차를 줄여 협상이 빨리 진행되도록 해야 한다.

협상을 기획할 때는 협상 도중 서로의 주장에 영향을 미칠 만한 새로운

사실이 알려지거나 여론이 어느 한쪽, 혹은 쌍방 모두에게 불리하게 형성
될 수도 있다는 점을 유의해야 한다. 공공분쟁의 성격이 강한 이슈일수록
협상 여건이 여론에 따라 급변할 수 있다. 변화가 예상되는 변수는 미리 정
리해둘 필요가 있다.

협상의 단계와 시간

협상의 시간을 배분할 때는 협상이 일정한 단계를 밟아 진행된다는 점
을 고려해야 한다. 협상은 곧 정보의 교환 과정인 셈이어서, 시간이 지나면
속도가 빨라진다.[37] 정보를 교환하는 속도가 빨라질 뿐 아니라 필요로 하는
핵심 정보의 범위가 점점 좁혀지기 때문이다.

협상에서 시간이 얼마나 중요한지에 관해 햇볕정책을 예로 들어 살펴
보자.

햇볕정책이 실패한 이유 중 하나는 너무 많은 문제를 너무 빨리 해결하려고
무리한 데 있었다. 남한 정부가 지나치게 서두르면서 스스로 시간적 압박을 초
래해 협상력을 떨어뜨린 것이다.

북한은 중국과 러시아의 외교 노선이 변하고 있을 뿐 아니라, 경제난이 가중
되고 탈북자가 늘어나는 국내 상황 때문에라도 변화를 외면할 수 없을 때였다.
하지만 북한은 그 변화에 대한 요구가 남한과의 협상에서 불리한 요소가 되지
않도록 의도적으로 시간을 끌었다. 그와 동시에 미국의 외교 정책을 문제 삼아
미국과 동맹 관계에 있는 남한 정부를 초조하게 만들었다. 햇볕정책에 매달려
있는 남한 정부로서는 시간에 쫓겨 북한에 계속 양보를 할 수밖에 없는 처지가

됐다.

　시간이 흐르면서 협상의 양상이 바뀌는 문제는 노사 간의 단체교섭을 통해 잘 알 수 있다. 단체협약의 유효기간은 정해져 있고, 그 유효기간이 종료하기 전에 협약을 체결하지 못하면 노사가 단체협약이 없는 상태에 놓일 수 있다. 노조는 파업권의 행사를 통해 사용자에게 자신의 요구를 받아들이도록 압력을 가한다. 사용자는 생산에 타격을 받는다. 하지만 노조도 단체협약의 유효기간을 넘기고서는 정상적인 조합 활동을 하기 어렵다. 따라서 단체교섭을 시작할 때보다 마무리 단계에서, 그리고 파업에 들어가기 전보다 파업이 시작된 후 노사 모두 시간의 부담을 크게 느끼고 협상에 속력을 내게 된다.

5 막히면 도움을 청하라

협상을 기획할 때는 분쟁을 해결할 때 제3자의 도움을 받는 것이 필요할지에 관해서도 검토한다. 도움을 받는다면 언제, 누구로부터, 어떤 형태로 받는 것이 좋을지에 대해서도 판단해야 하는데, 제3자가 돕는 대표적인 방법이 조정(mediation)과 중재(arbitration)다.

조정과 중재는 이미 대안적 분쟁 해결(ADR)의 방법으로 활용되고 있을 뿐만 아니라, 새로운 분쟁 해결 방법을 개발할 때도 종종 응용되는 방식이다. 조정과 중재는 당사자들 간의 협상을 촉진한다는 측면에서는 유사한 성격을 갖고 있지만, 그 원리는 서로 다르다. 북미협상에서 한국 정부가 자신의 역할을 조정자가 아니라 중재자라고 말해 미국의 오해를 받은 적이 있는데, 두 개념의 차이를 분명히 아는 것이 필요하다.

1) 조정과 협상

조정 제도의 의미

조정 제도는 분쟁 당사자들이 협상을 통해서 분쟁을 스스로 해결하려고 하다가 협상이 결렬되거나 결렬될 위기에 처했을 때, 제3자인 조정자가 나서서 협상을 도와주는 제도다. 이때 조정자는 분쟁 당사자들 간의 대화를 촉진하고, 각 당사자들이 수락할 수 있는 대안을 제시하며 돌파구를 만드는 역할을 한다.[38]

하지만 분쟁 당사자들은 꼭 조정을 받아야 한다거나 조정자가 제시하는 대안을 수락할 의무가 없다. 전적으로 분쟁 당사자가 선택할 수 있는 것이다. 따라서 조정의 역할은 분쟁 당사자들의 협상을 지원하는 데까지로 한정되어 있다.

이 조정 제도의 필요성은 협상이 실패로 돌아갔을 때의 피해를 줄이자는 생각에서 출발한다. 조정은 분쟁 당사자의 요청에 의해 시작되는 것이 일반적이지만, 협상이 실패로 끝나는 것이 공공에게 큰 피해를 입힐 경우에는 정부가 당사자들에게 조정을 받도록 권유하거나 의무적으로 조정을 거치도록 법률로 정해놓고 있다. 대부분의 나라는 노사 관계에서 단체교섭과 파업권을 보장하고 있기 때문에, 공적 서비스의 하나로 제3자에 의한 조정을 정부가 무료로 제공한다.[39]

조정 제도에는 아무런 의무 규정이 없어서 협상을 대체할 수 없다. 다만 협상 가능 영역을 넓히고, 협상력의 균형을 확보하는 데 도움이 된다. 또 조정은 협상의 일부이며 조정을 시작하는 시기와 조정자의 역할에 따라 협상의 진행 양상이 바뀔 수 있다.

조정자의 역할

조정자의 역할은 협상의 이슈와 성격, 관련된 법에 따라 달라진다. 또 어떤 이유로 어떤 권한과 능력을 가지고 협상에 관여하느냐에 따라 달라진다. 하지만 핵심적인 역할은 협상 당사자들 사이에 대화를 촉진하고 긴장을 완화시켜 협상의 실마리를 잡고, 서로 만족할 수 있는 합의안을 만들도록 도와주는 것이다.

조정자는 분쟁 당사자들이 협상하는 과정을 지켜보다가 적절한 시기에 조정을 시작한다. 분쟁 당사자의 요구가 무리하다면 현실을 직시하도록 유도한다. 그리고 당사자들에게 논리와 근거를 제공하면서 새로운 대안을 찾도록 도와준다. 필요하다면 협상에 영향을 미치는 협상 객체들에 대한 교육을 맡기도 한다.

한편 조정자가 협상에 관여하는 이유에 따라 조정자의 역할이 달라지기도 한다. 보통은 조정자가 협상의 결과에 아무런 이해관계 없는 중립적인 위치에 있지만, 때로는 협상 결과에 따라 조정자의 이익이 좌우되기도 한다. 예를 들면 북미협상에서 한국 정부가 조정자로 관여할 경우, 남한은 이해관계를 가진 조정자(mediator-with-an-interest)로 역할하게 된다.

또 조정자는 협상에 영향을 줄 만한 권한이 전혀 없는 경우가 일반적이지만, 특수한 경우에는 분쟁 당사자들의 선택에 큰 영향력을 행사하는 지위를 갖기도 한다. 조정자가 협상 당사자들에게 어떤 이익을 지원함으로써 합의를 유도하는 경우가 그런 예다. 이럴 때 조정자는 힘을 가진 조정자

(mediatior-with-muscle)가 된다.

1977년 이집트와 이스라엘이 캠프데이비드(Camp David) 협정을 맺을 때 미국은 힘을 가진 조정자로서 역할을 수행했다.[40] 즉 양측에 대한 지원 계획을 제시해 합의를 유도했던 것이다.

조정의 성공 요인

'조정이 성공적이었는가'에 대한 평가는 협상의 과정과 결과를 종합해 판단한다. 조정자가 합의 방안을 제시해 당사자들이 이를 수용하거나, 협상 당사자가 스스로 합의안을 만들도록 도움을 줘야 한다. 또 당사자들이 자신의 요구를 제시하고 함께 논의하는 과정에서 절차적으로 공정하다고 느껴야 한다.

조정이 성공하느냐 아니냐는 협상 이슈의 성격과 협상 당사자들의 자세, 조정의 시점, 조정자의 능력에 따라 달라진다.[41] 우선 협상의 이슈라는 측면에서는 이슈가 경제적인 문제일 때, 그리고 이익의 논리가 지배할 때 조정의 성공 가능성이 높다. 비경제적인 이슈를 두고 권리의 논리나 힘의 논리가 분쟁을 주도할 때는 조정을 하기가 어렵다. 또 협상 당사자들이 합의를 이루려는 의지가 강하고 조정을 적극적으로 활용하려고 할 때 성과가 크다.

조정자의 능력 중에 가장 중요한 것은 협상 당사자들의 신뢰를 얻어내는 것이다. 그 신뢰를 얻기 위해서는, 조정자는 합의 자체에만 관심을 가져야지 합의 내용에 대해서 당사자들에게 이래라 저래라 하는 지시를 내리면

안 된다. 그리고 협상 당사자들을 이해하고 그들의 주장을 경청하는 모습을 보여줘야 한다. 또 조정자는 합의를 이루는 데 걸림돌이 되는 문제를 이해하고, 협상 당사자들 간의 대화를 이끌어 의사소통이 원활하게 이뤄지도록 해야 한다. 또 조정 막판에 가면 협상 당사자들이 합의를 결심할 수 있도록 집요하게 설득하기도 해야 한다.

협상 당사자들은 조정자에게 중립을 요구하면서도 조정은 자신에게 유리하게 진행되기를 바란다. 따라서 조정자는 협상 당사자들과 게임을 한다는 자세로 그들의 기대 심리를 읽는 데 유의해야 한다. 자신의 개인적 견해를 밝힐 때는 중립성을 잃지 않도록 신중을 기하고, 협상 당사자들에게 발언할 기회와 순서를 공정하게 부여해야 한다. 중립적이지 않은 질문은 삼간다. 그리고 아무리 어려운 협상이라도 반드시 합의에 도달한다는 확신을 가지고, 협상 당사자들이 아무리 곤란한 요구를 해도 안 된다는 말은 삼가는 것이 좋다.

조정의 시작 시점은 조정의 성공을 결정짓는 중대한 변수가 된다. 조정이 너무 늦게 시작돼도 안 되지만 너무 일찍 시작돼도 안 된다. 너무 늦게 시작하면 당사자들이 협상을 포기한 상황이기 쉽고, 너무 일찍 시작하면 조정의 필요성을 크게 못 느낀다. 결국 조정자는 협상의 흐름을 판단해 언제 조정을 시작할 것인가를 독자적으로 결정해야 한다.

조정을 진행하는 동안에도 조정자는 자신의 견해를 밝히거나 조정안을 제시하는 시점을 주의해서 판단해야 한다. 이를 위해서는 조정 회의에 참여하는 협상 당사자들이 발언할 때의 표정과 행동, 발언 이후의 변화를 유심히 살펴서, 당사자들이 조정자의 견해를 듣고 싶어하는지, 조정안을 제시하기를 기다리는지를 판단해야 한다.

노사 간의 단체교섭에는 조정이 제도화되어 있다. 그래서 단체교섭은 규칙에 의한 협상과 제3자의 지원에 의한 협상의 성격을 갖고 있다.[42]

> 우리나라는 선진국에 비해 노사 분쟁 조정에 관한 제도를 강제하는 편이다. 단체협약의 체결을 둘러싼 분쟁이 합의에 도달하지 못할 때는 노조가 파업을 할 수 있도록 허용하되, 파업에 돌입하기 전에 반드시 노동위원회 등의 조정을 거치도록 조정 전치주의를 법적으로 의무화하고 있다.[43] 또 체결된 단체협약의 해석이나 적용을 둘러싼 분쟁에 대해서는 노동위원회의 중재를 통해 해결하도록 유도하고 있다.[44]

조정과 경영

조정은 조직과 조직 사이의 갈등을 해결하는 것뿐만 아니라, 조직 내부의 드러나지 않은 갈등을 해결하는 데도 활용될 수 있다.[45] 최근에는 기업 경영이든 정부 행정이든, 내부 구성원 사이의 갈등을 조정하는 일이 점점 중요해지고 있다. 중앙집권적 조직을 분권화시키고, 상명하복식의 의사 결정에서 협의에 의한 집단적 의사 결정 방식으로 전환하고 있는 시점이기 때문이다. 따라서 갈등이 그만큼 늘어나게 되고, 이 갈등을 해결할 수 있는 새로운 메커니즘이 요구되고 있다.

갈등 해결을 위한 새로운 메커니즘의 핵심은 기업 경영이나 정부의 행정에 조정의 원리를 도입하는 것이다. 이를 위해서는 조직 구성원들이 협상 마인드를 가지고 있어야 한다. 조직이 봉착한 문제에 대해 서로의 견해를 존중하면서 문제의 해결 방안을 찾아야 하기 때문이다. 그렇게 해도 합의에 도달하지 못할 때에는 조직의 책임자가 조정자로서의 역할을 해야 한다.

조직의 책임자는 조정자로서 먼저 구성원들이 해결해야 할 문제를 정확하게 이해해야 한다. 그리고 조직원 스스로 해결안을 찾도록 유도해야 한다. 하지만 구성원들이 의견의 일치를 보지 못할 때에는 구성원 간의 대화를 촉진하고, 필요할 경우 자신의 의견을 제시할 필요가 있다. 책임자는 힘을 가진 조정자로서 구성원이 갖지 못한 권한을 발휘함으로써 구성원들이 통합적이고 질 높은 문제 해결 방안을 찾도록 돕게 된다.

예를 들어 영업부와 기획부가 구조조정 문제를 놓고 갈등에 빠졌다고 치자. 경영자는 부서 간의 협의를 지켜보고 있다가 협의가 원만하게 진행되지 않을 때 조정자의 역할을 하게 된다. 이때 일방적으로 해결안을 제시하기보다는 갈등의 당사자인 부서 담당자들이 문제를 해결하기 위해 협조적인 관계를 유지하도록 만들어야 한다. 그 과정에서 경영자는 자신의 경험이나 지식을 제시할 수 있고 문제의 통합적인 해결을 위해 자원을 투입하는 방안을 제시할 수 있다.

2) 중재와 협상

중재 제도의 의미

중재 제도는 분쟁 당사자들이 합의에 도달하지 못했을 때 중재자가 판정을 내려 분쟁을 해결하는 제도다. 중재는 상사 분쟁이나 노사 분쟁 외에도 다양한 분쟁을 해결하기 위해 활용되는데, 최근에는 대안적 분쟁 해결의 한 방법으로 주목받고 있다. 즉 법원의 판결을 통해 분쟁을 해결하는 전통적인 방법이 아니라, 민간 전문가인 중재자의 판정을 통해 분쟁을 해결하는 것이다.

중재자의 판정은 최종적인 구속력을 갖지만, 그 판정을 반드시 따르지 않아도 되는 구속력 없는 중재(nonbinding arbitration) 제도도 있다. 또 대부분은 분쟁 당사자가 원할 때 중재를 받는 자발적 제도지만, 중재를 법적 의무로 정해놓은 의무적 중재도 있다.

중재에는 크게 이익 중재와 권리 중재가 있다. 이익 중재는 '급부와 반대급부 또는 권리와 의무 관계 등 계약의 내용을 어떻게 설정할 것인가?' 하는 이익 분쟁을 해결하기 위한 것이고, 권리 중재는 '급부와 반대급부 또는 권리와 의무의 관계를 규정한 계약의 내용을 어떻게 해석하고 적용할 것인가?'의 권리 분쟁을 해결하기 위한 것이다.

대부분의 이익 분쟁은 분쟁 당사자가 스스로 해결하는 것이 바람직하기 때문에 권리 중재가 더 일반적으로 활용된다. 이익 분쟁에서는 제3자가 판정을 내리기가 곤란한 데 왜냐하면 분쟁 이면에 깔려 있는 이익의 문제를 해결하기도 어렵고, 판정 이후에 분쟁 당사자 간의 관계가 나빠질 가능성도 크기 때문이다.

일반적으로 중재는 협상이나 조정과 연계되어 활용된다. 분쟁 당사자들은 협상을 통해 합의에 도달하지 못하면 중재를 받기로 미리 정해놓는 것이 일반적이다. 이 경우 중재를 받고자 하는 문제의 범위, 중재자의 선정과 권한, 중재의 절차, 중재 판정의 효력 등에 대해서 사전에 합의하게 된다.

중재 제도의 장단점

중재 제도는 법원에 의한 사법적 판단과 마찬가지로 시시비비를 가리는 기능을 갖고 있다. 그래서 중재도 일정한 공식 절차를 밟는다.[46] 하지만 법원에 의한 재판보다 절차가 간편하고, 증인의 심문이나 증거의 채택이 유연해서 법원을 통해 분쟁을 해결하는 것보다 시간과 비용이 적게 든다. 게다가 중재 과정에 분쟁 당사자들이 참여해 중재를 받고자 하는 문제, 즉 중재의 대상 범위를 합의로 결정할 수 있다. 또 분쟁 당사자들이 해당 이슈에 대한 전문가를 중재자로 선정할 수 있고, 당사자들이 기피하는 사람은 중재자에서 제외할 수도 있다. 중재자가 판정을 내리는 방법도 분쟁 당사자들이 합의해서 결정할 수 있다.[47]

이렇게 분쟁 당사자들이 중재 제도를 활용하기로 합의했다면, 그 합의 자체가 협상에 영향을 미친다. 최후의 순간에는 중재로 해결될 수 있기 때문에 협상에 대한 열의가 줄어들고, 양보도 하지 않으려고 한다. 협상에서 양보하면 중재를 받을 때 불리하게 작용할 수 있다고 생각하기 때문이다. 따라서 중재 제도는 협상의 동력을 감소시키는 문제점을 갖는다. 이것을 중재 제도의 냉각효과(chilling effect)라고 부른다.[48]

중재 제도가 갖는 또 하나의 단점은 중독성에 있다. 만약 협상 당사자가 분쟁 당사자의 이익을 대변하고 있다면 협상 당사자는 협상의 결과에 대한 '정치적' 책임이나 '심리적' 부담을 줄이기 위해 중재 제도를 선호할 수 있

다. 협상 결과가 분쟁 당사자들의 기대에 미치지 못할 때, 판정을 내린 제3
자에게 비난을 돌릴 수 있기 때문이다. 이런 경우 분쟁을 협상보다는 중재
에 의지해서 해결하려는 경향이 생긴다. 이것을 중재 제도의 중독효과
(narcotic effect)라고 부른다.

중재 제도의 형태

분쟁을 해결하는 데 중재 제도가 법원을 거치는 것보다는 장점이 많지
만, 당사자 간의 합의를 통해서 해결하는 것보다는 못하다. 그래서 중재 제
도는 그 이면에 분쟁 당사자들이 자율적으로 합의안을 만들어내게끔 유도
하는 기능을 가질 필요성이 있다. 만약 중재자가 어떤 판정을 내릴지 불확
실하다면 분쟁 당사자들이 중재를 활용하는 데 더욱 신중해질 것이다. 판
정이 누구에게 유리하게 내려질지 모르기 때문이다. 중재 판정의 불확실성
은 중재를 이용하는 위험, 즉 불확실성의 비용을 의식하게 함으로써 불가
피할 때만 중재를 활용하도록 유도한다.[49]

여기서 불확실성의 비용은 중재의 형태에 따라 달라진다. 이익 중재일
경우에는 중재자가 얼마나 큰 권한을 갖느냐에 따라 좌우된다. 중재자가
분쟁 당사자들의 주장과 요구를 절충해 판정을 내리는 중재를 전통적 중재
(conventional arbitration) 제도라고 한다. 반면 중재자가 각 분쟁 당사
자들이 제시한 제안들 중에서 어느 하나를 골라 판정으로 채택하는 중재를
택일식 중재(final-offer arbitration) 제도라고 한다.

택일식 중재에서는 어느 하나만이 채택되기 때문에 판정의 불확실성 비
용이 크다. 반면 전통적 중재에서는 양자의 의견을 절충하기 때문에 불확

실성 비용이 적다. 따라서 절충식 중재 제도가 아니라 택일식 중재를 따를 때, 중재보다 협상으로 합의하려는 열의가 커진다.

하지만 택일식 중재 제도 아래서는 분쟁 당사자들이 제시한 제안이 극단적이라도 반드시 어느 하나를 선택할 수밖에 없다는 문제점이 있다. 이런 문제점을 피하기 위해 중재자가 아닌 중립적인 제3자를 통해 사실을 조사하고, 그 결과를 활용하는 방법이 있다. 즉 중재자가 분쟁 당사자들의 제안과 함께 사실 조사자의 의견을 놓고 이 가운데 하나를 선택하는 것이다. 이런 중재 제도를 3자 택일식 중재 제도라고 한다.

3자 택일식 중재 제도에서는 중재 과정에 사실 조사 단계가 포함되며, 사실 조사자의 제안이 중재자의 판정으로 채택될 확률이 높다. 따라서 분쟁 당사자들은 사실 조사의 결과에 근접한 제안을 하는 것이 유리하다는 생각을 하게 되고, 이것은 합리적인 제안을 만들어내는 동기가 된다. 또한 분쟁 당사자들 사이에서 중재자가 중재 판정을 하기 전에 사실 조사의 결과를 토대로 자율적으로 합의에 도달하려는 의지도 커진다.

중재 판정의 방식

권리 중재는 이익 중재와는 달리 몫의 배분에 관한 분쟁이 아니라 합의 해석이나 적용을 둘러싼 권리 분쟁을 다룬다. 이익 중재에 비해서 권리 중재에서 중재자는 시시비비를 가리는 법관의 역할을 수행한다. 중재 판정의 공정성을 기하기 위해 중재자는 회의의 진행 방식은 물론 판단 기준의 일정한 방식을 따르게 된다.[50]

중재 판정을 위해 심문 회의를 할 때는 보통 상대방이 합의를 위반했다고 주장하는 쪽이 먼저 나서서 주장을 펼친다. 예를 들어 노동조합이 '사용자가 단체협약을 위반했다.'고 주장하는 분쟁의 경우, 노조가 먼저 나서서 주장을 펼친다. 다만 몇 가지 예외가 있는데, 예를 들어 조합원의 징계에 관한 문제에서는 사용자가 먼저 나서서 징계의 불가피성을 주장한다. 노조에서는 사용자가 단체협약을 위반했다는 등의 이유로 징계가 부당하다고 주장할 수 있지만, 일단 징계 처분을 내린 쪽이 사용자이기 때문이다.

중재자가 중재 판정을 내릴 때에는 일정한 기준을 갖는다. 예를 들어 합의문안의 의미에 대해서 다툴 때에는 특수한 의미가 아니라 통상적으로 받아들이는 의미를 적용하게 된다. 또 합의문에서 일관되게 사용한 용어는 해석할 때 예외를 인정하지 않는다.

중재자는 분쟁 당사자들이 내세우는 증인의 증언에 대해서도 일정한 기준을 적용한다. 각 당사자가 자신에게 유리한 증인만 내세우기 때문이다. 증언의 신뢰도를 위해 분쟁 당사자가 내세운 증인은 그 당사자가 먼저 심문하고 다음에 상대방이 심문한다. 중재자는 증인의 자세나 기억력, 증언의 일관성 등을 살펴보며 진실성을 판단한다.

또 관행적인 문제를 두고 다투는 경우에는, 그 관행이 쌍방 모두에게 이익이었는지, 쌍방 모두가 알고 있었는지, 얼마나 오래 유지돼왔는지, 그리고 얼마나 자주 활용됐는지를 종합적으로 판단한다.

제 3 부

전략적 분쟁 해결론

조직의 관점에서 협상 전략을 규정하면, 자신과 상대편 조직이 갖고 있는 역량과 약점을 고려해 환경이 변하거나 우발적인 상황이 발생해도 대비할 수 있도록 자원을 효율적으로 동원함으로써 협상 목표를 달성하기 위한 일련의 행동 계획이라고 할 수 있다.

1 목표를 세우는 일의 중요함

협상의 성과를 높이려면 협상을 통해서 얻고자 하는 목표를 분명히 설정해야 한다. 그 목표에 따라 협상의 진행 양상과 협상의 결과도 달라진다. 물론 분쟁의 각 당사자들이 모두 다른 목표를 세우게 되므로 최종적인 협상의 결과는 애초의 목표와는 다르게 마련이지만 협상의 목표를 어떻게 세우느냐 하는 문제는 협상의 전략과 전술을 세우는 데 큰 영향을 미친다.

협상 목표가 불분명하거나 비현실적으로 높으면 협상의 전략과 전술도 혼란에 빠진다. 목표가 너무 이상에만 치우쳐 있으면 협상이 진행되는 도중에 목표를 낮추기 위해 자신과 협상해야 하는 상황을 만나게 된다. 또 어느 한 측면에만 집중해서 목표를 설정할 경우, 나머지 측면을 놓쳐서 숲은 보지 못하고 나무만 보고 협상을 하는 결과를 가져온다. 이런 것은 설사 협상의 결과가 합리적인 수준에서 결정된다고 해도 분쟁 당사자들이 불만을 느끼는 이유가 된다. 따라서 협상의 목표를 합리적으로 설정하는 것이 협상의 성과를 높일 수 있는 기본적인 조건이다.

1) 협상 목표의 성격

협상의 목표를 제대로 설정하려면 협상을 통해서 얻고자 하는 바가 무엇인지를 다각적으로 검토해야 한다. 그 얻고자 하는 바는 대부분 복합적이므로, 하나의 득실에만 너무 집중하면 협상을 망치게 된다. 예를 들어 협상을 통해 경제적 이익이나 권리 또는 세력을 확대하려고 할 수도 있지만, 때로는 상대방과 우호적인 관계를 유지하는 것이 목표가 될 수도 있다. 또 합의의 내용보다는 자신의 입장을 제대로 반영하기 위한 절차적 문제가 더 중요할 때도 있다. 당장 이익을 실현하지는 못해도 앞으로 발생할지 모를 분쟁에서 자신의 이익을 지키는 것이 더 중요할 수도 있기 때문이다. 따라서 협상의 목표를 설정할 때는 복합적인 통찰이 필요하다.

협상의 목표에는 협상 당사자의 가치관과 믿음이 반영된다. 상대방이 협상을 통해서 얻고자 하는 바를 알려면 상대방의 가치관과 믿음을 이해해야 한다. 만약 상대방이 핵심적이지도 않은 어떤 미묘한 문제에 특별히 신경을 쓰고 있다면, 그것은 상대방의 가치관 때문일 것이다. 이 가치관의 차이로 인해 협상 당사자들의 목표가 달라진다. 이 가치관의 충돌은 국가 사이에서는 문화의 충돌로 드러난다.

여기서 협상의 목표가 갖는 복잡한 성격을 정리해보자.

협상 목표의 성격은 협상을 통해서 얻으려는 이익이 무엇인지에 관한 문제로 정리할 수 있다. 협상을 통해서 얻을 수 있는 이익에는 실체적 이익, 절차적 이익, 관계적 이익, 원칙적 이익의 네 가지가 있다.[1] 이 이익을 다시 시간을 기준으로 나눠보면 협상을 통해서 당장 얻을 수 있는 본질적

(intrinsic) 이익과 미래의 이익을 실현하는 데 도움이 되는 수단적 (instrumental) 이익의 두 가지로 구분된다.

실체적 이익

실체적 이익(substantive interest)은 노동력의 제공과 급여, 제품의 조달과 비용의 지급처럼 급부와 반대급부 또는 권리와 의무의 규정과 관련된 것이다. 일반적으로 실체적 이익은 협상을 통해서 당장 얻고자 하는 본질적 이익과 관련된 것이지만, 때로는 수단적 이익과 관련된 것일 수도 있다.

어떤 프로선수가 소속구단과 연봉 협상을 한다. 이때 연봉의 액수는 자신이 거둬들인 성과에 대한 보상을 의미하지만, 한편 경쟁선수와 비교했을 때 이 선수가 가지고 있는 잠재력에 대해 시장이 내린 평가를 의미한다. 특히 프로선수들은 이적이나 전출로 인해 이동이 많기 때문에 연봉을 결정할 때 이런 점을 크게 의식하게 된다.

절차적 이익

절차적 이익(process interest)은 분쟁 해결의 방식이나 협상의 절차 등과 관련되어 있다. 절차적 이익은 본질적 이익만이 아니라 수단적 이익과도 관련된다. 특히 실체적 이익이 분쟁 해결의 방식이나 협상의 방식에 따라 달라질 때, 절차적 이익이 중요해진다. 또 내가 협상에 참여해서 어떤 역할을 수행하느냐가 조직 안에서 내가 갖는 위상에 영향을 미칠 뿐만 아니라 다른 협상에서 실체적 이익을 얻는 데도 영향을 미칠 경우 절차적 이익을 추구하게 된다.

　이런 경우 현재 논의되고 있는 이슈보다는 이 협상 테이블에 앉아 자신의 견해를 드러내고 반영하는 것 자체를 더욱 중요한 이익으로 고려하게된다. 예를 들어 북한의 핵 개발 문제를 다루는 북미 간의 협상을 보자. 북한과 미국이 쌍무적 협상을 할 것인지, 아니면 3자 협상이나 5자 협상을할 것인지를 놓고 다투는 것이나, 협상의 수위를 실무 협상으로 할 것인지고위당국자 협상으로 할 것인지를 놓고 신경전을 벌이는 것도 여기에 절차적 이익이 걸려 있기 때문이다.

　절차적 이익은 협상 결과에 크게 영향을 미칠 수 있는 협상의 전제조건이 제기되거나 협상 당사자들의 관계가 복잡할 때 특히 중요해진다. 예를들면, 노사가 단체교섭을 시작하기 전에 협상의 범위나 당사자의 권한을규정하려고 한다면 이것은 절차적 이익을 다루는 것이지만 그 절차적 이익은 실체적 이익에 크게 영향을 미치는 조건이 된다. 특히 다자 간 협상에서는 회의의 진행 방식이나 의제(agenda)의 채택 등 협상의 절차 자체가 결과에 큰 영향을 미치기 때문에 실체적 이익에 관한 문제를 논하기 전에 먼저 자신에게 유리한 방향으로 진행과 의사 결정의 방법을 만들려고 한다.

협상 절차가 협상의 결과에 크게 영향을 미치면 이 절차적 이익의 문제는 그 자체로 권리의 논리나 힘의 논리가 주도하는 분쟁 이슈가 될 수도 있다.

관계적 이익

관계적 이익(relationship interest)은 협상 당사자의 일방 또는 쌍방이 상대방과 우호적인 관계를 유지하거나 발전시키는 문제와 관련되어 있다. 지금 얻을 수 있는 실체적 이익보다 상대방과 우호적인 관계를 맺음으로써 미래에 얻을 수 있는 실체적 이익이 더 클 때 관계적 이익을 추구하게 된다. 따라서 관계적 이익은 수단적 이익의 성격을 갖는다.

예를 들면, 남한 정부의 햇볕정책은 관계적 이익을 중시한 것이다. 북한을 지원하면서 우호적 관계를 만들어 남북한 간의 갈등을 완화시키려는 것이 그 의도였기 때문이다. 하지만 관계적 이익에 매달린 나머지 실체적 이익과 원칙적 이익을 간과하는 오류를 범하게 됐다.

이렇게 관계적 이익을 중요하게 여기는 데는 분쟁 당사자의 문화적 특성이 반영되어 있는데, 서양보다 동양에서 뚜렷하게 나타난다.[2] 예를 들어 일본에서는 협상을 할 때 먼저 당사자들의 관계를 강조하고 상대방의 선처를 부탁하면서 자신의 요구를 제시한다. 이것을 나니와부시(naniwabushi) 전략이라고 부른다.[3]

관계적 이익은 협상 당사자들이 관계를 계속 유지해야 하는 경우에도 중요하게 다뤄진다. 이럴 때 협상 당사자들은 평판을 중요시하게 되는데, 그것은 이번 협상에서 취하는 태도와 행동으로 만들어진 평판이 앞으로의 협상에 영향을 미치기 때문이다. 특히 협상 당사자를 둘러싸고 있는 환경이 불확실해서 서로 간의 신뢰가 중요하게 여겨질 때 관계적 이익의 의미는 더욱 커진다.

원칙적 이익

원칙적 이익(interest in principle)은 무엇이 공정하고 도덕적인지 등을 결정하는 원칙의 문제가 협상의 결과에 영향을 미칠 때 등장한다. 여기서 원칙은 현재의 협상뿐 아니라 미래의 협상에서 실체적 이익을 좌우하는 역할을 하므로, 수단적 이익의 성격을 갖는다.

이 원칙적 이익은 원칙이 다른 분쟁들을 해결해야 할 때나 여러 대안 가운데 하나를 합의안으로 선택해야 할 때, 또는 앞선 원칙적 합의가 뒤에 따라오는 구체적 합의의 기준으로 작용할 때 특히 중요한 의미를 갖는다. 원칙이 무엇인가에 따라 이익이 달라지기 때문에 원칙은 그 자체가 세력의 차원이나 권리의 차원에서 분쟁 이슈가 될 수 있다.

분쟁 이슈가 인간의 근본적인 욕구나 가치관에 관련된 것일 때 분쟁 당사자는 원칙적 이익을 추구한다. 인간의 존엄성을 보호하는 기본권이나 가치관을 형성하는 종교와 관련된 분쟁일수록 협상은 원칙적 이익을 중요하게 다루고, 일단 분쟁이 발생하면 양상이 격렬해진다. 또 국제 분쟁에서 국가의 안보나 국가의 정체성(identity) 문제가 연관되면 분쟁이 격렬해지는 것을 볼 수 있다.[4]

네 가지 이익의 관계

협상을 통해서 얻고자 하는 이익이 반드시 실체적 이익, 절차적 이익, 관계적 이익, 원칙적 이익 중 하나로 규정되는 것은 아니다. 때로는 실체적 이익을 추구하지만 동시에 절차적, 관계적, 원칙적 이익을 복합적으로 추구할 수 있다.

북한의 경수로 지원 사업에 대해서 남한은 건설 비용의 부담 문제 등 실체적 이익을 추구하면서 동시에 북한의 핵 무장 위협에 대비해 미국과 공조했다. 그렇게 함으로써 북한과 긴장을 완화하는 관계적 이익을 얻어내면서 동시에 한반도의 비핵화 등 원칙적 이익을 따내고자 했다.

한편 동일한 사안을 두고도 협상을 통해서 얻으려는 이익의 성격이 협상 당사자마다 다를 수 있다. 이것은 분쟁 당사자들이 협상을 바라보는 시각이 다르고 갈등에 대한 인식과 해결의 방안을 찾는 틀이 다른 데서 기인한다. 당사자들이 가지고 있는 협상의 틀이 완전히 다르면 협상 자체가 성립되지 못할 수도 있다. 또 협상의 이익에 대한 시각이 다르면 협상의 이슈를 정하고 그 과정과 결과를 보는 공정성에 대한 시각이 달라져서 협상이 난항을 겪을 가능성이 크다.

북한의 핵 개발 문제를 둘러싸고 벌어진 남한과 미국 사이의 갈등을 예로 들어보자. 햇볕정책을 두고 한미 간의 시각이 다른 이유는 남한은 북한에 대해서 관계적 이익을 중시하고 미국은 원칙적 이익을 중시하기 때문이다. 남한 정부는 북한에 대해 지원과 대화를 지속하는 것이 한반도 문제를 해결하는 방안이라고 생각하고, 반면 미국 정부는 핵확산금지조약(nuclear nonproliferation treaty: NPT)의 준수를 강조하며 국제 안보 질서를 유지하려는 차원에서 한반도 문제에 접근하고 있다.

이런 문제는 한일 관계에서도 마찬가지로 드러난다. 일본 문화에 대한 시장 개방에 대해 일본은 실체적 이익의 관점에서 접근하지만, 민족감정과 과거사 청산을 중요시하는 우리나라는 관계적 이익과 원칙적 이익의 차원에서 대응하고 있다.

협상 목표는 협상이 진행되면서 그 성격이 바뀔 수 있다. 처음에는 실체적 이익을 추구하다가 협상이 진행되면서 절차적 이익으로 전환할 수도 있고, 절차적 이익을 추구하다가도 관계적 이익이나 원칙적 이익을 강조하게 될 수도 있다.

예를 들어 1999년 분당 주민과 한국도로공사는 고속도로 통행료 문제를 두고 큰 갈등을 빚었다. 이 분쟁은 통행료라는 실체적 이익을 두고 시작됐지만, 시간이 지나면서 통행료의 산정 기준 등 원칙적 이익에 관한 분쟁으로 비화됐다.

2) 협상 목표의 유형

협상 목표의 성격을 규정짓는 중요한 요인 중 하나는 '분쟁 당사자가 협상의 목표를 어떻게 인식하고 있는가.' 하는 점이다. 협상의 목표는 상대방과의 관계 속에서 설정되는 것이므로 내 목표는 곧 상대방의 목표에 영향을 미친다.

남한과 북한을 예로 들어보자. 남한은 북한과의 관계적 이익을 중시해 갈등을 해결하려고 하는데, 북한이 당장 얻을 수 있는 실체적 이익에만 매달린다면, 남한 역시 협상 목표를 실체적 이익을 중심으로 수정하지 않을 수 없게 된다.

분쟁 이슈의 성격상 어느 한쪽의 이익이 다른 한쪽의 손해를 가져오는 경우, 협상의 목표는 대립적인 성격을 갖는다.[5] 그런데 협조적인 협상 목표를 설정할 수 있다고 해도, 분쟁 당사자들이 협상으로 나눠 가질 수 있는 몫이 한정되어 있거나 과거의 경험 때문에 상대방에 대해서 불신하거나 피해의식을 가지고 있는 경우에는 대립적인 목표를 추구할 수 있다.

실제 협상에서는 분쟁 당사자가 어떤 이슈에 대해서는 대립적인 협상 목표를 가지고 있더라도 다른 이슈에 대해서는 협조적인 협상 목표를 가지고 있게 마련이다. 따라서 협상 전체를 놓고 볼 때 협상 목표는 대립적인 요소와 협조적인 요소를 동시에 가지고 있으며, 완전히 대립적이거나 완전히 협조적인 경우가 오히려 예외에 속한다. 협상 목표는 이슈에 따라 대립과 협조의 스펙트럼을 갖게 된다.

협상 목표의 성격이 복합적이기 때문에 협상 당사자들이 협상 목표를 어떤 방법으로 달성하느냐는 문제에 따라서 그 성격을 구분할 필요가 생긴다. 위에서 살펴본 것처럼 협상 목표는 대립적인 목표와 협조적인 목표, 중립적인 목표로 나뉜다. 여기서 대립적인 목표는 다시 경쟁적인 협상 목표와 적대적인 협상 목표로 나눌 수 있다. 중립적인 협상 목표는 자기중심적인 협상 목표와 방어적인 협상 목표로 나뉜다.[6]

중요한 것은 협상이 진행되는 도중에 협상 당사자들이 협상 목표에 대해 가지고 있는 인식이 바뀔 수도 있다는 점이다. 협상의 여건이 변하면 경쟁적인 협상 목표를 추구하다가도 협조적인 목표로 전환할 수도 있다. 또한 어떤 이슈에 대해서는 자기중심적인 목표를 추구하지만, 또 다른 이슈에 대해서는 경쟁적인 목표를 추구할 수도 있다.

경쟁적 협상 목표

협상 당사자가 자신의 몫은 확대하고 상대방의 몫을 줄이려고 하면 경쟁적 협상 목표(competitive goals)가 설정된다. 이런 경우는 쌍방이 나눌 수 있는 몫이 한정되어 있거나, 당사자들이 한정되어 있다고 느낄 때 나타난다.

협상 당사자들이 경쟁적 협상 목표를 추구하면 협상은 제로섬(zero-sum) 게임의 양상으로 진행된다. 한쪽이 차지하는 몫이 커지면 다른 쪽의 몫은 작아져서, 일방의 승리와 일방의 패배라는 결과가 발생한다.

이 경쟁적 협상 목표는 대개 협상에 실체적 이익이 걸려 있을 때 나타난다. 예를 들어 노사가 임금 인상 문제를 가지고 협상할 때, 사용자는 인상률을 낮추려고 하고 노조는 인상률을 높이려고 하면 쌍방이 경쟁적 협상 목표를 추구하는 것이다.

적대적 협상 목표

적대적 협상 목표(aggressive goals)는 상대방의 이익이나 권리를 줄이고 세력을 약화시켜서 내 이익과 권리를 키우려고 할 때 채택된다. 적대적 협상 목표는 경쟁적 목표와 달리 몫의 배분 그 자체가 아니라, 몫의 배분에 영향을 끼치기 위해서 상대방의 위상을 떨어뜨리는 것을 주된 목적으로 한다.

적대적 협상 목표는 당사자들이 실체적 이익보다는 관계적 이익이나 원칙적 이익에 관심이 많을 때 주로 나타난다. 기업 간의 인수 및 합병 문제를 예로 들면, 인수 대상 기업의 가치를 떨어뜨리거나 똑같은 기업을 인수하려는 경쟁기업의 자금 조달 능력을 떨어뜨리고자 하는 것이 이런 적대적 협상 목표에 해당한다. 한 기업 안에서도, 노사가 협상을 할 때 사용자는 노조의 활동력을 약화시키려 하고 노조는 사용자의 경영권을 방해하려 한다면, 이것은 적대적 협상 목표에 해당한다.

협조적 협상 목표

협조적 협상 목표(cooperative goals)는 이해 관계는 달라도 당사자들이 협력해서 공동의 이익을 확대할 수 있을 때 나타난다. 협상 당사자들이 협조하면, 이익이 커지거나 최소한 손실을 줄일 수 있을 때 협조적 협상 목표를 추구하게 된다.

노사 간의 협상을 예로 들어보자. 임금 문제를 생산성 향상과 연동시켜서 근로자는 임금 수준을 높이고 사용자는 이익을 높이려 한다면 노사는 협조적 협상 목표를 추구하는 것이다. 또 경기가 좋지 않아서 고용 불안 현상이 나타났을 때, 임금 인상률을 낮추고 근로 시간을 줄여 고용 수준을 그대로 유지하기로 했다고 하자. 이때도 노사는 협조적 협상 목표를 추구한 것이다.

일단 협조적 협상 목표를 설정하면 협상 당사자들은 서로의 이익을 늘리거나 피해를 줄이자는 공동의 목표를 갖게 된다. 이때 그 협조의 동기와 결과에 따라 같은 협조적 협상 목표라도 성격이 달라진다. 왜냐하면 협조적 협상을 통해 이익을 균등하게 얻기도 하지만 서로 다른 이익을 얻기도 하기 때문이다. 이에 따라 협조적 협상 목표는 다시 공통목표(common goal), 공유목표(shared goal), 연대목표(joint goal)의 세 가지로 나눌

수 있다.[7]

가. 공통 목표

협상 당사자들이 분쟁의 이슈에 대해 동일한 이해관계를 가지고 있어서, 공통의 목표가 달성됐을 때 균등한 이익이 돌아가는 경우에는 공통목표를 추구한다. 공통목표가 설정될 때 협조의 동기가 가장 강하다.

예를 들어 어떤 지역에 지하수를 이용해 생수를 만드는 공장이 설립된다고 치자. 이때 식수가 부족해질까 싶어 걱정하는 지역 주민과 공업수가 부족해질까 싶어 걱정하는 지역 기업은 공통목표를 추구하게 된다. 협조의 이유나 목적하는 바는 서로 다르지만, 생수공장의 설립 문제에 대해서 동일한 이해관계를 가지며 지하수의 고갈을 막아냈을 때 균등한 이익을 누릴 수 있기 때문이다.

나. 공유목표

공유목표는 협상 당사자들이 분쟁 이슈에 대해서는 동일한 이해관계를 가지고 있지만, 목표가 달성된 후에 각자에게 돌아가는 이익은 서로 다를 때 설정된다. 공유목표를 추구할 때는 이익을 많이 보는 쪽이 이익을 적게 보는 쪽에 대해 배려하거나 보상함으로써 공동의 목표를 달성할 수 있다.

예를 들어 동북아시아에 자유무역주의를 구축하기 위해 한국과 일본, 중국 세 나라가 협상을 한다고 치자. 세 나라가 모두 자유무역을 통해서 이익을 볼 수 있지만, 일본의 이익이 제일 크고 한국과 중국의 이익이 상대적으로 작다. 이럴 때 동북아시아를 자유무역지대로 만드는 것은 한·중·일

세 나라의 공유목표가 된다. 그리고 일본이 한국과 중국의 이익을 배려하면 세 나라는 자유무역이라는 공동의 목표를 추진할 수 있다.

다. 연대목표

연대목표는 공통목표나 공유목표와는 달리 협상 당사자들이 분쟁 이슈에 대해서 서로 다른 이해관계를 가지고 있다. 즉 협상 당사자들은 서로 다른 이유를 가지고 협조하고 협조의 결과 모두 이익을 보기는 하지만, 그 크기가 각각 다르다. 협조를 하겠다는 의지는 연대목표를 추구할 때 상대적으로 가장 낮고, 협상의 결과가 끝까지 유지될 가능성도 가장 적다.

예를 들어 어느 시장 선거에서 벌어질 수 있는 세 사람의 연합을 보자. 세 사람이 각자 서로 다른 이유로 힘을 합쳐 연대목표를 추구하고 있다. 한 사람은 공직 취임을, 다른 사람은 지역에서 자신의 위상을 확보하는 것을, 또 다른 사람은 시가 추진할 정책으로 인한 혜택을 기대할 경우, 세 사람은 시장 선거에서의 승리라는 연대목표를 설정하고 힘을 모을 수 있다.

자기중심적 협상 목표

자기중심적 협상 목표(self-centered goals)는 상대방에게 직접적인 이익이나 손해를 끼치지 않으면서 자신이 원하는 특정한 문제를 해결하려고 할 때 설정된다. 자기중심적 협상 목표는 이해 당사자가 여럿이라서 내가 이익을 추구하는 것이 다른 당사자들에게 직접적인 영향을 끼치지 않는 경우에 나타난다. 예를 들어 투자자나 소비자를 상대로 기업의 이미지를 높이기 위해 사용자가 노동조합에게 노사 협력 선언문을 만들자고 요청한다면 이것은 자기중심적 협상 목표를 추구하는 것이다.

자기중심적 협상 목표는 상황에 따라 협조적 협상 목표나 경쟁적, 적대적 협상 목표로 바뀔 수 있다. 예를 들어 정부가 교육 개혁을 추진하면서 이해 집단에게는 불이익이 가지 않도록 교육 재정을 늘려서 교육의 기회를 확대하고 교육의 질을 높이려고 한다면 자기중심적인 협상 목표를 추구하는 셈이다. 하지만 정부가 교원의 정년을 하향조정해서 교육의 질을 높이려 하거나, 자립형 사립학교를 확대하는 것으로 교육의 기회를 확대하는 것은 경쟁적 협상 목표가 된다. 이런 조치는 교원의 기득권을 축소하고 공립학교의 입지를 낮추는 것이기 때문이다.

방어적 협상 목표

방어적 협상 목표(defensive goals)는 어떤 결과가 발생하는 것을 피하는 데 목표가 있다. 자기중심적 협상 목표가 특정한 문제를 해결하기 위한 것이라면, 방어적 협상 목표는 그 반대로 특정한 문제가 발생하지 않게 하는 데 초점을 두고 있다. 방어적 협상 목표도 협조적 협상 목표나 경쟁적, 적대적 협상 목표로 바뀔 수 있다. 노사 간 협상에서 노사가 파업을 막기 위해 협약의 유효기간을 연장한다면 방어적 협상 목표를 추구하는 것이다.

2 협상 전략의 수립과 조정

1) 협상 전략의 선택

협상 전략이란 상대편 협상 당사자가 어떤 행동을 할 것인지를 고려하면서 내가 어떤 상황에서 어떤 행동을 선택하고 이를 어떻게 뒷받침할 것인지에 대해 세우는 계획이다.[8]

그리고 전략의 의미를 조직의 관점에서 일반화시켜 보면 조직의 목표, 정책, 그리고 실행조치를 유기적으로 묶어낸 행동 계획이다.

이 두 의미를 종합해 조직의 관점에서 협상 전략을 규정하면, 자신과 상대편 조직이 갖고 있는 역량과 약점을 고려해 환경이 변하거나 우발적인 상황이 발생해도 대비할 수 있도록 자원을 효율적으로 동원함으로써 협상 목표를 달성하기 위한 일련의 행동 계획이라고 할 수 있다.

협상 전략의 유형과 선택

협상 전략은 네 가지 형태로 나타난다.[9] 첫 번째는 상대방으로부터 양보를 받아내 목표를 달성하려는 '양보 추구형' 전략이고, 두 번째는 합의를 가로막고 있는 문제를 상대방과 함께 해결함으로써 목표를 달성하려는 '문제 해결형' 전략이다. 세 번째는 상대방의 요구를 수용하는 전략이고, 네 번째는 상대방과의 갈등을 회피하는 전략이다.[10]

이 세 번째와 네 번째 전략의 예를 들어보면 이렇다. 어떤 제품 시장에 새로 진입하는 중소기업이 시장 점유율이 높은 대기업에게 '과도한' 판촉 활동을 자제해달라고 요구할 때, 대기업은 중소기업의 요구를 받아들임으로써 독점적 지위를 유지하는 데 필요한 비용을 덜어버리는 것이 이익이 될 수 있다. 반면 중소기업이 대기업에게 제품의 성능을 공개적으로 비교하자고 요구할 때는, 이것이 중소기업의 제품 인지도를 높여주는 결과를 가져오므로 그 요구에 응하지 않고 회피하는 것이 이익이 될 수 있다.

그런데 이렇게 상대방의 주장을 수용하는 전략이나 갈등을 회피하는 전략 아래에서는 협상 자체가 성립되기 어렵기 때문에, 협상 전략에 대해 이야기할 때는 양보 추구형 전략과 문제 해결형 전략에 초점을 맞춰서 얘기하게 된다.

두 가지 협상 전략 중에서 무엇을 선택하느냐는 문제는 어떤 협상 목표를 추구하느냐에 따라 달라진다. 양보 추구형 전략은 협상 당사자가 주로 경쟁적 협상 목표나 적대적 협상 목표를 추구할 때 채택한다. 반면 문제 해결형 전략은 협상 당사자가 협조적 협상 목표를 추구할 때 채택한다.[11]

양보 추구형 전략은 자신의 양보는 최소로 줄이고 상대방의 양보는

최대한 얻어내는 데 초점을 맞추고 있다. 반면 문제 해결형 전략은 자신과 상대방이 경쟁이 아니라 협력을 통해서 합의에 도달하도록 하는 데 초점을 맞춘다.

이 두 가지 협상 전략은 서로 배타적인 것이 아니라서, 한 전략을 선택해도 다른 전략과 혼용할 수 있다. 협상의 단계나 이슈에 따라 양보 추구형 전략을 사용하다가, 협상력이 떨어지거나 협상이 지지부진해지면 문제 해결형 전략을 구사할 수 있다. 또 문제를 해결하기 위해 대화를 하다가 상대방과 내 이익이 양립할 수 없다는 것을 깨닫게 되면, 그때 양보 추구형 전략으로 선회해 상대방의 양보를 얻어내는 데 주력할 수도 있다.

이것을 협상의 목표와 관련지어 보면 경쟁적 협상 목표를 세웠을 때는 양보 추구형 협상 전략을 사용하는 경우가 많고, 협조적 협상 목표를 세웠을 때는 문제 해결형 협상 전략을 사용하는 경우가 많다는 것을 알 수 있다.

양보 추구형 협상 전략과 문제 해결형 협상 전략의 특성

가. 대안적 협상 전략

문제 해결형 협상 전략을 세우면 협상 당사자들은 합의를 가로막는 문제를 해결하고 쌍방이 만족할 수 있는 최선의 합의 대안(BATNA: best alternative to a negotiated agreement)을 찾기 위해 노력한다. 반면 양보 추구형 협상 전략 아래서는 협상 당사자들 중 어느 한쪽이나 쌍방 모두가 싫어도 양보를 해야만 합의에 도달할 수 있다. 협상 전략에 깔려 있는 이런 원리 때문에 문제 해결형 전략에서보다 양보 추구형 전략을 세웠을 때 협상 당사자들의 협상 결과에 대한 만족도가 떨어질 가능성이 크다.

결과적으로 볼 때는 문제 해결형 전략이 양보 추구형 전략보다 바람직하지만, 협상 초기에 당사자가 보기에는 양보 추구형 전략이 더 합리적인 선택이었을 수 있다. 또 이슈의 속성이나 협상 당사자들의 심리적인 문제 때문에 양보 추구형 전략을 택할 수밖에 없는 상황이었을 수도 있다. 따라서 **전략은 협상의 진행과 함께 상황에 맞춰 바뀌게 된다.**

처음에는 적대적 협상 목표나 경쟁적 협상 목표를 추구하더라도 대립보다 협력하는 쪽이 이익이 크거나 최소한 손실이 적다고 판단하면 협조적 협상 목표로 전환하게 되는데,[12] 이때 양보 추구형 전략에서 문제 해결형 전략으로 전환하게 된다. 예를 들면, 어느 당 안에서 당권 때문에 주류와 비주류로 나뉘어 치열하게 다투다가, 대통령 선거에서 이겨야 한다는 공동의 목표를 위해 내분을 자제하고 단합하는 경우, 경쟁적 협상 목표를 협조적 협상 목표로 전환한 것이다.

대안적 협상 전략의 사례는 노사 간의 협상에서도 찾아볼 수 있다.

구조조정의 일환으로 다른 회사를 설립한 회사가 직원 가운데 일부를 그 회사로 전출시키려고 한다. 전출의 필요성에 대해서는 노사가 합의하고 있지만, 방법이 문제다. 사용자는 일부 직원을 먼저 보내고, 나머지는 나중에 보내자고 한다. 반면 노조는 먼저 간 직원들과 나중에 가는 직원들 사이에 근속연수가 차이가 나 불공평하므로 동시에 전출을 해야 한다고 주장하고 있다. 사용자는 다른 쪽 회사의 조업을 늦출 수 없다며 노조의 요구를 거부했다. 이것이 발단이 되어 노사는 전출 자체를 두고 대립하게 됐다.

이때 노사는 경쟁적 협상 목표를 협조적 목표로 전환하고 전략도 양보 추구형 전략에서 문제 해결형 전략으로 바꿈으로써 문제를 해결할 수 있다. 즉 노조는 근속 기간을 인정하는 문제에 주로 관심을 가지고 있고, 사용자는 조업이 차질을 빚지 않는 데 관심을 가지고 있으므로 합의안을 만드는 것이 가능하다. 예를 들면 직원들이 전출될 부서를 사전에 결정하고, 근속 기간은 그 전출을 결정한 시점부터 계산하기로 하면 양자가 모두 원하는 것을 얻을 수 있다.

나. 협상 자세의 차이

양보 추구형 전략과 문제 해결형 전략의 어느 것을 채택하느냐에 따라 협상 당사자들의 자세가 달라진다. 양보 추구형 전략일 경우 자신의 이익을 위해 상대방의 양보를 끌어내는 데 집착한다. 문제 해결형 전략일 때는 내 이익만이 아니라 상대의 이익도 배려한다. 협상 결과에 대해서도 문제 해결형 전략 아래서는 쌍방이 모두 얼마나 이익을 달성했는지를 두고 평가하는 반면, 양보 추구형 전략 아래서는 내가 상대방보다 얼마나 더 유리한 결과를 얻어냈는가를 두고 평가한다.[13]

협상 당사자가 취하게 되는 자세는 전략에 따라 다음과 같이 나눌 수 있다.

첫째, 문제 해결형 전략을 세우면 쌍방이 모두 자유로운 분위기에서 정보를 교환하고 공유한다. 문제의 성격을 파악하고 대안을 세우려면 서로가 생각하는 바를 이해해야 하기 때문이다. 반면, 양보 추구형 전략을 세우면 정보를 자신에게 유리한 방향으로 제공하려고 한다.

둘째, 문제 해결형 전략을 세우면 협상 당사자들은 서로가 다른 가치관과 이해를 가지고 있다는 점을 인정한다. 상대방이 원하는 것을 알려면 상대방의 가치관과 이해관계를 존중해야 하기 때문이다. 반면, 양보 추구형 전략을 세웠을 때는 상대방의 이익과 요구에 관심이 없거나 아예 부정해버린다.

셋째, 문제 해결형 전략을 세우면 협상 당사자들은 양쪽이 원하는 바를 구체화한 후 같은 것은 극대화하고 다른 것은 최소화하려는 노력을 기울인다. 반면 양보 추구형 전략을 세우면 서로의 차이점에 더 관심을 갖게 된다.

넷째, 문제 해결형 전략을 세우면 쌍방은 유연한 자세로 서로의 이익을 충족시키기 위한 방법을 찾는다. 핵심적인 이익에 대해서는 단호하더라도, 그 이익을 얻는 방법에 대해서는 유연하다. 반면 양보 추구형 전략 아래서는 명분이나 논리에 매달려 이익을 얻는 방법에 대해서도 경직된 자세를 보인다.

다. 협상 과정의 차이

어떤 전략을 취하느냐에 따라서 협상 과정도 달라진다.

양보 추구형 전략을 취할 때는 자신은 양보하지 않고 상대방의 양보를 끌어내는 데 주력하기 때문에 협상 과정은 상대방의 양보를 받아내는 과정이 된다. 반면 문제 해결형 전략을 취할 때는 모두가 공정하다고 느낄 수 있는 이익의 배분 방식을 찾으려고 하기 때문에, 모두를 위한 대안을 찾는 과정으로 협상에 접근한다.[14]

따라서 양보 추구형 전략은 정보의 흐름이 일방적이다. 자신에게 불리한 정보가 전달되는 것은 막고, 유리한 정보만 제공하려고 한다. 반면 문제 해결형 전략에서는 정보가 쌍방향으로 교환된다. 서로가 협상에서 기대하는 바와 걱정하는 바를 알고 있어 협상의 이익과 장애물을 파악할 수 있다.

양보 추구형 전략에서는 입장에 대한 조정이 협상 과정을 설명하는 주요 변수이고, 문제 해결형 전략에서는 이익을 조정하는 것이 협상의 주요 변수로 작용한다. 협상 당사자들의 요구나 주장은 일반적으로 어떤 이슈에 대한 입장으로 드러나게 마련이다. 그런데 그 입장의 이면에는 욕구와 불만 등 이익의 문제가 숨어 있다. 문제 해결형 전략은 이 이익을 직접 다루는 이익 중심의 협상을 지향하고, 양보 추구형 전략은 상대방의 양보를 요구하고 내 입장을 방어하기 위한 입장 중심의 협상을 지향한다.

> 입장을 중심으로 협상할 때는 명분과 논리가 중요한 의미를 갖는다. 이것은 입장의 이면에 깔려 있는 욕구나 불만 등 이익을 충족시키는 것보다 훨씬 어렵다. 그래서 양보 추구형 전략을 사용하는 협상은 명분만 내세우다 소모적으로 흐르기 쉽다.

2) 협상 전략의 수정

협상을 시작하기 전에 수립한 전략은 부정확하거나 부족한 정보를 토대로 한 것이라, 협상을 진행하면서 획득되는 새롭고 정확한 정보에 따라 수정할 필요가 생긴다.

만약 협상 전략을 수립해야 할 시점에 정보가 너무 없다면 무전략이 전략이 될 수도 있다. 즉 상대방의 행위를 보면서 상황에 따라 적절한 대응을 하는 것으로 협상을 이끌어가는 것이다. 물론 이것이 전략의 중요성을 간과하거나 준비 부족을 정당화하는 일이 되지 않도록, 이후 전략의 수립과 수정에 필요한 내용을 명확히 할 필요가 있다. 전략을 만들 때 필요한 정보가 무엇이고, 협상을 진행하면서 보완하고 확인해야 할 정보가 무엇인지 미리 정리되어 있어야 한다. 그래야 협상을 진행하면서 얻을 수 있는 정보의 양과 질이 높아지고, 무전략의 상황에서 신속히 벗어날 수 있다.

협상 전략을 수정해야 할 필요성은 정보가 추가될 때만이 아니라, 협상 여건이 바뀔 때도 생긴다. **그 여건의 변화에 맞춰 전략을 능동적이고 신속하게 바꾸려면, 전략을 수립할 때 전제로 삼은 협상의 여건이 무엇인지부터 명확하게 알고 있어야 한다.** 그래야 여건이 바뀌면 그에 따라 수정할 전략의 내용을 확인하고, 체계적인 후속 조치도 취할 수 있다.

만약 분쟁 당사자가 집단이거나 협상 당사자의 숫자가 많으면, 전략을 수립하고 추진하는 데 전제가 되는 협상의 여건을 명확하게 정리해둘 필요성이 더 커진다. 협상 여건의 변화를 보는 판단이 엇갈리거나 내부의 이해관계와 갈등에 따라 다양한 변수가 생기는 것을 줄임으로써, 차후 협상 전략을 수정해야 할 때 판단을 신속히 하고 혼란을 줄이기 위해서다. 전략에 대한 수정이 내부 세력의 이해와 관련되어 있으면, 전략을 조정하는 것이 어려워질 수 있다.

잘한 양보,
잘못한 양보

양보 추구형 전략을 취할 때는 양보의 기술이 중요하다. 협상 당사자들은 자신은 최소한만 양보하고 상대방으로부터 최대한의 양보를 끌어내려고 노력하지만, 합의에 이르려면 자신도 어느 정도는 양보해야 한다는 점을 알고 있다. 따라서 협상 당사자들은 양보를 효과적으로 할 줄 아는 것이 중요하다. 양보를 주고받으면서, 어떻게 하면 조그만 양보로 커다란 양보를 얻어낼 것인지 궁리한다. 동시에 자기는 커다란 양보를 했는데 상대방으로부터 양보를 받아내지 못하는 문제를 피하고자 한다.

양보 추구형 전략으로 협상할 때 결정해야 할 문제가 세 가지 있다.

첫째, 상대방에게 어떤 수준의 첫 제안을 제시할 것인가.

둘째, 언제 양보하고, 얼마나 양보하며, 어떻게 양보하고, 무엇을 기대할 것인가.

셋째, 상대방의 양보 요구에 대해 어떻게 대응할 것인가.

상대방에게 최초에 제시하는 제안은 다음 제안을 내고 조정하는 데 출발점이 된다. 말하자면 협상이라는 항해를 시작하는 데 최초의 제안은 닻 (anchor)의 역할을 한다. 상대방은 최초의 제안을 통해 협상의 결과에 대한 기대치를 형성한다. 그 내용이 상대방에게 너무 불리하면 상대는 제안 조차 고려하지 않으려 할 테고, 반대로 상대방의 예상을 훨씬 뛰어넘는다면 상대는 계속 양보를 기대하게 돼 결국 내가 지나치게 양보하게 되는 문제에 봉착한다.

때로는 심리적인 문제가 발목을 잡기도 한다. 최초의 제안은 불완전한 정보를 토대로 한 것인데도, 일관성을 유지하고 싶은 마음 때문에 첫 제안에 집착하는 경우가 있다. 또 새로운 정보가 들어오면 제안을 수정해야 하는데도 오히려 정보를 외면하려는 심리가 발동한다. 그래서 첫 제안을 짤 때는 이런 심리적인 문제도 감안해야 한다.[15]

협상 당사자들이 서로 양보를 주고받는 패턴은 여러 가지로 나타난다. 이것은 협상 당사자가 양보를 선택하는 것으로 개념화할 수 있다. 협상이 진행되면서 협상 당사자는 지금의 입장을 유지하거나 양보를 하는데, 이것을 네 가지 형태로 정리할 수 있다.

첫째, A형은 현재의 협상 테이블에서 강경한 입장을 취하고 다음 협상 테이블에서도 계속 강경한 입장을 유지한다. 둘째, B형은 현재의 협상 테이블에서는 강경한 입장을 취하다가 다음 협상 테이블에서는 유연한 입장을 취한다. 셋째, C형은 현재의 협상 테이블에서는 유연한 입장을 취하다가 다음 협상 테이블에서 강경한 입장을 취한다. 넷째, D형은 현재의 협상 테이블에서 유연한 입장을 취하고 다음 협상 테이블에서도 유연한 입장을 취한다.

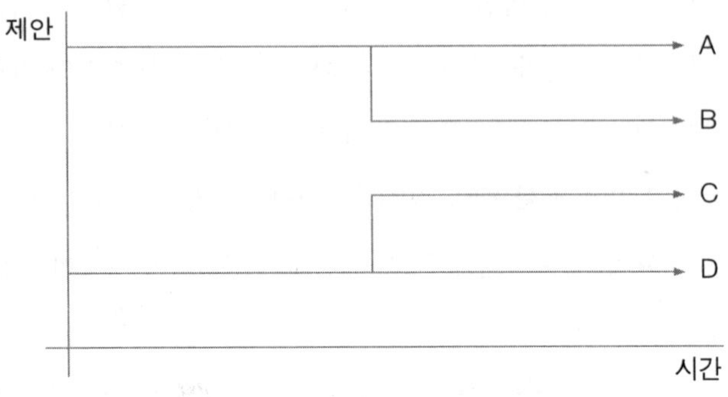

〈그림 10〉 양보의 패턴

양보 추구형 전략은 양보의 시점과 그 대가에 따라 다시 다음의 전략들로 분류할 수 있다.[16]

1) 처음부터 양보하지 않는 전략

경기도 안양에 있는 회사 A에서 노사 간에 분쟁이 일어났다. 사용자는 경영 수지가 악화됐으니 임금을 5퍼센트 이상은 인상할 수 없을 뿐만 아니라 임금과 관련해서는 어떤 타협도 하지 않겠다고 한다.

이렇게 처음에 제시한 제안의 내용을 바꾸지 않고 버티는 것이 '처음부터 양보하지 않는 전략'이다. 즉 '받아들이거나 관두거나'(take it or leave it)를 내세우며 상대방으로 하여금 내 제안을 수용하도록 요구하는 것이다. 협상 당사자는 상대방이 정말 양보할 수 없는지, 합의에 도달할 의사가 있는지를 확인하는 데 집중한다.

이렇게 처음부터 양보하지 않는 전략을 채택하고 고수하면 협상은 파국에 빠지기 쉽다. 이 전략은 주로 협상의 초기에 나타나는데, 이때는 서로에 대한 정보가 불완전한 상태에서 기선을 제압하려는 의미가 있다. 그렇기는 하지만 상대방더러 일방적으로 양보하라고 하면 불만을 갖게 되고, 자존심을 건드려 감정적인 반발을 불러일으킬 수도 있으니 이 전략을 채택할 때는 부작용을 감안해 신중을 기해야 한다.

처음부터 양보하지 않는 전략을 채택할 경우에는 상대방에게 제안의 객관적인 근거를 제시하고 그 제안을 수정할 수 없는 이유를 합리적이고 설득력 있게 설명해야 한다. 그리고 위압적으로 보이지 않게 주의해야 한다. 이 전략을 채택하는 경우를 보면 주로 다음과 같이 나타난다.

첫째, 일반적으로 상대방보다 내 협상력이 압도적으로 우세할 때 채택된다. 하지만 내 협상력이 상대방보다 훨씬 떨어질 때, 협상을 벼랑 끝으로 몰아가 나와 상대방이 모두 피해를 보는 '동반자살'을 각오했을 때도 채택할 수 있다.

둘째, 내가 제시한 조건을 상대방이 수용하지 않더라도 제3자가 수용할 가능성이 있거나, 협상이 지연되더라도 내게는 경제적·시간적인 피해가 적을 때 채택된다.

셋째, 내가 제시하는 조건이 보편적으로 인정받고 있을 때 채택된다.

한편, 만약 상대방이 처음부터 양보하지 않는 전략을 채택할 경우에는 어떻게 대응할 수 있을까.

첫째, 상대방의 주장을 무시하고서 상대방의 양보가 가능한 것처럼 협상을 진행시킨다.

둘째, 상대방으로 하여금 양보하는 것이 정당하다고 인정할 만한 대안을 제시한다.

셋째, 상대방의 주장을 바꿀 수 있는 사람, 예를 들면 상대방보다 위에 있는 의사 결정권자에게 상대방의 전략이 갖고 있는 문제점을 호소한다.

넷째, 상대방이 양보할 수 없다며 제시한 근거가 틀렸음을 증명해주는 새로운 정보를 공개한다.

다섯째, 협상 여건을 바꾸기 위해 새로운 협상 이슈를 제시한다.

여섯째, 상대방의 입장이 변하기를 기대하면서 협상이 교착 상태에 빠지도록 내버려둔다. 즉 차라리 무합의를 협상의 대안으로 삼는다.[17]

2) 어느 정도 양보하다가 더 이상 양보하지 않는 전략

어느 정도 양보하다가 더 이상 양보하지 않는 전략은 협상이 상당히 진전되어 상대방이 양보할 수밖에 없다고 판단될 때 채택한다. 서로 어느 정도 양보도 했고 이제는 상대방이 합의할 수 있는 수준이 정확히 어디인가를 판단해야 할 때, 또 내가 제안하는 수준이 상대방이 수용할 수 있는 범위에 접근했다고 생각될 때 채택하는 전략이다.

예를 들어 노사가 협상을 할 때, 사용자는 노동조합의 임금 인상 요구에 대해 조금씩 양보하면서 노조의 태도를 살펴본다. 그러다 노조가 수용할 기미를 보이면 사용자는 더 이상 양보하지 않는다. 이때 사용자가 사용한 전략이 '어느 정도 양보하다가 더 이상 양보하지 않는 전략'이다.

협상을 시작할 때는 '처음부터 양보하지 않는 전략'을 쓰다가, 합의에 근접하면서 '어느 정도 양보하다가 더 이상 양보하지 않는 전략'으로 선회할 수 있다. 이렇게 하면 상대방의 반발을 줄이면서 상대방이 원하는 합의 수준을 확인할 수 있기 때문이다.

어느 정도 양보하다가 더 이상 양보하지 않는 전략을 쓸 때는 상대방의 반응을 살피면서 양보에서 더 이상 양보하지 않는 쪽으로 전환하는 시점을 선택하는 일이 아주 중요하다. 또 이 전략이 효과를 거두려면 더 이상 양보를 하지 않겠다는 이유를 상대방에게 설득력 있게 전해야 한다.

3) 파국을 돌파하기 위한 카드로 양보를 선택하는 전략

파국을 돌파하기 위한 카드로 양보를 선택하는 전략은 쌍방이 더 이상 양보하기를 거부해 협상이 교착 상태에 빠졌을 때 채택될 수 있다. 또 협상을 마무리 짓기 위해 어떤 문제에 대해 마지막으로 양보하는 것이 필요할 때도 사용된다. 이 전략은 시간이 상당히 흘렀는데도 상대방의 태도가 여전히 완강하거나, 상대의 전략에 대한 정보가 너무 부족해서 합의에 도달하기 어렵다고 판단한 경우에 주로 채택된다. 파국을 돌파하기 위한 카드로 양보를 선택하는 전략은 '벼랑 끝 협상 전략'이라 할 수 있다.

예를 들어 노사가 단체교섭을 하면서 임금 인상과 노조의 활동 범위를 확대하는 문제를 둘러싸고 팽팽히 대립하고 있다. 협상이 좀처럼 진전을 보지 못하다가 종국에는 파업을 목전에 두게 됐다. 사용자는 파업이 벌어지기 직전, 임금 인상의 폭을 높여주기로 결정했다. 이것은 협상을 마무리 짓기 위해, 파국을 돌파하는 카드로 양보하는 전략을 채택한 것이다. 파업이라는 벼랑 끝에서 합의가 이뤄진 것이다.

이 전략은 합의에 이르지 못했을 때 내가 입게 될 피해를 감당할 자신이 없다면 사용하기 어려운 전략이다. 또 내가 제안하는 카드를 상대방이 진지하게 받아들이지 않을 때도 실효성을 갖지 못한다. 이 카드는 협상을 끝내기 위한 마지막 단계로 제시되는 것이기 때문에 더 이상의 양보를 고려하기는 어렵다. '처음부터 양보하지 않는 전략' 다음으로 협상을 파국에 빠뜨릴 위험이 높은 전략이다.

4) 단계적으로 조금씩 양보하는 전략

단계적으로 조금씩 양보하는 전략은 최초의 제안을 상대방이 수용할 수 있는 수준보다 높게 잡고, 협상 과정에서 상대방의 반응에 따라 조금씩 양보할 것을 예상하고 채택된다.

노사 협상을 예로 들어보자. 노동조합은 임금을 최저 7퍼센트 올리는 것을 목표로 하고 처음에 10퍼센트 인상을 요구한다. 사용자는 임금을 최고 7퍼센트까지 수용하기로 하고 처음에 4퍼센트 인상을 제시한다. 양측은 상대방이 조금 양보하면 자신도 조금 양보하는 전략을 취해 최종적으로 7퍼센트에서 합의를 한다.

단계적으로 조금씩 양보하는 전략은 상대방이 협상에 적극적인 자세를 잃지 않도록 유도하면서 동시에 내가 너무 많은 양보를 하지 않아야 할 때 채택된다. 또 협상을 시작할 때는 상대방에 대한 정보가 부족하지만 협상을 진행하면서 점차 정확한 정보를 알게 되는 경우에도 단계적으로 조금씩 양보하는 전략이 자주 활용된다.

이 전략을 채택하면 불필요한 양보를 하지 않고도 상대방이 수용할 수 있는 합의 수준에 도달하기가 쉽다. 하지만 이 전략이 성공하려면 내가 협상에서 얻고자 하는 바가 분명해야 하고, 그 가치를 객관적으로 평가하고 있어야 한다. 그렇지 않으면 양보의 근거가 명확하지 않은 채로, 상대방이 양보를 하니까 나도 양보해야 하고, 내가 양보하니까 상대방도 양보해야 한다는 도식에 빠지기 쉽다. 결국 협상을 위한 협상을 하게 되는 것이다.

이 전략이 성공하려면 최초의 제안을 어떤 수준으로 하고 협상의 과정을 통해 어떻게 조정하겠다는 체계적인 계획을 가지고 있어야 한다.[18] 이를 위해 최초의 제안에 대한 배경에서부터 합의에 도달하기까지의 경로, 즉 협상의 로드맵을 그려보는 것이 도움이 된다. 내가 양보해야 할 때는 어떤 때고, 상대방으로부터 기대하는 양보는 무엇인지를 정리하고, 내가 추가로 양보할 수 있는 항목이 있다면 그것에 대해서도 파악하고 있는 것이 좋다.

단계적으로 조금씩 양보하는 전략을 취할 때는, '합리적'인 양보가 가능하도록 아래의 항목들에 대해 미리 검토해두는 것이 좋다.

첫째, 나는 무엇에 대해서 양보할 수 있으며, 양보의 수준은 어느 정도로 할 것인가.

둘째, 비용은 들지 않지만 상대방이 양보라고 받아들일 만한 문제가 있는가.

셋째, 상대방이 양보했을 때 나는 무엇을 추가로 양보할 수 있는가.

이 전략을 취할 경우에는 앞에서 말한 것처럼 최초의 제안으로부터 단계별로 한 걸음씩 양보하는 기술이 아주 중요하다. 여기서 고려해야 할 것들은 다음과 같다.

첫째, 어차피 양보할 내용이라고 해도, 첫 제안을 너무 내게 유리한 쪽으로만 제시하는 것은 좋은 방법이 아니다. 상대방이 이건 아예 협상이 불가능하다고 생각하고 진지하게 나서지 않으려고 할 가능성이 있다.

둘째, 상대방은 내가 기대했던 만큼 양보하고 있지 않은데도, 나만 계속 양보하는 일은 없어야 한다. 애초에 목표했던 결과에서 너무 비켜난 결론에 도달하지 않도록 내부 경보 장치를 만들어둘 필요가 있다. 또 내가 양보한 것에 대해 상대방이 어떤 반응을 보이지도 않았는데, 단지 시간이 흘러가고 있다는 이유로 서둘러 다시 양보하는 일도 없어야 한다. 그렇지 않으면 자신과 협상하는 오류를 범하게 된다.

5) 먼저 양보하는 전략

먼저 양보하는 전략은 작은 양보로 상대방의 긴장을 풀어줌으로써 내게 유리한 협상 분위기를 만드는 효과가 있다. 이 전략은 나중에 상대에게 상응하는 양보, 예를 들면 내게 어떤 정보를 제공하거나 우호적인 태도를 갖도록 요구할 수 있다고 판단될 때 채택한다. 또는 이와 반대로 협상 시간을 끌면 상대방이 내게 불리한 정보를 알아낼 것을 우려해 협상을 조기 타결하려고 할 때도 먼저 양보하는 전략을 취할 수 있다.

사용자와 노동조합이 노조 전임자에 대한 인정과 조합원의 가입 범위를 어디까지로 할 것인가 등 노조에 관한 두 가지 이슈를 두고 팽팽하게 대립하고 있다. 이때 사용자 측에서 노조 전임자와 조합원의 범위라는 두 문제를 검토해보니, 조합원의 범위에 관한 문제가 노사 관계에 더 큰 영향력을 갖기 때문에 이 문제에 관해서 노조의 양보를 얻어내는 것이 필요하다고 판단할 수 있다. 따라서 사용자는 노조 전임자에 대한 인정 요구를 수용하고 대신 조합원 문제에서 노조의 양보를 기대하는 경우, 사용자는 먼저 양보하는 전략을 취한 것이다.

먼저 양보하는 전략을 취하는 것이 꼭 상대방의 양보를 얻어낼 수 있는 것만은 아니다. 이 전략을 취할 때는 다음과 같은 문제에 주의해야 한다.

첫째, 내 협상력이 약하다는 인상을 줘서 상대방이 합의 수준에 대한 기대치가 높아져서 내게 후속적인 양보를 요구할 수 있다. 이런 경우를 방지하려면 내가 양보하는 이유를 상대방에게 분명히 해둘 필요가 있다.

둘째, 상대방이 내게 불리한 정보를 알아챌까봐 먼저 양보하는 경우, 만약 상대방이 내 의도를 눈치챈다면 내 양보가 효과를 거두기 어렵다.

6) 합의가 아니라 다른 목표를 추구하는 전략

합의가 아니라 다른 목표를 추구하는 전략은 협상에 필요한 정보를 얻어내거나, 협상의 여건이 변할 시간을 벌어서 결국 협상이 내게 유리한 방향으로 진행되게 하려고 할 때 채택된다.

노사 협상에도 이런 경우가 있다. 사용자가 노조 집행부와 조합원의 결합력을 떨어뜨리기 위해 일부러 협상을 지연시켜 노조 집행부와 조합원의 이해관계가 같지 않음을 드러내려고 하는 경우다. 또는 반대로 노조 집행부가 자신의 '선명성'을 조합원들에게 드러내기 위해 일부러 협상을 지연시키는 경우도 있다. 두 경우 모두 합의가 아니라 다른 목표를 추구하는 전략을 채택한 것이다.

이 전략을 취하는 경우는 대중적 관심이 쏠리는 공공 분쟁에서도 쉽게 찾아볼 수 있다. 공공 분쟁은 이해 당사자가 많고 이슈도 복잡하게 마련이다. 또 국민의 관심이 높아서 여론의 흐름에 따라 협상의 여건이 바뀌기도 한다. 그래서 협상 당사자들은 언론을 통해 국민에게 자신의 입장을 호소하고 여론을 끌고 가려고 한다. 즉 성명을 발표하거나 자신의 입장을 지지하는 집단을 끌어들여 과시하는 등 협상 테이블 바깥에서 '장외 협상'을 벌이는 것이다.

합의가 아니라 다른 목표를 추구하는 전략을 채택하는 경우는 보통 다음과 같다.

첫째, 내게 유리한 상황의 반전이 이뤄질 계기를 기다리거나 시간을 지연시켜 상대방에게 부담을 가중시키려는 경우다.

둘째, 상대방에 관한 정보를 더 얻어내기 위해 시간이 필요한 경우다.

셋째, 내가 대변하고 있는 조직의 협상력을 높이기 위해서 시간이 필요하거나 거꾸로 협상을 통해 내가 조직에 대해 가지고 있는 영향력을 강화하려고 하는 경우다. 이때 내 입장을 정당화하기 위해 격렬한 수사를 사용하는 경향이 있다.

넷째, 협상을 지켜보고 있는 대중 등 제3자가 내게 유리한 영향력을 행사해주기를 기대하는 경우다.

만약 내가 새로운 이슈를 제기하거나 절차상 문제를 들어서 일부러 협상을 지연시키려고 하는 등, 합의가 아닌 다른 목표를 추구하고 있다는 사실을 상대방이 알게 되면, 상대방은 협상에 대해 불신하게 된다. 상대방 역시 합의가 아니라 다른 목표를 추구하는 것으로 대응하려고 하고, 그 결과 협상은 감정적인 대립으로 치닫고 만다. 결국 협상은 난관에 빠지고 합의에 도달할 가능성은 아주 작아진다.

7) 막판 굳히기 전략

막판 굳히기 전략은 협상을 더 진행하는 것이 지금 확보해놓은 합의의 조건마저 잃어버리게 만들 위험을 가지고 있다고 판단할 때, 현재의 조건을 굳히면서 협상을 종결시키는 전략이다. 이 전략은 협상의 마무리 단계에서 협상의 결과가 내가 세운 협상의 목표에 이미 도달해 있을 때 채택된다.

임금 인상과 근로 시간 단축을 둘러싸고 노사가 협상을 벌이고 있다. 노동조합은 임금 인상 요구에 대해서는 당초 기대했던 목표를 달성했지만, 근로 시간을 단축하자는 요구에 대해서는 난항을 겪고 있다. 사용자는 파업이 벌어지는 한이 있더라도 근로 시간을 단축하자는 요구는 받아들일 수 없다며 완강히 거부하고 있다. 결국 노조는 사용자가 수용한 임금 인상 수준을 굳히기로 하고, 근로 시간 단축 문제에 대해서는 나중에 다시 협의하기로 하면서 협상을 종결하기로 했다. 이것은 막판 굳히기 전략을 채택했기 때문이다.

막판 굳히기 전략을 채택할 때 핵심적인 문제는, 지금 협상을 더 진행할 수 있을지, 아니면 끝내는 것이 좋을지에 대해 판단하는 것이다. 상대방의 제안이 내 기대를 이미 충족시키고 있는데도 이익을 더 키우고 싶어서 욕심을 부리거나 시치미를 떼고 시간을 끌면 상대방은 오히려 제안을 철회하고 후퇴하기도 한다. 그 판단의 기준이 되는 사항들은 다음과 같다.
첫째, 지금 확보하고 있는 합의안이 갖는 가치를 평가한다.
둘째, 지금보다 더 좋은 합의안을 요구할 때 상대방이 오히려 지금 합의한 사항보다도 후퇴할 위험을 고려한다.
셋째, 지금보다 더 좋은 합의 안을 요구한다면 그 합의안의 가치가 얼마나 되는지를 평가한다.

넷째, 지금보다 더 좋은 합의안으로 타결될 가능성을 평가한다.

이 전략을 성공적으로 수행하려면 협상 마무리 단계에서 당사자들이 겪는 복잡하고 미묘한 심리를 이해해야 한다. 예를 들면 승자의 불행이라는 것이 있다. 상대방의 제안이 내 기대를 만족시킨다고 해도, 상대방의 제안을 순순히 받아들이면 내가 손해라는 느낌을 가질 수 있다. 또 내 제안을 상대방이 너무 쉽게 받아들여도 역시 손해를 보는 듯한 느낌을 가질 수 있다. 그런 **심리적인 이유 때문에 좋은 제안을 거절하는 경우, 이것을 승자의 불행이라고 한다.**[19]

막판에 상대방의 제안을 받아들여 협상을 마무리 짓고 싶다면, 그 의사를 간접적으로 표시할 필요가 있다. 만약 협상 당사자가 어떤 집단을 대변하고 있을 경우, 막판 굳히기 전략으로 상대방과 합의하기 전에 집단의 최고 결정권자와 협의를 하게 되는데, 여기에도 속도 조절이 필요하다. 협상의 상대방이 합의 조건을 내걸자마자 곧바로 자기 집단과 협의하겠다고 협상을 중단시키면, 상대방은 스스로 너무 많이 양보했다는 생각을 하고, 협상을 마무리하는 조건으로 당초 제시한 요구 외에 다른 요구를 추가할 가능성이 생긴다.[20]

막판 굳히기 전략을 채택하는 경우 마지막 회의 시간은 가급적 짧게 잡는 것이 좋다. 현재 확보할 수 있는 조건을 굳히면서 협상을 종결하려면, 막판에 새로운 이슈가 등장하거나 합의를 무산시킬 만한 다른 문제가 발생하는 상황을 피해야 하기 때문이다.

4 대안을 찾아내라

문제 해결형 협상 전략에서는 협상을 문제 해결의 과정으로 접근하기 때문에 협상은 〈그림11〉에서처럼 일정한 단계를 밟으면서 진행된다.[21] 문제 해결형 협상을 하려면 먼저 합의를 가로막고 있는 문제를 확인해야 한다. 때로는 문제 해결형 협상을 시작하기 전에 협상의 규칙을 정하는 일이 필요할 수도 있다. 그리고 해결해야 할 문제들을 확인하고, 협상을 하기 쉽도록 그 문제들을 입장이 아닌 이익의 문제로 전환한다. 그리고 쌍방 모두의 이익을 충족시킬 수 있는 여러 가지 대안을 찾는다. 마지막으로 그 대안들 중에서 최선의 합의 대안을 선택한다.

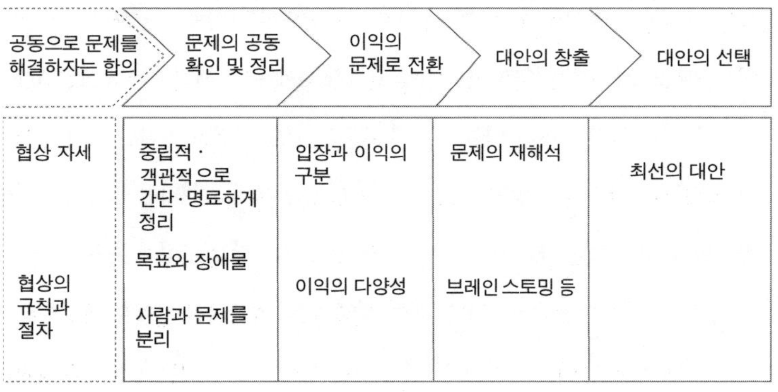

〈그림 11〉 문제 해결형 협상 단계와 과제

1) 문제 해결형 협상에 대한 공감대

문제 해결형 협상 전략을 성공적으로 추진하려면 협상 당사자들 간에 합의를 가로막는 문제는 공동으로 해결하자는 교감이 이뤄져 있어야 한다. 자연스럽게 교감하지 못한다면, 문제 해결형 협상을 하자고 상대방에게 정식으로 제안할 필요도 있다. 쌍방이 함께 앉아 문제를 해결하기 위해 진지하게 노력한다는 다짐을 하고 해결 방안을 모색하기 위해 협상의 규칙과 절차를 만들 필요가 있다.

자동화 기술을 도입하는 문제를 둘러싸고 노사가 협상을 벌이게 됐다. 노사 모두 시장에서 경쟁이 치열해지고 있다는 위기 의식을 느끼고 있다. 사장이 새로 취임한 가운데 단체교섭이 시작됐다. 사장은 고소와 고발, 파업으로 얼룩진 노사 관계를 노사 모두에게 이익이 되는 상호신뢰의 관계로 바꾸자고 제안했다. 이를 위해 노사가 안고 있는 문제점을 노사가 함께 찾고 해결하자고 제안했다.

노조 위원장이 이를 받아들여 노사 대표는 교섭 안건을 정하는 것에서 대안을 개발하는 것에 이르기까지 정보를 공유하고 함께 협의한다는 협상의 원칙을 정했다. 기술적으로 복잡한 안건에 대해서는 소위원회를 구성해 논의한다는 등의 원칙도 정했다. 그리고 교섭을 하기 전에 노사 교섭위원 전원을 대상으로 워크숍을 개최했다. 이 자리에서 회사의 노사 관계가 안고 있는 문제점에 대해서 자유롭게 의견을 교환하고 외부 전문가로부터 문제 해결의 기법에 관해 교육도 받았다. 이후 노사의 단체교섭이 쌍방 모두가 만족할 만한 수준에서 진행된 것은 물론이다.

2) 합의를 가로막고 있는 문제의 확인 및 정리

문제 해결형 협상 전략을 실행하는 첫 번째 단계는 합의를 가로막는 문제점들에 관해 협상 당사자들이 함께 확인하고 정리하는 일이다. 문제를 함께 해결하자고 합의해놓고도 실제로 문제를 확인하고 정리하는 단계에 이르면 딴 소리를 하는 경우가 많아서 이 과정은 상당한 난관에 이르기도 한다. 왜냐하면 쌍방 모두가 자신에게 유리한 방향으로 문제를 발견하고 정리하고 싶은 유혹을 느끼기 때문이다. 이 단계를 무사히 넘어가기 위해서 신경 써야 할 사항은 다음과 같다.[22]

첫째, 해결해야 할 문제를 쌍방 모두가 수용할 수 있도록 중립적이고 객관적으로 정리한다. 그러려면 협상 당사자들이 문제를 확인하는 과정에서 해결 방안을 미리 염두에 두거나, 선입견을 갖지 않도록 주의해야 한다. 문제를 정리하는 것은 나중에 합의를 이끌어내는 데 중요한 영향을 미치므로, 어느 한쪽이 자신에게 유리하도록 정보를 조작하거나 논의를 유도할지도 모른다는 우려를 심어주면 안 된다.

둘째, 문제는 간단하고 명료하게 정리한다. 핵심적인 문제에 집중하되, 그 핵심 문제를 해결하는 데 필요한 부차적인 문제가 있다면 함께 정리한다. 중요하지 않은 문제는 논의의 대상에서 제외시켜야 한다. 나의 요구를 부풀려 상대방으로부터 더 많은 양보를 얻어내려고 부차적인 문제들을 열거하고 싶은 유혹을 경계해야 한다.

셋째, 해결해야 할 문제들과 그 문제가 해결되지 못하도록 막는 장애물이 무엇인지 구체적으로 정리해야 한다. 이때 문제를 해결하기 위한 방안이 아니라, 문제와 장애물의 내용에 집중한다.

넷째, 사람과 문제를 분리해서 봐야 한다.[23] 사람이 아니라 문제 자체에 초점을 맞춰서, 협상 당사자들 간에 존재하기 마련인 문제를 바라보는 시각의 차이를 주관 때문이 아니라 문제가 가지고 있는 성격에 의한 것으로 파악해야 한다. 그래야 '네가 틀리고 내가 옳다.'가 아니라, '문제를 바라보는 시각에 차이가 있다.'고 정리할 수 있다. 갈등 관계일 경우 내 행동은 긍정적인데 상대방의 행동은 부정적이라거나, 나는 옳은데 상대방이 틀린 것으로 생각되게 마련이다. 그렇게 되면 문제가 아니라 문제를 해결해야 할 사람을 공격하는 '인신공격'이 된다. 그러면 상대방도 감정적으로 대응하고 협상 당사자들 간의 관계가 악화되어 문제를 해결하기 어려워진다.

다섯째, 문제를 충분히 확인하고 정리하기 전에 문제 해결의 대안부터 논의하면 안 된다. 가능한 대안들을 모두 검토하기 전에는 해결 방안을 성급히 이야기하지 말아야 한다. 문제를 확인하는 단계에서 해결 방안을 이야기하기 시작하면, 문제의 성격을 이해하는 데 소홀해지고 문제에 대한 인식을 공유하기 어려워진다. 또 각자 유리한 방향으로만 문제를 확인하고 정리하려고 하게 된다.

자동화 기술을 도입하려는 회사에서 노사 협상이 벌어졌다. 사용자는 자동화 기술을 도입하려고 한다. 노조는 고용 불안을 우려해 자동화 기술을 도입하는 데 반대한다. 노사가 대립하고 있는 가운데, 노사 대표자는 문제에 대한 인식을 적극적으로 공유하면서 분쟁을 해결하기로 합의했다. 이에 따라 노사는 먼저 자동화 기술을 도입하는 데 따른 문제를 확인하고 정리하게 됐다. 이 과정에서 자동화 기술이 생산성을 높이는 것은 사실이지만 고용 불안을 야기할 수도 있다는 점을 확인했다. 여기서 사용자는 인건비 문제를 제기하고 노조는 조합 활동의 안정성 문제를 제기했다. 양측은 이 문제들이 모두 생산성과 고용 불안 문제의 일부라는 데 의견을 모았다. 하지만 노조는 사용자에게 경영을 잘못해서 생긴 문제를 노동자에게 전가한다고 비난했고, 사용자는 노조가 자기 몫 챙기기만 한다고 응수하면서 협상 분위기가 긴장됐다. 이 위기는 노사 간에 자동화 기술의 도입을 바라보는 시각차가 있을 수 있다는 점을 서로 인정하면서 무사히 넘어가게 됐다.

3) 이익의 문제로 전환하라

입장과 이익의 차이

문제 해결의 두 번째 단계는 합의를 가로막고 있는 문제가 쌍방이 추구하는 이익과 어떤 관련이 있는지 파악하는 것이다. 이를 위해서는 협상 당사자들이 내세우는 입장의 문제를 이익의 문제로 전환해야 한다. 합의를 가로막고 있는 쌍방의 엇갈린 요구를 입장이라고 한다면, 입장의 이면에는 욕구와 필요, 희망, 두려움, 불안 등 이익의 문제가 깔려 있다. 결국 입장의 전환이 해결의 방안이라면, 이익은 그런 방안의 근거가 되는 셈이다.[24]

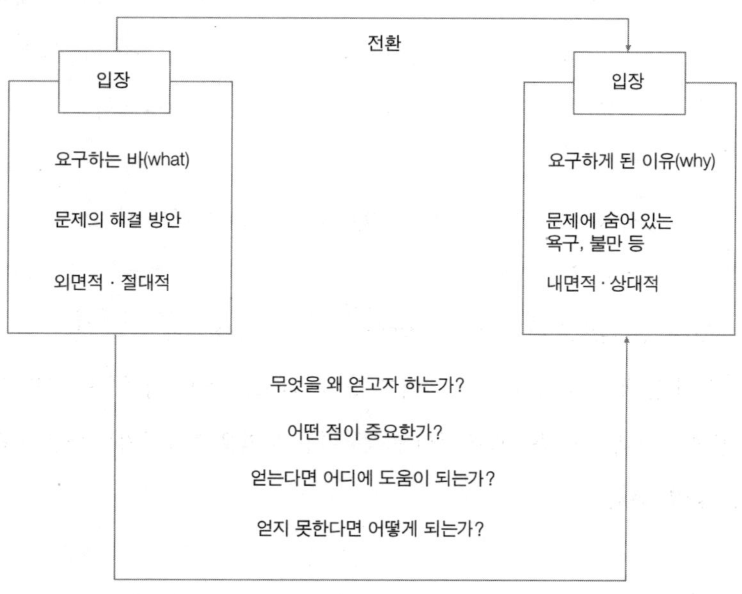

〈그림 12〉 이익과 입장

문제 해결형 협상이 성공할 수 있는지를 가르는 관건은 합의를 가로막는 문제의 성격을 입장의 문제에서 이익의 문제로 전환할 수 있는가에 달려 있다. 해결해야 할 문제를 이익의 문제로 전환하려면 우선 입장과 이익을 구분할 필요가 있다. 이익은 입장으로 표면화되는데, 여기서 입장은 이익을 관철하는 수단으로서 역할한다. 그리고 상대방이 왜 그런 요구를 하는지에 대해서도 알아야 한다.

한 가정에서 부모가 대학생이 된 아들에게 일곱 시에는 반드시 일어나라고 요구한다. 아들은 싫다고 한다. 이때 부모의 입장은 일찍 일어나라는 것이고, 아들의 입장은 거절하는 것이다. 그런데 그 입장의 이면을 들여다보면, 부모에게는 아들의 건강과 학업에 대한 우려라는 이익이 놓여 있다. 반면 아들의 입장에서도 시간을 자유롭게 활용하고 싶다는 욕구, 즉 이익이 놓여 있다.

협상 당사자의 요구나 주장에는 표면적으로 드러난 입장과 내면적으로 깔려 있는 이익이 동시에 존재한다. 입장의 문제는 '해야 한다.' 또는 '하면 안 된다.'는 식으로 나타난다는 점에서 '절대적'인 성격을 갖고 있다. 반면 이익의 문제는 '하고 싶다.'나 '하고 싶지 않다.'는 식의 '상대적인' 성격을 갖는다. 그래서 입장을 만족시키는 것보다는 이익을 충족시키는 대안을 찾는 것이 쉽다.

어떤 방에 두 사람이 앉아 있다. 한 사람은 맑은 공기를 마시고 싶어서 창문을 열자고 주장하고, 다른 사람은 공기가 차기 때문에 창문을 닫자고 주장한다.

이 두 사람의 분쟁을 창문을 열거나 닫는 것으로 해결하려고 하면 어느 한쪽의 입장은 충족되지만 다른 사람의 입장에서는 지는 꼴이 된다. 이때 옆방의 창문을 활짝 열어둔다면 맑은 공기는 맑은 공기대로 들어오고, 찬바람도 직접 접하지 않을 수 있다. 여기서 입장은 '창문을 열어야 한다.'는 것과 '창문을 닫아야 한다.'는 것이고 , 이익은 '맑은 공기를 마시는 것'과 '찬 공기를 피하는 것'이다.

이익의 확인 방법

입장의 문제를 이익의 문제로 전환하려면 숨어 있는 이익의 성격이 무엇인지를 정확히 알아야 한다. 이익은 한 가지 성격으로 규정되지 않고 여러 가지 성격을 가질 수 있다. 이미 앞에서 이야기한 대로 이익에는 실체적 이익, 절차적 이익, 관계적 이익, 원칙적 이익의 다양한 종류가 있다. 협상 당사자들이 추구하는 이익의 성격은 서로 다를 수 있다. 한쪽은 실체적 이익에 관심이 있지만, 다른 쪽은 절차적 이익이나 원칙적 이익에 관심이 있을 수 있다.

만약 이익이 인간으로서의 기본적인 욕구나 정체성을 만들어주는 가치관과 관련되어 있다면 더욱 배려할 필요가 있다. 사람들은 자신의 가치관이나 인간으로서의 기본권에 관해서는 더 강렬히 추구하거나 방어하려고 하기 때문이다. 예를 들어 화재 사고가 나서 유가족에게 일정한 보상금을 지급해야 하는 경우가 생겼다. 보상금 문제를 빨리 해결하려고 성급하게 나서는 것보다는 유가족의 분노를 풀어주기 위해 노력하는 것이 문제를 원만하게 푸는 데 아주 중요한 일이다.

한편 협상이 진행되면서 이익도 입장처럼 바뀔 수 있다는 점을 기억해야 한다. 어제까지는 중요했던 문제가 오늘은 중요하지 않을 수 있고, 하나의 이익이 해소된다고 해도 다른 이익이 새롭게 등장할 수 있다. 만약 여러 문제가 있을 때는 어떤 문제의 이익 때문에 긴장이 발생했다가 가라앉아도 이번엔 다른 문제의 이익을 둘러싸고 긴장이 생길 수 있다.

특히 협상을 할 때는 내 이익만이 아니라 상대방이 원하는 이익이 어떻게 변하고 있는지에 대해서도 계속 관심을 기울여야 한다. **협상 상대방이 추구하는 이익이 무엇인지를 파악하려면 상대방을 잘 관찰해야 한다.** 대화하는 방식, 사용하는 언어, 감정 표현, 행동의 변화를 통해 상대방의 이익이 변하고 있다는 것을 짐작할 수 있다.

그런데 입장과 이익을 구분하려고 노력해도 상대방의 이익은 물론 내 이익이 무엇인지에 대해서도 확신하기 어려운 경우가 있다. 이때 내가 정말 지키고 싶은 이익이 무엇인지를 자문자답해보고, 또 상대의 입장에서 똑같이 자문자답해볼 필요가 있다.

· 무엇을 얻으려고 하는가?
· 왜 (그것을) 얻으려고 하는가?
· 어떤 것이 중요한가?
· (그것을) 얻었을 때 어떤 도움이 되는가?
· (그것을) 얻지 못하면 어떻게 되는가?

이런 자문자답은 나와 상대방의 이익을 명확하게 이해하는 데 도움이 된다.[25]

이번에는 입장을 이익의 문제로 전환하는 문제를 살펴보기 위해 자동화 기술을 도입하는 문제를 두고 분쟁을 겪고 있는 회사의 경우를 예로 들어 보자.

자동화 기술을 도입하려는 사용자의 입장과 기술 도입을 반대하는 노조의 입장이 팽팽히 겨루고 있다. 사용자는 자동화 기술을 도입했을 때, 노조가 걱정하는 고용 불안이 얼마나 심각하게 발생할지 검토해보았다. 마찬가지로 노조도 자동화 기술이 들어오면 사용자가 기대하는 생산성 향상이 얼마나 이뤄질 수 있을지 생각하게 됐다. 그 결과 노사는 서로 입장만 내세우는 논쟁에서 벗어나 기술 도입의 필요성과 고용 불안 문제를 해결할 수 있는 방안에 관해 토론하게 됐다. 그 토론의 과정에서 노조는 현재의 경영 여건에서 회사가 자동화 기술을 들여오는 것이 꼭 필요한 문제라는 점을 이해하게 됐고, 사용자는 지금의 노동시장에서 종업원이 느끼는 고용불안 문제가 얼마나 심각한지를 이해하게 됐다. 이를 계기로 노사는 고용불안 없이 생산성을 향상시키는 방안을 찾기 위해 함께 노력하게 됐다.

4) 대안의 창출

문제 해결의 세 번째 단계는 서로의 이익에 도움이 되는 대안을 찾는 것이다. 이 단계에서는 협상 당사자들의 창의성이 요구된다. 당사자들이 함께 문제를 확인하고 정리해서 이익의 문제로 전환했다면, 이제는 그 문제를 해결하기 위한 창조적이고 다양한 대안을 만들 차례이기 때문이다. 제시되는 대안들을 목록으로 정리해, 문제 해결의 마지막 단계에 가서 최선의 합의 대안을 만들 수 있도록 대비한다.

쌍방의 이익에 도움이 되는 대안을 창출하는 데 활용할 수 있는 방법은 크게 두 가지가 있다.[26] 하나는 해결해야 할 문제를 새로운 각도에서 재해석하는 것이고, 다른 하나는 문제가 이미 주어져 있다고 간주하고 해결 방안을 찾는 것이다. 앞에서 제시한 자동화 기술의 도입을 둘러싼 노사 간의 협상을 예로 들어보자. 두 가지 접근이 가능하다.

하나는 자동화 기술을 도입하는 것 자체를 다시 검토하면서 생산성을 높이고 고용 불안을 줄일 수 있는 새로운 방안을 찾는 것이다. 다른 하나는 자동화 기술의 도입을 기정사실로 받아들이고, 그 위에서 생산성을 높이고 고용불안을 줄이는 방법을 찾는 것이다.

문제의 재해석을 통한 대안 찾기

문제를 재해석함으로써 대안을 창출하려면 분쟁이 되고 있는 이슈의 성격을 면밀히 검토하고, 상대방이 관심을 가지고 있는 문제에 대해 많은 정보를 모아야 한다. 이를 토대로 문제를 새롭게 해석함으로써 협상 당사자 모두에게 이익이 되는 대안을 찾는 것이다. 여기서 고려해야 할 점은 이렇다.

첫째, 협상 당사자들이 나눠야 할 몫을 늘림으로써 당사자 모두가 이익을 얻을 수 있는 방법을 찾아본다. 갈등은 대개 나눠야 할 몫, 즉 가용자원이 한정돼 있다고 느껴질 때 발생한다.[27] 이 대안이 인정받으려면 당사자들 모두가 분쟁 가용자원의 부족으로부터 발생했음을 공감해야 한다.

둘째, 상대방이 가장 중요하게 생각하는 문제에 대해서 내가 양보하고, 대신 내가 중요하게 여기는 문제에 대해 상대방의 양보를 요구하는 방안, 즉 '서로 밀어주기'의 방법을 찾아본다. 이것은 협상 양측이 서로 다른 문제에 대해서 각자 다른 의미를 부여하고 있을 때 활용할 수 있는 것이므로, 우선 나와 상대방이 각각의 문제에 대해서 부여하고 있는 우선순위를 알아야 한다. 이 방안은 문제가 여럿이 아니라 하나만 있을 때도 적용할 수 있는데, 즉 문제를 구성하는 조건과 절차 등으로 문제를 쪼개면 된다.

셋째, 내가 원하는 것을 얻도록 상대방이 도와주고, 대신 나는 상대방이 원하는 다른 방법으로 보상해주는 방안이다. 그 보상은 내가 얻은 것에 상응하는 특정한 보상(specific compensation)뿐만 아니라, 상대가 원하는 것을 다 들어주는 불특정 보상 방식(nonspecific compensation)을 따르게 된다. 이 방안은 상대방이 원하는 바는 무엇이고 내가 베풀 수 있는 것은 무엇인지, 그리고 그때 서로가 부담하게 되는 비용은 얼마인지 아는 것을 전제로 한다.

넷째, 상대방이 내 요구를 수용할 때 안게 되는 부담을 최소한으로 줄여주는 방안이다. 이 방안을 활용하려면 정교한 준비가 필요하다. 상대방이 정말 원하는 게 무엇인지, 정말 중요하게 생각하는 것이 무엇인지를 세심하게 알고 있어야 하며, 상대방이 내 요구를 수용할 때 상대방이 감수하게 될 비용과 위험 부담이 얼마나 되는지에 대해서도 알아야 한다.

다섯째, 쌍방의 요구를 모두 반영하되 부분적으로만 수용하는 가교적 해결 방안(bridge solution)이 있다. 이 방안은 쌍방의 요구를 모두 충족시켜주지는 못한다. 이 방안을 활용하려면 상대방과 내 이익의 밑바탕에 무엇이 깔려 있는지, 그리고 서로의 이익은 어떤 우선순위를 가지고 있는지 알아야 한다.

주어진 문제의 대안 찾기

문제를 주어진 것으로 간주하고 여러 가지 대안을 찾을 때 활용할 수 있는 대표적인 기법이 브레인스토밍(brainstorming)이다. 브레인스토밍은 발상을 전환하는 기법이다. 이것은 비교적 소규모 집단에서 의사 결정을 위해 토론할 때 사용되는 방법으로, 창의적인 대안을 찾기 위한 목적을 가지고 있다. 만약 협상 당사자가 너무 많다면 소수의 대표자만 모여 토론할 필요가 있다.

이 브레인스토밍이 성공하려면 협상 당사자들이 이런 점을 지켜야 한다.[28]

첫째, 자유롭게 생각하고 소신있게 이야기하는 분위기를 만든다.

둘째, 상대방의 제안에 대해 비판하지 않는다. 비판은 창의적인 생각에 장애가 될 뿐만 아니라, 저급해 보이는 의견이라도 토론을 거치면서 창의적인 대안으로 바뀔 수 있다. 상대방이 어떤 제안을 다시 듣고 싶어한다면 친절하게 부연설명을 해주고, 상대방의 의견에 내 생각을 더해서 제안을 발전시킬 필요가 있다.

셋째, 문제와 사람을 분리한다. 누가 어떤 제안을 했느냐를 생각하지 말고 제안 자체에 집중한다. 종종 누가 말했느냐에 따라 제안이 다른 각도로 받아들여지는 경향이 있다. 내게 우호적인 사람이 제안한 의견에는 관심과 호응을 보여주면서, 비우호적인 사람의 의견에는 무조건 반대하기도 한다. 또 사람들로부터 호응이 좋은 의견을 제안한 사람은 일종의 소유권 의식을 갖는데, 이것이 토론 분위기를 경직되게 만든다는 점을 기억해야 한다.

넷째, 토론을 할 때 침묵이 오랫동안 지속되더라도 회의를 계속 진행시킬 필요가 있다. 좋은 아이디어는 오히려 회의 후반부에 나올 가능성이 높다. 어떤 아이디어는 다른 아이디어를 자극하는 동기가 되고 그 과정이 여러 번 반복되면서 좋은 아이디어가 태어난다.

다섯째, 필요하다면 외부 전문가의 의견을 듣는다. 특히 협상 당사자들이 분쟁의 성격에 대해서 제대로 모르거나 토론을 진행하는 기법에 서투르다면 외부 전문가를 활용함으로써 생각지도 못했던 대안을 찾을 수 있다. 때로는 외부 전문가로 하여금 회의를 진행하게 하는 것도 좋다.

한편 문제 해결의 대안을 찾기 위한 기법으로 브레인스토밍 말고도 노미널 그룹(nominal group) 기법과 서베이(survey) 기법이 있다.

우선 서베이는 당사자들에게 설문지를 돌려서 해결의 방안을 찾는 방법이다. 설문지에 해결해야 할 문제의 성격을 제시하고 각자가 생각하는 문제 해결의 대안을 서면으로 제시하도록 요청하는 것이다. 이 방법은 짧은 시간에 많은 당사자로부터 의견을 들을 수 있고, 협상 테이블에 참가하지 않는 사람들의 의견도 알 수 있다는 장점을 갖는다. 하지만 상대방의 제안을 직접 들을 수 없다는 한계가 있다.

노미널 그룹 기법은 기명식 집단 기법이라고 할 수 있는데 브레인스토밍과 서베이를 절충한 것이다. 당사자들은 먼저 문제를 주어진 것으로 받아들이고, 해결의 대안을 서면으로 작성한다. 그리고 당사자들끼리 소집단

형태로 직접 만나서 각자 준비한 안을 설명하고, 서기가 여기서 제시되는 대안들을 모두 기록한다. 마지막으로 대안을 토론하면서 문제 해결의 방안을 모색한다. 노미널 그룹은 당사자의 숫자가 많고, 짧은 기간에 많은 대안을 찾아내야 할 때 유용하다.

단호하면서도 유연한 자세

대안을 찾기 위해 어떤 방법을 이용하든 입장이 아니라 이익에 초점을 맞출 필요가 있다. 이익을 추구할 때는 한두 개의 핵심적인 이익을 선택해서 단호한 자세를 취하고, 반면 문제 해결의 방법을 찾을 때는 유연한 자세를 가져야 한다. 이것은 복잡하고 어려운 과제이기 때문에 협상 당사자들은 상대방이 어떤 사항에 대해서 단호하며 어떤 사항에 대해서 유연한지 알 수 있도록 서로 알려줄 필요가 있다. 단호하면서 유연한 자세를 지키기 위해 다음과 같은 방법을 활용할 수 있다.[29]

첫째, 핵심적인 이익을 지키기 위해서 논쟁을 할 때 내가 추구하는 바가 무엇인지를 명확하게 설명한다.

둘째, 상대방의 이익을 유연하게 배려하는 것이 문제를 해결하기 위한 방안의 하나임을 공개적으로 인정하고, 그런 자세를 보여준다.

셋째, 상대방의 제안이 내 이익을 수용하는 가교적 해결 방안이라면 나도 제안을 바꿀 수 있음을 알려준다.

넷째, 새로운 아이디어를 찾는 데 외부 전문가를 활용함으로써 문제 해결 방안의 질적 수준을 높인다.

다섯째, 상대방과 대화 채널을 열어놓는다. 언제든 상대방과 만나 대화하고 협력할 수 있도록 준비한다.

여섯째, '이것은 필수 사항이다.' 또는 '이것은 손댈 수 없다.' 는 식으로 단호하게 표현하면서 내가 중요하게 여기는 것이 무엇인지를 상대방에게 구체적으로 확인해준다.

일곱째, 수시로 내가 추구하는 이익이 여전히 핵심적인 이익에 속하는 지를 판단하고, 상대방이 내 이익을 수용할 수 없는 이유가 무엇인지를 냉정하게 검토해본다. 사실 알고 보면 쌍방이 핵심적인 이익을 두고 대립하는 경우는 드물다.

여덟째, 문제 해결을 위한 활동 가운데 논쟁적인 요소를 버린다. 예를 들면 일정을 짤 때도 협상 시간과 별도로 분리되는 휴식 또는 정회의 시간을 둬야 한다. 협상 팀 안에서도 일부 팀원이 논쟁적으로 치고 나가는 역할을 할 때 다른 팀원들은 문제 해결형 자세를 취해야 한다. 자동화 기술의 도입을 둘러싼 노사 간의 협상을 사례로 이 문제를 살펴보자.

노사 당사자들은 자동화 기술을 도입하는 문제 자체를 재해석하기로 할 수도 있고, 혹은 자동화 기술을 도입하는 것을 기정사실로 하고 후속 문제를 논의할 수도 있다. 우선 문제 자체를 재해석해보니, 노사는 자동화 기술을 도입하는 근본적인 이유가 생산성 향상에 있다는 것을 확인하게 됐다. 따라서 노조는 생산성을 높이기 위해 노조가 협력할 수 있는 과제가 무엇인지를 찾고, 한편 사용자는 노동 강도가 세지는 것을 보상하기 위해 사용자가 어떻게 해줄 수 있는지 과제를 찾게 됐다.

반면 자동화 기술의 도입을 기정사실로 받아들이는 경우, 노사는 고용불안을 해결할 수 있는 방안을 찾는 데 주력하게 된다. 사용자는 노조에게 자동화 기술 도입의 속도를 늦추되 사용자가 인력 투입의 조정 등 종업원의 배치전환을 유연하게 하기 위한 방안을 제시하고, 노동조합은 기술 변화에 대한 종업원의 적응력을 높이기 위해 종업원들이 교육받을 수 있는 기회를 확대하는 방안을 제시했다. 하지만 노조는 배치전환을 유연하게 하는 것이 자칫하면 악용될 수 있다고 걱정하고, 사용자는 종업원에 대한 교육이 실효성은 낮고 인건비만 늘리는 일이 되지 않을까 우려한다.

노사는 이런 우려를 해소하기 위한 방안을 다각적으로 검토했다. 그 결과 사용자 측에서는 배치전환의 문제에 관해서 노사가 사전에 함께 계획을 수립해 전 종업원을 대상으로, 정기적으로 실시하자고 제안했다. 한편 노조 측은 자동화 기술을 도입하기 전에 미리 종업원 개개인으로부터 교육 계획을 받고 노사가 함께 그 타당성을 검토해 교육 시간과 비용을 회사가 지원하자는 방안을 제시했다.

5) 평가 및 대안의 선택

문제 해결의 네 번째 단계에서는 여러 가지 대안들을 평가한 후 그 중에서 최선의 대안을 골라 합의 대안으로 선택한다. 문제가 단순하면 평가와 선택은 한 단계로 통합된다. 하지만 문제가 복잡하고 검토 대상이 되는 대안이 많으면 평가와 선택을 분리하는 것이 바람직하다. 우선은 대안을 평가할 수 있는 기준을 만들고, 그 기준에 따라 각 대안에 우선순위를 매긴다. 각자가 선호하는 대안의 장점과 단점을 토론한 후 최선의 합의 대안을 선택한다.

대안의 선택 기준

대안을 선택할 때는 보통의 대안보다 더 좋은 대안을 찾아낼 수 있는 기준을 사용해야 한다. 또 협상 당사자들이 그 대안을 받아들일 수 있어야 한다. 즉 대안의 선택 기준은 대안의 질(quality)을 제고하면서 수용가능성을 만족시키는 것이어야 한다. 또 대안을 객관적으로 평가하기 위해 구체적인 것이어야 한다. 기준을 설정할 때 선례나 관행을 살펴보는 것도 필요하지만, 무조건 따르지 않고 새로운 기준을 만들기 위해 참고만 할 수도 있다.

대안의 선택 방법

협상 당사자들이 받아들일 수 있는 질 높은 대안을 선택하기 위해서 다음과 같은 방법을 활용할 수 있다.[30]

첫째, 협상 당사자들이 먼저 대안의 선택 기준에 대해 합의한다. 그 기준이 특정한 대안을 끌어내는 것이어서는 곤란하다. 한쪽에게만 유리한 방향으로 기준이 설정될 수 있기 때문이다. 기준이 설정된 후에라도, 더 나은 대안을 끌어낼 수 있다면 당사자들의 합의 아래 대안의 기준을 바꿀 수 있다.

둘째, 대안의 범위를 압축한다. 여러 대안 가운데 협상 당사자들이 강하게 찬성하는 대안에 관심을 집중하고, 누구도 강력하게 찬성하지 않는 대안은 논의에서 빼 선택할 대안의 범위를 좁힌다.

셋째, 대안에 대한 각자의 개인적 선호를 인정한다. 어떤 대안을 싫어하거나 좋아하는 이유를 설명해달라고 요구하면 상대방은 방어적으로 나오기 쉽다. 그 이유를 간단히 설명하기 어려울 수도 있고, 각자의 가치관이나 욕구가 걸려 있을 수도 있기 때문이다. 상대방에게 어떤 대안을 좋아하거나 싫어하는 이유에 대해 질문할 때는, 질문의 이유가 쌍방 모두에게 이익이 되는 대안을 찾기 위한 것이라는 점을 밝히는 것이 좋다.

넷째, 대안을 선택하는 데 영향을 미치기는 하지만, 드러내 표현하기 곤란한 미묘한 요인이 있을 수 있다는 점을 감안한다. 협상 당사자들은 능력과 노력을 인정받고 싶다거나, 자신이 대표하는 집단의 구성원들에게 강하게 보이고 싶다거나, 협상에서 이겼다는 느낌을 갖고 싶다거나 하는 미묘한 이유로 특정한 대안에 집착하기도 한다. 상대방이 이렇게 나올 때는 내 이익과 크게 배치되지 않는 한 그 상황을 배려할 필요가 있다.

다섯째, 대안이 복잡하다면 소집단을 활용해서 대안을 평가할 수 있다. 대안이 여러 가지 의미를 가지고 있고 당사자들에게 미치는 영향이 클 때는 쌍방의 대표가 포함된 소집단을 구성해 허심탄회한 분위기에서 대안을 논의할 필요가 있다.

여섯째, 필요하다면 감정을 가라앉힐 수 있는 시간적 여유를 준다. 창의적인 대안이 찾아지더라도 협상 당사자들은 불만이나 좌절감을 느낄 수 있다. 협상의 쌍방 간에 대화가 부족하거나, 한쪽이 원하는 바가 거절되었거나, 한쪽이 특정한 대안을 지나치게 밀어붙이고 있는 경우라면, 대안을 평가하는 회의를 하기 전에 감정을 진정시킬 필요가 있다. 자신이 불만스러워하는 이유를 상대방에게 알리고 휴회를 요청하는 것도 좋다. 대안을 평가할 때는 사람과 문제를 분리해서 대안의 내용에만 논의를 집중하고, 그 대안을 주장한 사람에 대해서는 이야기하지 않는다.

일곱째, 협상 당사자들이 각자 중요하게 생각하는 대안을 서로 밀어주는 방법을 찾아본다. 대안을 만들거나 만들어진 여러 대안을 하나의 패키지로 엮을 때, 협상 당사자들이 가지고 있는 위험에 대한 기피, 미래에 대한 기대, 선호하는 시간의 차이를 활용하면 서로 밀어주기를 할 수 있다.

위험을 피하려는 생각이 한쪽은 높고 다른 한쪽은 낮다고 할 때, 위험 기피도가 높은 쪽 당사자는 미래의 이익이 아무리 크다고 해도 불확실한 대안을 선택하기보다는 현재의 작은 이익이라도 확실하게 확보할 수 있는 대안에 매력을 느낀다. 반면 위험 기피도가 낮은 쪽은 현재의 이익을 양보하더라도 미래에 큰 이익을 얻을 수 있는 대안에 매력을 느낀다. 이런 경우 위험 기피도가 낮은 쪽 당사자가 위험 기피도가 높은 쪽 당사자에게 현재의 이익을 확실하게 지켜주는 대안을 밀어줄 수 있다. 거꾸로 위험 기피도가 높은 당사자는 불확실하지만 미래에 큰 이익을 가져오는 대안을 위험 기피도가 낮은 당사자에게 밀어줌으로써 합의의 패키지로 만들 수 있다.

협상 당사자들이 가지고 있는 미래에 대한 기대의 차이를 활용할 수도 있다. 한쪽은 미래에 대해서 비관적으로 보고 다른 쪽은 낙관적으로 보는 경우, 그 차이를 활용해 각자에게 맞는 대안을 서로 밀어주면 합의의 패키지를 만들 수 있다. 마찬가지로 협상 당사자들 중 한쪽은 단기적인 관점에서 협상의 이익을 추구하고 다른 한쪽은 장기적인 관점에서 협상 이익을 추구하는 경우가 있다. 이 때 그 선호하는 시간의 차이를 이용해 각자에게 맞는 대안을 밀어주면 합의의 패키지를 만들 수 있다.

여덟째, 최종적인 대안이 나오기 전에는 어떤 결정도 잠정적이고 조건부 상태로 이뤄지는 것임을 주지한다. 잠정적으로는 합의에 도달하더라도 구체적인 조건에 대해서는 논의가 더 필요할 수 있다. 그리고 논의 과정에서 내용이 바뀔 수도 있다. **협상에서는 어떤 결정도 최종안으로 확정되기 전에는 최종적이지 않다.**

아홉째, 대안을 만들어내는 과정에서는 공식적인 기록으로 남는 일을 최소한으로 유지한다. 당사자들은 합의에 도달하기 전까지는 구체적인 합의 문구나 합의서를 만드는 데 부담을 느끼기 때문이다. 그러나 합의에 가까워지면 이미 합의한 사항을 문안으로 만들어 협상 당사자들이 돌려가며 보면서 문구나 표현을 다듬어야 한다. 합의서는 나중에 합의의 내용에 대한 '교과서'의 역할을 하기 때문이다.

합의서의 작성 방법

합의서를 작성할 때는 합의안을 해석하고 적용해야 할 사람들을 감안해 문안을 명료하고 분명하게 작성해야 한다.[31]

첫째, 용어를 일관성 있게 사용한다. 동일한 사실에 대해서 다른 용어를 사용하거나, 동일한 용어로 두 가지 이상의 사실을 의미하는 일이 없어야 한다.

둘째, 불필요한 문구는 뺀다. 합의의 유효기간이 이미 규정되어 있는데 다른 조항에서 또 합의의 유효기간이라는 문구를 넣으면 혼란이 생길 수 있다.

셋째, 특수용어를 사용할 때 신중해야 한다.

넷째, 필요하다면 각 조항에 제목을 붙인다.

다섯째, 숫자나 단위를 쓸 때는 기준을 명확하게 한다. 정년을 55세라고 정했다면 그 기준이 55세가 되는 해를 말하는지, 아니면 생일이 있는 달을 의미하는지도 밝혀야 한다.

여섯째, 어떤 조항이 다른 조항과 관련되어 있을 때는 그 조항을 구체적으로 지정한다.

일곱째, 여러 가지 사항을 나열할 때는 순서대로 번호를 매긴다.

여덟째, 새로운 조항을 기존의 합의안에 추가할 때는 다른 조항과의 관련성을 고려해 배치한다.

아홉째, 합의 내용을 조(條), 항(項), 목(目)의 방식으로 일목요연하게 배치한다.

자동화 기술의 도입을 둘러싸고 벌어진 노사 협상에서 대안을 선택하는 문제를 중심으로 살펴보자.

사용자가 제시한 대안은 자동화 기술을 단계적으로 도입하면서 배치전환 제도를 시행하는 방안이다. 반면 노조가 제시한 대안은 기술을 도입하기 전에 먼저 종업원 교육을 강화하는 방안이다. 노사는 이 두 방안 가운데 어느 하나를 선택해야 한다.

노사는 경쟁사가 자동화 기술을 도입하면서 겪은 경험과, 기술을 도입하는 것에 대해 종업원들이 가지고 있는 의식을 조사해 대안을 선택하는 기준으로 삼기로 했다. 이 기준으로 두 개의 방안을 검토해본 결과 자동화 기술을 도입하는 문제는 서두를 필요가 있지만, 종업원의 적응력이 낮다는 점에 대해 노사가 동의했다.

　이에 따라 노사는 자동화 기술을 도입하는 순서를 정하고 제일 시급한 부서의 종업원들을 대상으로 즉시 교육을 실시하기로 했다. 또 자동화 기술의 도입 단계와 배치전환의 범위 문제는 연동시켜 처리하기로 합의했다.

제**4**부

협상의
기술

협상의 과정은 협상의 목표와 전략의 성격에 따라 달라진다. 다시 말해 정보의 교환과 협상의 전술 그리고 관리 문제는 협상 목표를 어떤 전략으로 추구하느냐에 따라 다른 양상으로 나타난다. 어떤 경우든 협상 당사자는 정보 교환, 협상 전술, 협상의 관리를 통해 자신의 요구와 주장을 드러내고 상대방에게 영향력을 행사하려고 하게 마련이다.

1 정보의 주고받기

협상 전략은 상대방이 어떤 행동을 선택했을 때 나는 어떤 대응을 함으로써 협상 목표를 달성해나갈 것인가에 대한 계획이다. 협상 과정에서 당사자들은 이 전략을 제대로 실행하기 위해 다음의 세 가지 과제를 부여받는다.

첫 번째 과제는 정보 교환에 관한 것이다. 내 협상 전략을 보완하기 위해 필요한 정보를 모으고, 상대방에게는 내 전략대로 행동하게끔 유도하는 정보를 제공한다.

두 번째 과제는 협상 전술에 관한 것이다. 전략이 장기적이고 협상의 구조적인 관점에서 만들어진 것이라면, 단기적이고 예상하지 못한 돌발 상황이 발생했을 때는 어떻게 대응할 것인지 결정해야 한다.

세 번째 과제는 협상의 관리에 관한 것이다. 협상이 내가 세운 전략에 맞춰 진행되도록 관리하고, 바람직하지 않은 방향으로 진행될 때는 바로잡아야 한다.

협상의 과정은 협상의 목표와 전략의 성격에 따라 달라진다. 다시 말해 정보의 교환과 협상의 전술 그리고 관리 문제는 협상 목표를 어떤 전략으로 추구하느냐에 따라 다른 양상으로 나타난다. 어떤 경우든 협상 당사자는 정보 교환, 협상 전술, 협상의 관리를 통해 자신의 요구와 주장을 드러내고 상대방에게 영향력을 행사하려고 하게 마련이다. 상대방에게 영향을 미치는 행위는 크게 세 가지 유형으로 정리된다.[1]

첫 번째 유형은 쌍방 모두에게 도움이 되는 방향으로 상대방의 인식을 끌어가는 가치 창출(creating value) 행위다. 이것은 주로 문제 해결형 전략을 선택할 때 나타난다.

두 번째 유형은 내게 유리한 방향으로 상대방의 인식을 바꾸려는 가치 주장(claiming value) 행위다. 이것은 주로 양보 추구형 전략을 선택할 때 나타난다.

세 번째 유형은 협상의 진행을 관리해 상대방으로 하여금 행동을 바꾸도록 유도하는(changing game) 행위다.

1) 정보 교환의 의미

분쟁을 평화적으로 해결하는 데 가장 중요한 요소는 정보다. 이 말은 협상 과정의 핵심이 정보를 교환하는 데 있다는 뜻이다. 정보가 교환되는 과정에서 상대방의 이익을 이해하고 서로의 요구와 주장이 갖는 차이를 좁힐 수 있다. 이를 두고 철학자 프랜시스 베이컨(Francis Bacon)은 "협상은 발견의 과정"(process of discovery)이라고까지 말한 바 있다.

협상 전략은 협상 초기의 불확실한 정보를 토대로 수립되기 때문에 협상 과정에서 새로운 정보가 들어오면 이를 토대로 조정되어야 한다. 따라서 정보의 획득이란 단순히 정보를 모으는 데서 끝나는 것이 아니라 이를 분석하고 효율적으로 활용하는 문제로까지 확장된다.

또한 상대방에게는 내 이익을 이해하고 내 요구를 수용할 수 있게끔 유도하는 정보를 제공해서 내 협상 전략에 힘을 실어준다. 따라서 정보의 제공에 관한 문제는 상대방에게 무슨 목적으로 어떤 정보를 어떻게 공개할 것인지에 관한 문제로 확장된다.[2]

2) 정보 교환의 방식과 논리

정보 교환의 방식

협상에서 정보를 공개하고 획득하는 과정은 여러 형태로 나타난다. 통계나 보고서 등 자료를 교환하는 것은 공식적으로 정보를 전달하고 획득하는 방법이다.

협상 과정에서는 양측의 대화를 통해 정보를 교환한다. 당사자들은 주장을 하고, 질문을 던지고, 정보를 전달하고, 대답을 듣고, 상대방의 태도를 관찰하며 정보를 획득한다. 쌍방이 함께 벌이는 토론에서는 정보의 전달과 획득이 동시에 진행된다.

질문은 특히 중요한 의미를 갖는다. 질문을 통해 나의 관심사에 대한 정보를 전달하면서 동시에 상대방의 반응을 통해 정보를 획득할 수 있다.[3] 이런 질문의 양면성은 상대방을 설득하려고 슬쩍 떠볼 때 유용한 역할을 한다.

관계 조성을 통한 정보의 전달은 협상 테이블이 아니라 식사를 함께 한다든지 하는 사적인 만남을 통해 이뤄진다. 이것은 상대방과 신뢰를 구축하는 방법이기는 하지만, 비공식적인 정보 교환의 형태다.

정보의 공개

가. 정보 공개의 전략

정보를 공개하는 것은 협상 상대방으로 하여금 내 요구나 주장에 대해 합리적이라고 느끼게 함으로써 내 협상 전략을 관철시킬 때 선택된다. 상대방이 모르는 정보를 공개해서 쌍방 모두에게 유리한 대안을 만들 수도 있다.

정보의 공개에는 선택적 공개와 비공개가 있다. 선택적 공개는 정보를 왜곡하지는 않지만 그렇다고 모든 사실을 공개하지도 않는 것을 의미한다. 비공개는 의도적으로 정보를 공개하지 않는 것이다.[4] 정보에 대해 선택적 공개를 할지 비공개를 할지 결정하려면 각각의 경우가 갖는 효과와 부작용을 검토해야 한다.

정보를 선택적으로 공개할 때는 공개된 정보가 상대방으로부터 불신을 받거나 잘못 받아들여지지 않도록 하는 일이 아주 중요하다. 상대방이 제기한 질문에 대해 대답을 거절하거나 비켜가는 것은 불신의 원인이 된다. 조심스럽게 답변하되 상대방이 원하는 핵심 정보에 대해서는 대답을 하는 것이 좋다. 만약 사실 관계가 확실하지 않은 정보라면 차라리 공개하지 않는 것이 좋다. 상대방으로 하여금 잘못된 추측을 하게 만들 수 있기 때문이다.

임금 인상을 위한 노사 협상에서 노조가 사용자에게 회사의 매각 계획을 밝혀달라고 요구했다. 사실 매각 계획은 이제 막 검토가 시작된 단계에 불과하다. 하지만 사용자는 "해외 투자자가 우리 회사에 관심을 보이고 있으며 노사 문제가 걸림돌이 될 수 있다."라고 대답했다. 노사 협상의 쟁점은 순식간에 임금 인상에서 고용 안정의 문제로 바뀌어버리고 말았다.

내가 잘 모르는 정보에 대해 상대방이 공개하라고 요구할 때는 다음과 같이 대답할 수 있다.

첫째, 질문과는 동떨어진 엉뚱한 대답을 한다.

둘째, 질문에 깔려 있는 가정이 적절하지 않다고 응수한다.

셋째, 잘 모르기 때문에 답변하기 곤란하다고 말한다. 하지만 질문을 비켜나가는 것은 어쨌든 상대방의 불신을 초래하기 쉽다는 점에 유의해서 대답해야 한다.

만약 상대방의 질문이 부적절한 것일 경우 답변을 거부할 수 있다. 이때는 그 질문이 왜 적절하지 않은지 이유를 설명해줘야 한다. 아무런 해명이 없으면 상대방은 무시당한다고 생각할 수 있다. 또 아무 대답도 하지 않고 침묵만 지키는 태도는 오히려 상대방의 궁금증을 자극해 그 질문 속에 중요한 단서가 있다고 생각하고 캐묻게 만든다. 물론 침묵이 상대방으로 하

여금 계속 이야기하게 만들어 의외의 정보를 획득하게 되는 상황이 발생할
수도 있다.

**그런가 하면 수많은 연관 정보를 한꺼번에 제공하는 것(snow job)
은 '초점을 흐리게' 만드는 효과가 있다.** 상대방은 일시에 제공된 수많
은 정보 가운데서 중요한 것을 판단하는 데 어려움을 겪게 된다. 거꾸로 상
대방이 이렇게 나올 때는 상대방에게 정보를 유형별로 정리해달라고 요구
하거나, 정보를 검토할 시간을 달라고 요구할 수 있다.

나. 정보 공개의 시점

정보를 공개할 때는 시점을 선택하는 일이 중요하다. 특히 정보를 선택
적으로 공개할 때는 어떤 정보를 언제 공개할 것인가를 판단해야 한다. 따
라서 정보를 공개하기 전에 먼저 정보를 구분할 필요가 있다.

정보는 '협상의 시작 단계에서 공개할 정보', '논의가 어떤 특정한 사실
이나 이슈에 집중될 때까지 공개하지 않을 정보', '협상이 교착에 빠지는
한이 있어도 끝까지 알리지 말아야 할 정보'로 구분할 수 있다.

특히 협상이 종료되어야 할 시점은 협상 진행에 매우 중요한 변수가
되는 정보임을 기억해야 한다. 만약 시간이 촉박하기 때문에 불리한 협상
결과라도 감수해야 할 처지라면, 협상의 종료 시점에 대한 정보는 내게
아주 불리한 정보에 해당한다. 반면 종료 시점까지 남아 있는 시간이 오
히려 상대방의 양보를 끌어낼 만한 압력 요인이 된다면 정보를 공개할 필
요가 있다.

다. 정보 공개의 수단

정보 공개의 수단도 그 효과에 영향을 미친다. 정보는 말을 통한 언어적 수단과 몸짓과 표정 등 비언어적 수단에 의해 공개된다.

대부분의 정보는 주장이나 질문, 경청, 토론을 하는 과정에서 말을 통한 언어적 수단에 의해 교환되지만, 종종 동작이나 음성의 변화, 도표의 활용 등 비언어적 수단도 중요하게 활용된다. 도표와 그림, 사진, 비디오테이프 등 시청각 자료를 활용하거나 정보를 담고 있는 실물이나 실상을 직접 보게 하는 것도 좋다.

비언어적 수단은 말에 의한 정보 전달의 효과를 높여주고, 말로 전달하기 어려운 미묘한 정보와 단서를 제공한다.[5] 비언어적 정보는 말에 의한 정보와 일치해야 효과가 생기는 법이다. 말하고 있는 정보가 음성이나 동작과 일치하지 않으면 오히려 신뢰를 떨어뜨린다. 부주의로 혹은 무의식적으로 말실수를 하면 상대방은 그 문제를 진지하게 생각하게 된다.

사실의 형성

가. 적극적인 정보 공개

정보를 공개할 때 전달의 효과를 높이기 위해서 정보를 가공할 수 있다. '사실의 형성'(facts creation)은 새로운 사실을 상대방에게 보여주거나, 이미 알려져 있던 사실을 '새로운' 사실처럼 만드는 적극적인 공개 방법이다. 이 방법은 상대방에게 새로운 사실을 알림으로써 상대방이 가지고 있는 인식을 바꾸는 데 유효하게 사용된다.

예를 들면 채용 공고를 보고 어느 지원자가 자신의 이력서를 잘 만들어

심사관의 호감을 사려고 하는 것이라든지, 면접을 하러 가면서 복장을 단정히 하는 행위가 이런 '사실의 형성'에 속한다. 또는 아파트를 팔고 싶어하는 집주인이 아파트를 새로 도배하거나 집 안을 깨끗이 청소하고 정리해 매수자의 호감을 사려고 하는 것 역시, 이미 알려진 사실을 새로운 것처럼 만드는 사실의 형성이다. 이것은 상대방이 내게 유리한 방향으로 상황을 인식하도록 유도하는 방법이다.

나. 대안 찾기

사실의 형성은 쌍방 모두에게 이익이 되는 대안을 찾으려는 목적에서도 종종 활용된다. 사실의 형성을 통해 협상의 여건이나 이슈를 명료하게 정리해주면 쌍방 모두에게 도움이 되거나, 최소한 한쪽에는 큰 도움이 되는 대안을 찾아낼 수 있다. 또는 서로 협력하지 않으면 쌍방에 모두 불리한 결과가 발생할 수 있다는 점을 부각시킬 수 있다.

예를 들어 국세청이 세금을 정해진 기간 안에 성실하게 신고하는 사람에게 세금의 일부를 감면해주기로 했다. 그리고 이 상황을 사실의 형성을 통해 적극적으로 홍보할 때, 국세청은 탈세를 억제해 세수를 늘릴 수 있고, 납세자는 절세를 할 수 있어 양자에게 이익이 된다.

정보의 획득

가. 깔때기식 정보 획득

정보의 획득 능력은 일차적으로 상대방에게 '제대로' 질문하고, 상대방의 대답을 '제대로' 듣는 능력에 좌우된다. 이렇게 질문을 통해 정보를 획득하는 방법으로 깔때기식 질문(funnel approach)을 들 수 있다.

이것은 처음에는 일반적인 문제에 대해서 포괄적으로 질문하다가, 점차 깔때기처럼 구체적이고 세부적인 질문으로 들어가 정보를 얻는 방법이다. 만약 곧장 구체적인 문제부터 질문하기 시작하면 상대방이 답변을 중단하거나 정보를 제한할 가능성이 있다. 상대방에게 '맞다.', '아니다.' 식의 답변을 요구하거나, 어떤 특정한 대답을 듣기 위해 유도 질문을 하면 원하는 정보를 최대한 획득하기 어렵다.

깔때기식 질문은 보통 격의 없는 가벼운 질문에서 시작된다. 상대방의 긴장을 풀어주고 분위기를 가볍게 함으로써, 자신은 상대방에게 구체적인 질문을 할 시간을 벌고, 상대방도 답변할 수 있는 마음의 준비를 하게 된다. **가벼운 질문이라도 적절하게만 주어지면, 그 답변은 협상에 중요한 단서를 제공한다.**

노동조합 위원장과 회사 사장이 서로 대화를 하고 있다. 노조 위원장이 사장에게 경영이 잘되느냐고 가볍게 물었다. 사장은 내년에는 사업이 확장되고 경기도 좋아져서 이익이 증가하겠지만, 올해는 이자가 부담스러워 경영 사정이 좋지 않다고 대답했다. 이어서 올해는 생산도 정상적으로 이뤄지지 않아서 경영이 아주 어렵다고 말했다. 노조 위원장은 그런 일이 발생하지 않기를 바란다고 응답했다. 이때 노조 위원장은 가벼운 질문을 던졌지만, 올해와 내년의 협상 여건을 파악할 수 있는 중요한 정보를 알게 됐다.

나. 사실의 검증

협상 상대로부터 획득한 정보에 대해서는 사실관계를 검증해야 한다.
왜냐하면 상대방이 상황을 변화시키기 위해 의도적으로 제공한 정보일 수
도 있고, 자신이 갖고 있는 심리적인 문제로 인해 잘못 획득한 정보일 수도
있기 때문이다. 흔히 협상 당사자는 자신이 선호하는 방법으로 획득한 정
보는 과대평가하고, 해석과 활용이 쉬운 정보에 대해 지나치게 의존하는
경향이 있다. 또 자신의 판단을 뒷받침하는 정보는 받아들이고 그렇지 않
은 정보는 외면하기 쉽다.

사실을 검증할 때는 상대방이 제공한 여러 정보들을 맞춰보아 일관성
이 있는지를 확인하거나 관련되는 정보의 공급원을 확인하거나, 전문가를
상대로 조화하는 등의 방법을 쓴다. 그렇게 해서도 사실 여부를 판단하기
어려울 때는 사실 여부에 대한 통계치를 적용해 확률을 기준으로 할 수도
있다.

다. 정보 공급원의 개발

협상은 정보의 획득에서부터 그 준비가 시작된다. 관련 정보를 협상 상
대에게만 의지할 것이 아니라, 믿을 만한 정보 공급원을 개발해 활용할 필
요가 있다.[6] 정보를 얻을 수 있는 공급원에는 관련 통계나 자료, 과거 협상
당시의 자료와 같은 문서적인 것도 있고, 자신이 대변하는 조직의 구성원,
협상 상대방을 잘 아는 사람, 분쟁 이슈의 전문가들도 있다. 이런 정보의
공급원을 찾아 의견을 듣거나 자료를 수집하고 분석하는 것은 정보의 획득
에 있어서 매우 중요한 방식이다.

똑같은 당사자들이 과거에 했던 협상이나, 상대방이 과거에 비슷한 성격의 분쟁에서 취한 행동을 분석하면 상대방에 대한 유용한 정보를 얻을 수 있다. 상대 조직이나 상대 측 협상 당사자를 잘 아는 사람도 중요한 정보를 제공해줄 수 있다.

그런데 정작 자기 조직 내부에서는 오히려 정보 공급원을 잘 활용하지 못하는 경우가 있다. 노사 관계를 예로 들면, 믿을 만한 정보 공급원으로 일선에 있는 관리감독자와 노조 대의원이 있다. 관리감독자와 노조 대의원은 현재의 노사 관계가 가지고 있는 문제점과 노사 양측의 생각을 잘 알고 있지만, 그 정보가 협상 당사자인 경영자나 노조 대표자에게는 전달되지 않는 경우가 많다.

한편 협상 이슈에 관한 관련 단체나 정부의 보고서, 학계의 연구 결과, 관련 전문가의 의견도 협상에서 중요한 정보가 될 수 있다. 부동산 매매나 기업의 인수 및 합병, 시설의 양도 등에 관한 협상을 벌일 때는 유사한 분쟁이 타결된 조건이나 자산 가치에 대해 전문가가 감정한 내용이 합의의 내용을 만드는 데 중요한 기준이 된다.

라. 토론

정보 교환을 위해서 가장 많이 활용하는 방법은 토론이다. 토론은 정보를 획득하는 장일 뿐 아니라 정보를 공개하는 장도 된다.

토론을 정보 교환의 장소로 활용하려면 토론 분위기를 적대적으로 끌고 가면 안 된다. **분위기가 적대적일수록 협상 당사자들은 메시지가 아니라 말투나 태도 등 메시지를 전달하는 스타일에 신경을 쓰게 된다.** 토론의 내용이 아니라 다른 문제가 토론의 장애 요인으로 작용하지 않도록 하려면 우선 상대방의 이야기를 경청하는 자세를 가져야 한다.

내가 대표하는 집단의 분위기가 상대방에게 적대적이라고 해서, 협상 당사자인 나까지 적대적으로 나서는 것은 곤란하다. 집단 구성원들의 적대감은 감정적인 것이기 쉽고 또 오해에 근거한 것일 수도 있다. 이럴 때는 협상 당사자가 집단의 구성원들을 진정시키고 사실 관계를 알려줌으로써 일종의 자문 역할을 해야 한다. 당사자는 집단 구성원들의 정서를 반영하기보다는 향후 협상의 결과를 생각하며 이익을 대변해야 한다.

한편 자신은 우호적인 토론 분위기를 만들려고 하는데, 상대방이 적대적으로 나올 수도 있다. 그렇다고 상대방에게 겁먹지 않고 있다는 인상을 심어주기 위해 같이 적대적으로 나가면 토론 분위기는 더욱 악화된다. 이럴 때는 즉각적인 대응을 피하고 오히려 상대방의 주장을 열심히 들으면서 적극적인 자세로 적대감을 누그러뜨릴 필요가 있다.

마. 정보 획득의 협상

정보를 획득하기 위해 정보 자체를 협상의 대상으로 삼아 주고받는 경우가 있다. 이런 협상은 상대방으로부터 특정한 정보를 얻기 위해 나도 상대방에게 무엇인가를 양보하는 협상이다. 이런 협상은 겉으로 드러나지 않고 암묵적으로 진행되는 경우가 많다. 하지만 그렇게 하면 나만 정보를 제공하고 상대방은 내가 기대하는 정보를 주지 않을 수도 있기 때문에, 아예 정보를 주고받자고 명시적으로 제안하고 진행할 수도 있다. 쌍방이 성실하게 협상에 임한다면, 이런 명시적인 협상이 쌍방의 대화를 촉진할 수 있다.

2 협상 전술이란 무엇인가

협상 전술은 협상 전략을 뒷받침하는 단기적이고 상황적인 행위다.[7] 실제 협상이 진행될 때는 협상의 전략과 전술을 엄격하게 구분하기 힘들지만, 협상 전술은 전략에 따라 그 성격이 달라지는 것이다.

1) 협상 전술의 유형과 특징

협상 전술은 일일이 논의하기 어려울 정도로 다양하다. 협상 전술은 양보 추구형 전략에서 사용되는 전술과 문제 해결형 전략에서 사용되는 전술로 나눌 수 있다. 전자는 일방향적 협상 전술이고, 후자는 쌍방향적 협상 전술이다. 전자는 상대방으로부터 양보를 얻어낼 수 있는 상황을 만들려는 행위고, 후자는 합의를 어렵게 만드는 상황을 타개하려는 행위다.

협상 전략을 짤 때 양보 추구형 전략과 문제 해결형 전략이 혼용되는 것처럼 실제 협상에서는 일방향적 전술과 쌍방향적 전술이 명확하게 구분되지 않는다. 문제 해결형 전략을 채택하더라도 궁극적으로는 서로 몫을 나눠야 하는 문제가 생길 수 있고, 마찬가지로 상대방의 양보를 얻어내 협상 목표를 달성하려고 해도 내가 원하는 이익에 대해서는 상대방의 협조를 구해야 할 수도 있기 때문이다.[8]

일방향적 협상 전술의 유형과 특징

양보 추구형 협상 전략에서 사용되는 일방향적 협상 전술은 크게 다음의 네 가지로 나눌 수 있다.[9]

첫째, 상대방의 협상 목표나 전략을 평가하기 위한 전술이다. 이 전술은 협상 결과에 대해 상대방이 가지고 있는 기대 수준을 알아내고, 합의에 도달하지 못했을 때 상대방이 입게 되는 손실을 파악하는 데 초점을 맞추고 있다.

노사 간에 임금 협상을 하면서, 노동조합에서 사용자가 수용할 수 있는 임금 인상의 최대치를 알아내기 위해 회사의 재무 상황이 얼마나 개선됐는지 질문하거나, 경쟁회사의 임금 인상폭이 얼마인지를 알고 있느냐고 질문을 던질 수 있다.

둘째, 내 협상 목표와 전략에 대해 상대방이 알고 있는 내용을 관리하는 전술이다. 이것은 상대방이 나에 관해 제대로 알지 못하도록 정보를 조작하거나 숨기는 방법이다.

노사 간에 임금 협상을 하면서, 사용자가 임금 인상과 직접 관련된 이야기를 하지 않고, 대신 경쟁업체의 해외 진출이나 제품의 납기 문제, 협력업체의 요구와 소비자 불만 사항 등을 끄집어냈다. 이 화제는 노조 측 협상 당사자들에게 임금 인상이 무리라는 인상을 심어주었다.

셋째, 상대방이 협상 결과에 대해 가지고 있는 기대 수준을 조정하는 전술이다. 상대방의 기대가 비현실적이라는 점을 부각시키고, 내 제안이 상대방에게는 불만스러울지 몰라도, 현실적으로 최선의 안이라는 점을 강조한다.

노사 간에 임금 협상을 하면서, 사용자가 제시한 임금 인상 수준에 대해 노조는 아예 논의할 가치도 없다고 반발했다. 조합원들의 기대 심리 때문에 노조 집행부도 어쩔 수 없는 상황이라는 점을 내세웠다. 이 요구에 대해 사용자는 적자가 누적되고 있는 회사 상황을 강조했다.

넷째, 협상이 지연되거나 결렬됐을 때 내게 발생하는 손해를 줄이고 상대방의 손해는 늘려 비용을 조절하는 전술이다. 제한된 시간 안에 합의를 해야 하는 협상에서, 협상의 최종시점 등 협상의 일정을 조절함으로써 상대방에게 압박을 가하는 데 목적이 있다.

노사 간에 임금 협상이 교착 상태에 빠져 조만간 노조가 파업을 일으킬 분위기다. 사용자는 재고와 보유 자금을 늘리는 한편, 노조에 대고 사측에서 제시한 임금 인상안을 수용할 것인지의 여부를 빨리 결정하라고 요구할 수 있다.

2) 쌍방향적 협상 전술의 유형과 특징

문제 해결형 협상 전략에 사용되는 쌍방향적 협상 전술은 다음의 네 가지로 정리할 수 있다.

첫째, 협상의 양측이 해결해야 할 문제를 확인하기 위해 내 이익과 상대방의 이익에 관한 정보 교환을 촉진하는 전술이다. 이것은 해결해야 할 문제를 빨리 해결하는 데 초점이 있다.

노사 관계를 예로 들면, 어떤 문제가 발생했을 때 한쪽 당사자가 이 문제를 해결하자고 제안하면, 기존의 합의가 기간 만료되기 전이라도 양측이 만나 대화를 함으로써 노사 간의 정보 교환을 촉진할 수 있다. 또 쌍방 모두에게 이익이 되는 문제라면, 어느 한쪽의 요청에 따라 그 문제를 대화의 아젠다(agenda:표제어. 핵심적인 주장)에 포함시키는 것도 마찬가지 전술이다.

둘째, 합의의 대안을 만들어내기 위해 상대방이 무엇을 원하는지 알아내는 전술이다. 협상 당사자들의 가치관과 이해관계는 다르다. 따라서 이 전술은 상대방이 원하는 것과 그 우선 순위를 이해하고, 마찬가지로 내가 원하는 것과 우선 순위를 상대방이 이해하게 만드는 데 초점을 둔다.

예를 들어 노사 간에 협상을 할 때, 충분히 시간을 가지고 협상을 준비하고, 협상에 들어가기 전에 비공식적으로라도 의견을 교환하는 것은 상대방이 원하는 이익을 정확하게 이해하는 데 크게 도움이 된다. 또 협상에서 다룰 안건들의 순서를 협의하거나, 최종적인 합의에 도달하기 전까지는 개별적인 문제들에 대한 합의를 잠정적인 상태로 유지해 우선 순위를 쉽게 조정할 수 있도록 하는 것도 상대방의 이익을 제대로 이해하는 데 도움이 된다.

셋째, 당사자들이 해결해야 할 더 큰 과제에 주목하면서 핵심적인 이익을 얻어내는 데는 단호하지만 이익을 달성하는 방법에 대해서는 유연한 자세를 갖는 전술이다. 이 전술은 최선의 대안을 선택하기 위해서 협상 당사자들이 갖고 있는 이해관계의 공통점을 확대하고 차이점은 줄이는 데 초점을 맞추고 있다.

일방향적 협상 전술의 특징	쌍방향적 협상 전술의 특징
상대방의 협상 목표 · 전략의 평가	정보의 교환을 위한 우호적 협상 분위기 조성
자신의 협상 목표 · 전략에 대한 상대방의 인식 관리	상대방이 원하는 바를 이해하고 자신이 원하는 바를 이해시킴
상대방의 협상에 대한 기대치 조절	공통점의 확대 · 차이점의 축소
협상의 지연 · 결렬에 대한 비용 조절	협상이 잘못 진행될 때 대처

〈그림 13〉 협상 전술 : 협상 전략을 뒷받침하는 단기적 · 상황적 행위

예를 들어 노사 간에 협상을 할 때 사용자는 생산성 향상을 원하고, 노동조합은 조합 활동의 안정을 추구하는데, 이를 달성하는 방법은 다양하다

는 점에 대해서 쌍방이 인식을 같이할 수 있다.

넷째, 상대방이 문제 해결형 협상을 어렵게 만들 때, 또는 내 잘못으로 협상이 제대로 진행되지 못할 때 대처하는 전술이다. 이 전술은 상대방뿐 아니라 나도 협상에 대해 가지고 있는 인식과 태도를 바꾸고, 내 제안을 상대방이 긍정적으로 평가하도록 만드는 데 초점이 있다.

예를 들어 분쟁 이슈들이 서로 연관성을 가지고 있는데도 협상 당사자 중 어느 한쪽이 특정한 이슈, 또는 단기적인 이슈에 집착할 때는 협상 팀원들이 내부 협의를 할 수 있다. 기술적으로 복잡한 협상 이슈를 다루기 위해서는 협상의 쌍방이 합동으로 소위원회를 구성하기도 한다.

양보 협상을
관리하는 방법

양보 추구형 전략으로 협상을 진행할 때는 협상의 '주도권'을 잡는 게 특히 중요해진다. 나의 불필요한 양보는 줄이고 상대방으로부터는 최대한의 양보를 얻어내면서 흐름을 내게 유리하게 진행되도록 하는 데 협상 관리의 주안점을 둔다.[10] 협상 관리의 내용은 진행의 관리, 의제의 관리, 분위기 관리로 나누어 살펴볼 수 있다.

1) 협상 진행의 관리

협상의 전제조건

협상의 전제조건은 협상을 진행하기 전에 어떤 조건에 대해서 먼저 합의하고 시작하는 것이다. 협상의 전제조건은 첫째, 협상의 절차에 대한 전제조건, 둘째, 협상의 의제 등 내용에 대한 전제조건, 셋째, 양자가 혼합된 전제조건으로 나눌 수 있다.

절차에 대한 전제조건은 협상의 기본 규칙을 정하는 것이다. 협상 당사자의 숫자와 권한, 협상 장소, 시간, 소위원회의 구성, 회의의 진행 방법, 회의에서의 발언 시간, 기록의 유지 등에 관한 문제를 미리 의논하게 된다.

내용에 대한 전제조건은 협상에서 다루거나 제외할 의제에 대해 합의하는 것이다. 의제의 범위와 성격에 관한 문제가 여기 속한다.

협상에서 전제조건을 요구하는 경우는 주로 다음과 같은 상황에서 발생한다. 우선 협상력을 충분히 가지고 있을 때, 상대방에게 일종의 협상할 권리를 주는 대신 전제조건을 요구한다. 그리고 핵심이 되는 이슈가 무엇인지 분명히 해둘 필요가 있는 경우, 협상에서 시간 낭비를 줄이고 싶을 때 전제조건을 요구한다.

야당이 여당에게 '정부의 정책 실패를 규명하기 위한 임시국회'를 소집하자고 요구했다. 여당은 국회의 소집 기간과 국회에서 심의할 의제의 범위를 미리 정하면 국회를 개원하는 데 동의하겠다고 한다. 여기서 국회의 소집 기간은 절차에 대한 전제조건이고, 의제의 범위는 내용에 대한 전제조건이다.

제안의 순서

협상에서 누가 먼저 제안하느냐에 따라 협상의 진행 양상과 결과가 바뀐다. 제안을 먼저 할 것인지, 나중에 할 것인지에 관한 문제는 협상의 주도권을 잡는 것과 관련되어 있다.

특히 최초의 제안은 논의의 출발점과 진행 방향에 영향을 미친다. 내가 먼저 제안을 하면 상대방은 내 협상 목표와 전략을 파악할 수 있고, 상대방이 그에 대해 어떻게 대응하느냐에 따라 협상 분위기가 달라진다. 따라서 내가 시간적으로 압박을 받거나 협상을 타결할 수 있는 현실적인 대안을 제시하는 것이 아니라면, 먼저 제안하는 일은 피하는 것이 보통이다.[1]

하지만 상대방이 수용할 만한 현실적인 제안을 가지고 있을 때는, 먼저 제안을 하면서 오히려 협상 분위기를 주도하는 것이 유리할 수 있다. 물론 이 경우에도 수준을 잡는 데는 신중을 기해야 한다. 상대방이 수용하기에 너무 어려운 제안을 하면 상대방은 합의가 어렵겠다고 생각하고 소극적이 될 것이다. 반대로 제안이 너무 상대방에게 유리하게 제시되면, 상대방은 추가적인 양보를 기대하게 된다.

참고로 상대방이 협상 회의 도중에 새로운 이슈를 갑자기 들고 나오거나 지금까지와 전혀 다른 제안을 할 경우에는, 회의를 휴회시킬 필요가 있다. 상대방의 의도를 파악하고 그에 따라 대응 방안을 마련하려면 시간이 필요하기 때문이다.

상대방의 의사 확인

내가 상대방에게 제시한 요구나 주장을 수정하기 전에 상대방이 어떻게 생각하는지 구체적인 반응을 확인할 필요가 있다. 그래야 불필요한 양보를 피할 수 있다. 상대가 반응을 보이지 않는다고 내가 먼저 양보하면, 결국 자신을 상대로 협상하는 문제가 생긴다.

상대방에게 구체적인 대답을 요구한다고 해서, 그것이 꼭 합의를 요구하거나 나의 제안에 깔려 있는 논리에 상대방에게 동의하라고 주장하는 것은 아니다. 물론 제안에 깔려 있는 논리가 합의의 내용과 밀접하게 관련된 것이라면 그 논리에 대해 먼저 합의하기를 청할 수도 있다. 예를 들면 사용자가 생산성이 낮으니까 임금 동결에 합의하자고 요구할 때 노동조합이 생산성을 산정하는 기준부터 의논을 해보자고 치고 나갈 수 있다.

반대로 상대방이 어떤 제안을 하면서 명확하게 의사를 표시해달라고 할 때 대답을 미루려면 이렇게 대응할 수도 있다.

첫째, 내게는 그 제안을 수락하거나 거절할 권한이 없다고 말한다.

둘째, 그 제안에 대해 대답하기 전에 자세하고 분명한 설명을 해달라고 요구한다.

셋째, 상대방이 이야기를 하는 동안 침묵을 지키면서 상대방의 양보나 정보 공개를 유도한다.

넷째, 상대방이 분노하지 않도록 침묵을 거절의 수단으로 이용한다.

A라는 회사에서 노사 간에 임금 협상이 벌어졌다. 노조는 임금 인상과 노조 전임자를 늘려달라고 요구하고 있다. 사용자는 임금은 인상시킬 수 있지만, 노조 전임자 문제는 임금 협상의 대상이 아니므로 협상 대상에서 제외시켜야 한다고 주장하고 있다. 결국 노조 전임자 문제가 임금 협상의 전제조건이 되면서 노사 간의 협상이 평행선을 달리게 됐다. 그때 사용자가 올해는 기업의 경영 사정도 좋아졌고, 종업원의 사기도 높일 필요가 있으니 경쟁업체와 동일한 수준으로 임금을 인상하겠다고 먼저 제안했다. 그 대신 일주일 안에 임금 협상을 타결짓자고 요구했다. 노조 측 협상 대표는 자기에게는 이 제안을 수락하거나 거절할 수 있는 권한이 없다고 대답하고 이후 침묵을 지키면서 사용자가 노조 전임

자 문제에 대해 양보하기를 기다리기로 결정했다.

2) 협상 의제의 관리

호혜주의적 제안

호혜주의적 제안은 어떤 협상 이슈에 대해서 다른 특정한 이슈와 연계시켜 제안하는 것을 말한다. 즉 내가 어떤 사항에 대해서 상대방에게 먼저 양보하고, 그 대신 '호혜의 원리'(norm of reciprocity)에 따라 상대방도 다른 문제에 대해 상응하는 양보를 하기를 주문한다. 호혜주의적 제안은 협상의 '주도권'을 내가 쥐고 있으면서, 상대방은 양보하지 않는데 나만 계속 양보하는 일을 피하기 위해 활용된다.

호혜주의적 제안은 협상의 이슈가 많고, 그 이슈들을 주고받기할 수 있을 때 활용된다. 또 상대방이 특정한 이슈에 대해서 내게 양보를 요구할 것이 우려될 때, 그 이슈에 대해 상대방과 미리 합의를 봄으로써 합의의 구조를 단순명료하게 하는 효과도 있다.

실험적 제안

실험적 제안(trial proposals)은 이전에 제시했던 제안의 내용과 크게 다른 내용을 제안하는 것이다. 호혜주의적 제안이 위험 부담이 적은 대신 이익도 적은 반면, 실험적 제안은 위험 부담은 크지만 기대 이상의 성과를 거둘 수 있다. 설사 상대방이 실험적 제안을 거부한다고 해도, 나는 상대방의 핵심적인 이익이 무엇인지에 대해서 중요한 정보를 얻을 수 있다. 하지만 만약 상대방이 나의 실험적 제안을 수락했는데, 그 제안이 내가 대폭 양보한 것이었다면 오히려 내가 손해를 볼 수 있다.

3) 협상 분위기의 조절

힘의 행사

협상에서 내가 상대방에 비해 권위나 영향력이 높을 때는 협상의 주도권을 잡고 내게 유리하게 협상을 진행하기 위해 '힘'을 행사할 수 있다. 힘의 행사는 다음과 같은 형태로 나타난다.

첫째, 상대방이 내게 협조할 경우, 상대방에게 경제적·비경제적인 지원을 제공한다.

둘째, 상대방이 내게 협조하지 않을 경우, 상대방에게 경제적으로 손실을 입히거나 비경제적인 수단으로 제제를 가한다.

셋째, 상대방이 협조하지 않을 경우, 제제를 가하지는 않더라도 문제의 해결을 고의적으로 지연시킨다.

힘의 우위를 과시하면서 협상을 주도할 때는 부작용이 발생할 수 있다. 이 부작용은 장단기적 관점에서 신중하게 판단해야 한다. 장기적인 관점에서는 상대방이 파업이나 사보타지(sabotage:태업)로 반발하거나 보복할 가능성이 있다.[12]

한편 힘의 행사는 상대방 조직을 분열시킬 수도 있다. 조직 내부에 알력이 생겨 협상 상대방의 위상이 흔들리고 협상이 난항에 빠질 수 있다. 따라서 상대방에게 힘을 행사할 때는 어떤 반응이 나올지를 예측하고 그에 따라 내가 입을 수 있는 피해를 신중하게 계산해야 한다. 상대방 조직이 분파로 갈라지면 그것이 협상에 어떤 영향을 미칠지, 앞으로는 어떻게 전개될지를 생각하며 각 분파의 입장과 갈등을 고려하는 것도 필요하다.

힘의 행사가 협상에 미치는 긍정성과 부정성을 좌우하는 요인들은 다음과 같다.

첫째, 상대방이 힘의 행사를 합법적이고 정당하다고 보는지에 따라 순작용과 역작용이 달라진다. 힘의 행사가 불법적이고 정당하지 않다고 느끼면 부작용이 커진다.

둘째, 상대방이 힘의 행사를 설득이라고 생각하는지, 아니면 협박이라고 느끼는지에 따라 순작용과 역작용이 달라진다. 협박으로 느끼면 반발의 강도가 커진다.

셋째, 상대방이 힘의 행사를 선례가 될 만한 문제라고 보는지, 아니면 일회적 사건이라고 생각하는지에 따라 순작용과 역작용이 달라진다. 선례로 남을 문제라고 보면 반발의 강도가 커진다.

만일 상대방이 힘을 행사하고 나는 이를 저지해야 할 입장이라면 상대방이 힘의 행사를 재고하게 만들어야 한다. 이를 위해서는 상대방이 힘을 행사함으로써 상대방도 피해를 입도록 만들거나, 힘의 행사가 일으킬 부작용에 관해서 상대방에게 구체적으로 지적해줄 필요가 있다.

엄포와 위협

엄포는 협상이 가능한 어떤 문제에 대해 협상할 수 없다고 선언하거나 부작용이 발생할 것이라고 주장하는 것이다. 만약 상대방이 내 주장이 엄포라는 점을 알게 되면 엄포는 실패로 끝나고 나에 대한 상대방의 신뢰도가 떨어진다. 뿐만 아니라 다른 문제에 대해서까지 상대방이 강경하게 나올 가능성도 있어서 엄포는 신중하게 활용되어야 한다. 엄포가 실패로 돌아가면 상대방의 신뢰를 다시 회복할 방안을 찾아야 하는데, 예를 들면 엄포를 정당화할 만한 새로운 정보를 찾는 것이다.

위협은 상대방이 어떤 행동을 하지 않으면 내가 어떤 행동을 하겠다고 계획을 다짐하는 것이다. 위협은 엄포와는 달리 실제로 어떤 행동을 하기 때문에 상대방은 내 행동에 의해 피해를 입거나 비용을 부담하게 된다. 따라서 상대방이 내 계획을 엄포로 받아들이느냐 아니면 위협으로 받아들이느냐에 따라 대응이 달라진다.

상대방이 내 위협을 진지하게 받아들여 '신뢰할 수 있는 위협'이 되게 하고 싶으면 위협을 할 때 논리적인 근거를 제시하는 것이 필요하다. 그래서 상대방이 신뢰할 수 있는 위협은 사실 형성(facts creation)적인 기능을 갖는 경우가 많다.

상대방을 공격적이고 적대적인 자세로 위협하는 것은 관계를 악화시키므로 주의해야 한다. 상대방에게 공격적인 인상을 주지 않으려면 행동 계획이 구체적인 사실로 뒷받침되어야 하고, 논리적이면서 전달하는 방식도 감정을 자극하지 않도록 차분함을 지켜야 한다. 그리고 언론 등 협상을 지켜보는 제3자, 즉 협상의 객체들이 있을 때는 위협의 부작용이 커진다는 점을 유념해야 한다.

앞에서 예로 든 회사 A에서 노동조합과 사용자가 벌이는 임금 협상의 사례를 계속 살펴보자.

사용자는 노조에게 임금을 경쟁업체 수준으로 인상하되, 노조 전임자 문제는 협상 대상에서 제외하고, 협상을 일주일 안에 끝내자는 전제조건을 제시했다. 노조는 이를 거부했고, 사용자는 새로운 제안을 내놓았다. 즉 내년 단체협약 갱신 때 노조 전임자 문제를 다루되, 노사가 공동으로 경쟁업체의 노조 전임자 숫자와 급여 지급 관행을 조사해 경쟁업체와 동일한 수준으로 맞추자는 실험적인 제안이었다. 그리고 한편으로는 노조가 협상 태도를 바꾸지 않을 때는 회사가 임금 인상 계획을 종업원들에게 직접 설명하고 시행에 들어가겠다고 위협했다. 노조는 이것이 사용자 측의 횡포라고 반발하면서 협상이 결렬됐다.

협상 분위기의 관리

특수한 상황을 제외하고는 내게 유리한 협상 분위기를 만들기 위해서 상대방을 압박하는 것은 좋지 않다. 압박을 받은 상대방이 심리적 거부감을 느끼면 내가 의도하는 메시지를 제대로 전달할 수도 없고 관계만 악화되기 때문이다.[13] 부드럽고 적극적인 자세를 갖는 것이 내게 유리한 협상 분위기를 만드는 방법이다.

상대방에게 어떤 메시지를 전달하고 싶을 때는 협상 분위기를 관리하는 일이 아주 중요하다. 특정한 메시지를 강조하고 싶을 때는 상대방의 예상을 엎거나 일시적으로 분위기를 바꾸는 방법을 쓸 수 있다. 예를 들면 험하게 나갈 것 같은 대목에서 부드럽게 말함으로써 오히려 이목을 집중시킬 수 있다.

협상의 돌파구를 만들 때는 다음과 같은 방법으로 협상 분위기를 관리할 수 있다.

· 사실 형성을 위해 새로운 정보를 공개한다.

· 상대방의 체면을 세워준다.

· 새로운 협상 이슈를 제기한다.

· 내게 우호적인 제3의 세력으로부터 지원을 구한다.

· 내게 유리하도록 언론 매체를 활용한다.

· 중립적인 제3자에게 조정을 부탁하는 등 새로운 분쟁 해결 방식을 활용한다.

· 협상 지침을 바꾸고 협상팀을 교체한다.

앞에서 예로 든 회사 A의 노사가 임금 협상을 계속하고 있다. 사용자는 회사가 제시하는 임금 인상 수준에 대해서 대다수 종업원들이 동의하는데도 노동조합이 전임자 문제에 지나치게 매달리는 것은 명분이 약하다고 생각한다. 노조가 사용자 측의 제안에 대해 계속 반발하자 결국 사장이 직접 나서서 노조 위원장과 만나 타결 조건을 논의하기로 했다. 그 결과 노조의 체면을 세워주기 위해서 노조 전임자 문제는 임금 협상이 끝나고 빠른 시일 안에 노사가 만나서 논의하기로 결정했다. 노사는 합의서의 부속조항에 노조 전임자 문제를 다루는 특별 협상을 개최할 것과 그 시기를 명시하고 협상을 끝냈다.

문제 해결형 협상을
관리하는 방법

문제 해결형 협상 전략을 세웠을 때는 쌍방 모두에게 이익이 되는 최선의 합의 대안을 찾는 데 초점을 맞춰 협상을 관리한다. 그 과제는 다음과 같다.

첫째, 문제 해결형 협상의 필요성에 대해 협상 쌍방의 인식을 제고하고, 쌍방 간에 정보 교환을 촉진하는 분위기를 만든다.

둘째, 쌍방 모두에게 이익이 되는 대안을 만들 수 있도록 이슈를 정리한다.

셋째, 협상 당사자의 실수로 협상이 교착 상태에 빠졌거나 잘못된 협상 자세로 난항에 처했을 때는 긴장을 완화하기 위해 노력한다.

1) 협상 분위기의 조절

공감대를 늘려라

문제 해결형 협상을 할 때라도 협상이 뜨거워지면 서로의 공통점은 안보이고 차이점만 크게 도드라지는 경향이 있다.[14] 이럴 때 긴장된 분위기를 완화시키려면 쌍방의 공통점을 찾기 위해 다음과 같은 노력을 해야 한다.

첫째, 쌍방이 공동으로 달성해야 할 과제 등 상위의 목표를 강조함으로써 공감대를 늘린다. 이때의 목표는 어느 일방에게만 유리한 것이면 안 된다.

예를 들어 여야가 국회상임위 의장 자리를 나누는 문제로 국회를 공전시키고 있을 때 북한의 무장간첩 문제가 발생하면, 국가 안보라는 상위의 목표가 국회를 정상화시키는 계기가 될 수 있다. 이 상위의 목표는 당사자 스스로 제기하는 것보다 제3자가 제기할 때 협상을 촉진하는 효과가 크다. 즉 의도적으로 어떤 계기를 만드는 것보다는 예상하지 못한 계기로 당사자들이 공동의 과제를 상위의 목표로 인식하게 될 때 협상을 촉진시키는 효과가 더 커진다는 말이다.[15]

둘째, 쌍방이 함께 방어해야 할 공동의 적이 나타나거나, 제3자가 부당하게 간섭하고 나설 때도 공감대가 높아진다.

예를 들면, 여당이 당권파와 비당권파로 나뉘어 대립할 때 야당이 거센 공격을 하면 여당 안에서 단합을 외치는 목소리가 높아지고 서로 힘을 모으게 된다. 기업의 경우에도 경쟁업체가 등장하면 노사가 공동으로 대응하는 경우가 많다.

셋째, 당사자들이 준수해야 할 규칙이나 절차 등 협상 규칙을 다시 정리하는 것도 좋다. 쌍방 간에 긴장이 고조되고 다툼이 격화될 때는 상대방을 꺾기 위해서 협상의 기본적인 규칙을 무시하고 온갖 수단을 다 동원하는 상황이 발생한다. 이런 상황에서는 쌍방이 지켜야 할 협상의 규칙을 확인함으로써 협상 분위기를 바꿀 필요가 있다.

예를 들면, 회의 장소를 바꾸거나 논의 대상에 포함해야 할 의제와 빼야 할 의제를 점검하고, 회의 참석자와 회의 시간, 발언의 순서와 발언 시간, 발언 태도를 논의할 수 있다.

넷째, 쌍방 모두의 이익을 수용할 수 있도록 협상의 이슈를 다시 정리하는 것도 좋다. 상위의 목표나 공동의 과제를 확인하고 협상의 규칙을 정리하는 것이 협상의 외적 문제에 대해 공감대를 높이는 것이라면, 이슈의 성격을 정리하는 것은 협상의 내적 문제에 대한 공감대를 끌어내는 데 목적이 있다. 특히 이슈를 두고 협상 쌍방이 극단적인 입장을 보일 때는 이슈에 접근하는 차원을 다각화할 필요가 있다.[16] 즉 둘 중에서 어느 하나를 선택하는 것이 아니라, 연속적이고 다각적인 접근을 시도해서 조금씩 다른 여러 가지 대안을 놓고 선택하는 것이다. 이것은 협상 당사자들이 합의에 대해 갖는 공감대를 넓히고 대안의 선택 범위를 확대해준다.

노사 간에 정리해고의 사유와 절차를 두고 협상을 벌이는 경우를 예로 들어 보자. 노동조합은 사용자가 정리해고 제도를 남용한다며 노사 합의를 요구하고 있고, 반면 사용자는 노조가 정리해고를 무조건 반대하기 때문에 사실상 정리해고를 할 수 없는 처지라며 노사 협의를 주장하고 있다.

여기서 노사가 합의에 도달하기 위해서 이런 노력을 기울일 수 있다. 먼저 경영 여건이 악화되고 있어서 인원을 감축하지 못하면 기업이 도산하고, 그러면 모두가 직장을 잃을 것이라는 위기 의식에 노사가 공감대를 형성한다. 그 안에서 해고를 하지 않으려는 노력과 해고 대상자를 선별하는 객관적인 기준, 노조에 대한 사전통보와 협의라는 문제들에 대해, 고용 안정과 인건비 절감이라는 양 측면에서 접근하면서 이슈의 성격을 재해석한다. 이렇게 이슈를 정리하면 다음과 같은 방안으로 합의할 수 있다.

즉 정리해고에 대해 노사 합의냐, 노사 협의냐를 선택하는 문제는 정리해고의 규모에 따라 다르게 한다. 그리고 해고를 피하기 위해 사용자가 노력해야 할 내용으로 선(先)원가 절감 후(後)해고, 정리해고 대상자에 대한 재취업 교육비 부담, 소득의 상실분에 대한 보상 등을 구체적으로 정한다.

호의적 대안 만들기

내게 유리한 대안을 찾느라고 상대방의 이익에 소홀해지는 문제가 생기지 않도록, 상대방이 호의적으로 생각하는 대안을 만들기 위해 다음과 같은 방법을 활용할 수 있다.[17]

첫째, 상대방이 원하고 동의하는 조건이 무엇인지 찾아본다. 이를 위해 상대방이 추구하는 이익이 무엇인지 이해하려고 노력해야 한다.

둘째, 내 요구를 상대방의 관점에서 판단하고 구체화한다. 어떤 요구가 상대방의 입맛에 맞고 어떤 요구가 상대방을 자극하는지를 분석한 다음, 그 위에서 내 요구를 재구성하거나 내용과 표현을 바꿀 수 있다.

셋째, 내 제안이 상대방의 요구에 얼마나 부합하는지, 또는 상대방의 불이익을 얼마나 줄이는지를 보여준다. 이런 제안을 할 때는 상대방에게 불이익을 끼치겠다는 위협보다는, 바람직하지 못한 상황에 대한 우려에 무게를 실어 부드럽게 만든다. 상대방이 빨리 수락하기를 바란다면 나의 제안을 수락할 수 있는 기간을 제시한다.

넷째, 내 제안이 객관적이고 공정한 기준을 가지고 있고, 신빙성 있는 자료에 의해 뒷받침되고 있음을 보여준다. 여러 가지 대안을 검토한 끝에 이런 제안에 도달했다는 점을 설명하고 관련된 자료를 제시하는 것도 좋다.

긴장을 완화시켜라

협상을 하다 보면 쌍방이 모두 긴장하고 경직되는 경우가 많다. 이럴 때 긴장을 관리하지 못하면 좌절감이 분노로 이어지고 감정이 이성을 앞서게 된다. 긴장을 풀기 위해서 서로 농담을 주고받거나 상대방이 감정을 표출하도록 내버려둘 필요도 있다. 상대방이 이야기를 할 때는 귀를 기울이되 옳고 그른지를 판단하는 것은 피한다. 만약 긴장의 강도가 너무 높으면 아예 휴회를 택해 서로 떨어져서 분위기를 냉각시키는 것도 좋다.

협상 당사자들의 긴장을 해소하기 위해서 긴장 완화를 위한 단계적 호혜 조치(GRIT: graduated and reciprocal initiatives in tension reduction)와 같은 전략적인 방안을 취할 수도 있다.[18] 이 호혜 조치의 핵심은 갈등을 완화하려는 당사자가 먼저 양보를 위한 조치를 취하면서 상대방도 양보를 하도록 유도하는 데 있다. 단계적 호혜 조치를 취할 때 주의할 점은 다음과 같다.

첫째, 먼저 호혜 조치를 취하는 당사자가 자신의 의도를 공개적으로 밝힌다.

둘째, 호혜 조치가 상징성을 가질 수 있어야 하고, 상대방이 내가 양보했다는 것을 분명히 알 수 있도록 상당한 정도의 양보를 해야 한다. 물론 나의 입지가 약해지거나 흔들릴 정도로 큰 양보를 할 필요는 없다.

셋째, 양보를 위한 조치가 실제로 이뤄지고 있다는 것을 상대방이 쉽게 검증할 수 있어야 한다.

긴장 완화를 위한 단계적 호혜 조치를 취할 때는 상대방에게 다음과 같은 점을 공개적으로 이야기한다.

첫째, 상대방에게 내가 취한 양보 조치의 내용이 무엇인지를 정확하게 설명한다.

둘째, 양보가 긴장 완화를 위한 전략의 일부라는 점을 밝힌다.

셋째, 상대방도 호혜적인 입장에서 구체적인 양보를 해달라고 요청한다.

넷째, 제시한 일정에 따라 양보를 위한 조치를 실제로 추진한다.

다섯째, 상대방이 호혜적인 양보 조치를 취하고 있는지의 여부를 알지 못한다고 해도 각자가 취할 조치를 실행에 옮기자고 요청한다.

만일 상대방이 처음에 취한 호혜 조치에 대해서 호응하지 않을 듯싶으면, 상대방을 끌어내기 위해 위험 부담이 적은 단순한 양보를 한다. 그러다가 상대방이 호응을 하면 다음 단계에서 처음보다 위험 부담이 약간 큰 다른 조치를 추진할 필요가 있다.

> 긴장 완화를 위한 단계적 호혜 조치는 보상(reward)과 제재(punish-
> ment)의 원리에 바탕을 두고 있다. 내가 취하는 양보에 대해 상대방이 양
> 보로 대응하면 보상을 하고, 아니면 제재를 가해 불이익을 주는 것이다. 여
> 기서 보상과 제재는 대립과 불신의 관계를 협력과 신뢰의 관계로 전환하기
> 위한 수단이 된다.

정확하고 명료한 대화의 필요성

협상의 분위기가 뜨거워지면 상대방의 이야기를 제대로 듣지 않는 문제가 생긴다. 상대방이 할 말을 이미 다 이해하고 있다고 생각하는 것이다.[19] 이런 태도는 당사자들 간의 대화를 어렵게 만들어 협상이 비효율적으로 진행되는 원인이 된다.

이럴 때는 역지사지(易地思之)나 역할 바꾸기(role reversal)를 시도해, 상대방의 입장에서 생각하고 상대방을 이해하려는 노력이 필요하다. 역할 바꾸기는 협상 당사자들이 가지고 있는 공통점을 키우는 수단이다. 그러나 아무리 역할 바꾸기를 해도 공통점이 없다는 점만 확인하면 오히려 서로의 입장이 다르다는 결론만 내리게 될 수 있다.[20]

또는 나와 상대방의 모습을 상상해보는 것도 명료한 대화를 촉진하는 방법이 된다. 이를 위해서는 첫째, 협상에서 내가 어떤 모습인지를 생각해본다. 둘째, 상대방은 내게 어떤 모습으로 보이는지를 생각한다. 셋째, 상대방은 나에 대해 어떻게 판단하고 있을지를 생각한다. 넷째, 상대방은 자기 자신을 어떻게 생각할지를 생각한다.

2) 협상 이슈의 조절

협상 이슈의 성격 조절

가. 원칙 적용의 재검토

협상의 이슈를 원칙이나 정책의 문제로 간주하면 협상이 어려워진다. 해결 방안이 원칙에서 약간 벗어나는 것을 가지고 전체 원칙이 흔들리는 것으로 확대해석하면 사소한 이슈라고 해도 합의에 이르기 어렵다. 원칙이나 정책 때문에 양보할 수 없다고 주장하면, 협상은 해결해야 할 이슈가 아니라 그 원칙과 정책에 매달리게 된다.

원칙이나 정책이 협상을 어렵게 만들 때는 협상 이슈가 정말 원칙이나 정책 차원에서 이야기되어야 하는 것인지를 검토한다. 이슈가 원칙과 별 관련성이 없을 때는, 이슈의 구체적인 합의 조건에 협상을 집중하자고 제안해야 한다. 그리고 특수하거나 예외적인 상황에서는, 이슈의 해결 방안이 원칙이나 정책에서 약간 벗어나더라도 원칙이 훼손된 것은 아니라는 점을 지적해야 한다.

협상에서 원칙이나 정책에 집착하는 태도는 권한을 가진 자가 현상을 유지하기 위해 방어 전략의 일환으로 취하기도 한다.

나. 선례의 제한적인 활용

어떤 이슈에 대해서 양보하는 문제를 지금까지 지켜온 선례가 무너지는 것으로 받아들이면 협상은 어려워진다. 또는 지금 양보하는 것이 앞으로도 계속 양보해야 하는 선례를 만드는 것으로 받아들이더라도 마찬가지로 협상은 어려워진다.

이럴 때는 협상 이슈에 대한 합의가 정말 선례의 문제와 관계가 있는지부터 심각하게 검토해야 한다. 실제로 관계가 있을 때는 선례로 인해 합의가 어려워지지 않도록 방안을 마련해야 한다. 예를 들면, 이번에 양보하는 것이 다음 협상에서 또 양보하는 것을 의미하지는 않는다는 점을 명확히 할 수 있다.

이슈를 합치고 쪼개기

가. 이슈를 합치기

협상이 뜨거워지면 이슈가 마구 늘어난다. 협상 이슈를 하나로 만들면 한쪽이 이기고 다른 쪽이 지는 사태가 생길 수도 있지만, 반대로 이슈가 너무 많아지면 협상이 복잡해지고 합의에 도달하기도 어려워진다.[21]

협상의 효율을 높이려면 이슈의 성격을 포괄적으로 규정하고 성격이 비슷한 것들끼리 묶어 이슈를 단순화할 필요가 있다. 이것은 쌍방의 입장과 요구를 수용할 수 있는 대안을 찾기 쉽게 만드는 효과도 있다.

나. 이슈를 쪼개기

하나의 이슈에 너무 많은 문제가 관련되어 있을 때는 오히려 협상을 하기가 어렵다. 이슈가 크면 클수록 이슈의 성격에 대한 의견이 갈라지고 대안을 찾기가 어렵다.

이럴 때는 이슈를 여러 개의 작은 이슈로 쪼갤 필요가 있다. 이슈 쪼개기는 이슈의 성격에 대해 이해하기 쉽게 함으로써 쌍방 간의 공감대를 넓히고 '주고받기'를 쉽게 만든다.

이슈의 성격상 대립하고 있는 문제를 수량화할 수 있을 때는 이슈를 쪼개기가 더 쉬워진다. 예를 들어 노사 간에 조합원 교육 시간을 두고 대립하고 있다. 노조가 조합원 교육 시간으로 1년에 여덟 시간을 달라고 요구할 때, 사용자는 여덟 시간 중 네 시간을 산업안전 교육에 사용한다는 전제를 걸고 수락할 수 있다.

반면 이슈가 원칙이나 선례에 관한 문제일 때는 쪼개기가 어렵다. 이럴 때는 그 원칙이나 선례를 적용하는 기간이나 횟수를 따로 정할 수 있다. 예를 들어 종업원이 미리 통보하지 않고 결근할 때는 모두 무단결근으로 처리하지만, 본인이나 직계가족이 갑자기 아파서 병원에 입원할 때는 네 시간 이내에 통보하면 예외로 처리하기도 하고 그 횟수를 한 달에 한 번으로 정할 수 있다.

인간적인 문제와 협상의 문제를 구분하기

협상 테이블에서 자신의 입장을 반복해서 주장하는 것은, 그 입장이 모든 상황에 적용되는 원칙이나 정책인 양 보이게 만든다. 이렇게 입장에 매달리면 주장은 경직되고 상대방은 위협을 느낀다. 따라서 이슈의 성격을 제대로 파악할 수 없게 되고, 협상의 문제가 당사자의 인간적인 문제로 비화될 수 있다. 즉 합의가 어려운 것은 이슈가 복잡하거나 원칙과 관련된 이유 때문이 아니라, 상대방이 협상에 성의가 없다는 등 개인적인 이유 때문이라고 생각하게 된다.

이런 문제를 피하려면 협상 이슈가 갖고 있는 문제와 협상 당사자가 갖고 있는 인간적인 문제를 분리해야 한다. 협상의 대상이 되는 이슈에 대해서는 단호한 자세를 취하더라도, 협상을 하는 상대방에 대해서는 부드러운 자세를 가질 필요가 있다.[22]

협상 당사자의 숫자 조절

협상 이슈를 조절하는 방법으로 협상 회의에 참석하는 사람들의 숫자를 제한할 수 있다. 회의에 참석하는 사람들의 숫자가 많을수록 이슈는 더 복잡해지고, 쌍방 모두에게 이익이 되는 대안을 찾기는 그만큼 더 어려워진다. 게다가 협상이 뜨거워지면 자신을 지원하는 세력이나 협상을 지켜보던 사람들을 끌어들이는 상황이 생기기도 한다.

이런 문제를 해결하려면 협상에 직접 참석하는 사람을 협상 당사자들로 제한한다는 기본 원칙을 만들 필요가 있다.

3) 자신이 오류에 빠지는 협상

협상 당사자 자신이 오류를 범해 스스로 만든 '덫'(trap)에 빠지는 경우나, 협상의 '기본'을 갖추지 못한 상대방을 만나 협상이 결렬되는 상황이 발생할 수 있다. 우선 협상 당사자가 저지르기 쉬운 오류에는 다음과 같은 것들이 있다.[23]

첫째, 일관성을 유지하는 데 급급해서 합리적인 제안을 못한다. 여기서 협상의 가장 큰 적은 바로 나 자신이다. 일관성을 유지하기 위해 내 주장과 일치하는 증거는 받아들이고 배치되는 증거는 무시한다. 따라서 내 요구나 주장이 비합리적이라고 해도 그 잘못을 깨닫지 못한다.

일관성에 집착하는 태도는 자기의 체면을 살리고 전문성을 과시하겠다는 욕구 때문에도 생긴다. 예를 들어 정부가 이해 집단의 반발을 무시하고 특정한 정책을 추진하려고 한다. 그 정책에 문제가 있다는 반대의 목소리가 높았지만 정부는 귀를 기울이지 않았고, 결국 정책 실패를 자초하는 실수를 범하고 만다. 일관성에 집착하는 문제가 생겼을 때는 협상에 참여하지 않는 다른 사람에게 내 주장이 타당한 것인지를 객관적으로 평가해달라고 요청할 필요가 있다. 만약 협상팀을 구성하고 있을 때는 팀 안에서 토론을 통해 검증할 수 있다.

둘째, 협상의 대안에는 모두가 이익을 나누는 길이 존재하는데도 '일방의 승리와 일방의 패배'라고 미리 판단한다. 나눌 수 있는 파이가 고정되어 있기 때문에 쌍방이 모두 이익을 볼 수 없다고 보는 것이다. 이런 문제는 상대의 이익은 배려하지 않고 내 이익만 추구하거나, 협상 이슈가 대단히 복잡한데 문제를 너무 단순하게 보고 있을 때, 또는 쌍방이 오랫동안 갈등관계에 놓여 있어서 불신의 벽이 높을 때도 발생한다.

예를 들어 국회에서 여당과 야당 사이에 갈등이 생겼을 때 한쪽이 이기면 다른 쪽은 진다고 생각한다. 여야 관계의 협력적인 요소는 간과하고 경쟁적인 요소에만 매달려 결국 여야 모두가 국민의 불신을 받는 것이다. 이런 문제를 극복하려면 쌍방이 적극적으로 대화의 노력을 기울여야 한다. 서로 자유롭게 의견을 교환하면서 상대방의 욕구를 이해하고 공통점에 관심을 기울이고 차이점은 줄이려는 노력이 필요하다.

셋째, 협상에서는 처음 제시한 요구가 그 다음 제안의 출발점이 되는데, 첫 제안을 잘못 설정하고, 이후 제안을 적절하게 수정하는 데도 실패함으로써 스스로 '발목이 잡히는' 경우다. 이 문제는 처음의 제안이 불확실한 정보를 근거로 만들어졌는데도 새로운 정보를 반영해 적절히 수정하지 못하는 데서 발생한다. 이런 오류를 방지하려면 처음의 제안이 이후 협상 상황에 비춰 현실성이 있는지를 지속적으로 검토해야 한다.

넷째, 상황을 인식하고 문제 해결의 방안을 모색하는 지각의 틀이 왜곡되어 있는 경우다. 이 지각의 틀은 상황을 인식하고 평가해서 그에 맞는 행동을 취하게 하는 일련의 메커니즘이다. 지각의 틀이 부정적으로 형성되어 있으면 협상에서 위험을 기피하고 소극적인 태도를 취하게 되어 양보를 잘하지 않고 합의에 도달하기도 어려워진다. 또 협상 결과가 불공정하다고 인식할 가능성이 크다.

대북정책을 둘러싸고 벌어지는 보수 세력과 진보 세력 사이의 갈등을 예로 들어보자. 보수 세력은 북한의 무력도발 때문에 대북포용 정책이 위험하다고 생각해서 북한과의 협상을 비관적으로 보는 경향이 있다. 반면 진보 세력은 반공 이데올로기 때문에 북한에 대한 적개심이 조장된 것이라고 보기 때문에, 북한과의 협상을 낙관적으로 생각하는 경향이 있다.

이런 오류를 방지하려면 문제의 해결에 관련된 논리와 근거 등 정보를 폭넓게 수집하고 철저하게 분석해야 한다. 또 문제의 해결 방안이 객관성과 현실성을 가지고 있는지 검토할 필요가 있다. 그러나 지각의 틀은 개인의 가치관이나 경험과 밀접한 관계가 있기 때문에 오류를 바로잡기가 더 어렵다.

다섯째, 편향된 정보 수집 때문에 오류가 생기는 경우다. 자신이 선호하는 방법으로 획득한 정보는 과대평가하고, 해석과 활용이 어려운 정보는 무시한다. 앞뒤 따져봐야 할 정보라도 쉽게 구할 수 있는 정보에 지나치게 의존하고, 필요한 정보를 다각적으로 구하는 데는 소홀해진다.

이런 오류를 범하지 않으려면 정보 획득의 용이성보다는 정보의 필요성에 주목해야 한다. 어떤 정보가 필요한지를 먼저 확인하고 획득한 정보는 철저히 분석해 사실을 검증할 필요가 있다. 그리고 정보의 획득이 쉬울수록 그 정보에 지나치게 의존하지 않도록 의식적으로 경계해야 한다.

여섯째, 협상의 대안이 만족스럽게 나왔는데도 '너무 쉽게 승리하는 것이 아닌가?' 또는 '내가 너무 많이 양보한 건 아닐까?' 하면서 합의를 주저한다. 즉 승자의 불행에 빠지는 것이다.

예를 들면, 내가 연봉 협상에서 5천만 원을 요구했는데 회사가 흔쾌히 수락했다. 사실은 연봉이 크게 인상된 것인데도 회사가 흔쾌히 수락하는 것을 보고 내가 너무 적게 요구한 것이 아닌지 회의를 느낀다. 결국 연봉 계약을 체결하지 않고 망설이다가 오히려 불이익을 당했다. 이런 '승자의 불행'에 빠지지 않으려면 외부 전문가 등 제3자를 활용해 합의의 가치를 객관적으로 평가할 필요가 있다.

일곱째, 협상 당사자가 자신의 판단을 지나치게 신뢰하는 경우다. 자신의 요구나 주장이 잘못된 것인데도 자기 판단에 집착하고 상대의 판단을 과소평가해서 상대로부터 얻을 수 있는 정보를 차단한다. 그런 사람일수록 자신이 협상을 성공적으로 진행하고 있다고 과대평가하는 경향이 있다. 이런 오류를 피하려면 내가 잘못 판단할 수도 있다는 가능성을 항상 인정해야 한다.

여덟째, 제한적인 자기의 협상 경험을 일반화해서 다른 협상에 그대로 적용하는 오류다.[24] 협상의 경험이 적을수록 오류의 가능성이 커진다. 이런 오류를 피하려면 협상의 경험을 넓히는 한편, 과거의 협상 경험을 현재의 협상에 적용하는 데 신중을 기해야 한다. 전에는 유효했던 전략이 지금의 협상에서는 유효하지 않을 수 있다.

아홉째, 어떤 문제가 발생한 원인에 대해 편견을 가지고 판단하는 오류다. 협상의 목적이 사건의 책임소재를 가리는 것일 때 이런 오류가 종종 발생한다.

예를 들어, 언론에 기업의 재무 자료가 유출돼 해당 기업이 피해를 입었다. 그 책임을 놓고 자료를 작성한 기획 부서와 언론을 담당하는 홍보 부서의 책임자가 공방을 벌이고 있다. 그때 홍보 부서의 책임자가 무심코 기획실 직원들이 평소에 보안 의식이 희박하다고 핀잔을 주면서 다툼이 커졌다. 결국 홍보 부서 책임자의 주관적인 판단과 상대방에 대한 편견 때문에 자료의 유출 경위는 밝히지도 못한 채 감정적인 대립만 하게 됐다.

열째, 협상 상대방이 생각하는 내용에 대해 질문하거나 이해하려는 노력을 하지 않는 오류다. 상대방에 대해 편견을 가지고 무시하는 것이다. 이럴 때는 잘못되고 부정확한 정보를 토대로 협상을 하게 되고, 복잡한 상황을 너무 단순하게 보아 오히려 협상을 어렵게 만들기도 한다. 이런 오류를 저지르지 않으려면 나의 편견을 극복하고 상대방의 이익과 시각을 이해하려는 노력을 기울여야 한다.

열한 번째, 상대방의 양보를 평가절하하는 오류다. 상대방의 양보에는 별 가치가 없다고 보고 더 큰 양보를 기대하는 반면, 내가 한 양보는 과대평가해 상대방이 한 양보에 상응하는 양보를 하지 않으려고 한다. 이렇게 양보에 대해 비대칭적으로 평가하는 것은 상대에게 나쁜 감정과 불신을 가지고 있기 때문이다. 이런 오류를 피하려면 협상팀 안에서 객관적인 시각을 갖도록 누군가 도와주거나 협상 당사자 스스로 제3자의 조정을 활용할 필요가 있다.

4) 상대방이 문제 해결을 어렵게 만드는 협상

상대방이 가진 자세나 전술의 문제 때문에 쌍방 모두가 이기는 협상을 하기 어려울 때가 있다. 이것은 상대방이 비열한 계교를 부리는 경우, 우세한 협상력에 매달리는 경우, 협상의 기본을 무시하고 있는 경우로 나누어 볼 수 있다.

상대방이 비열한 계교를 부리는 경우

협상 당사자가 상대방으로 하여금 쌍방 모두의 이익에서 벗어나는 행동을 하도록 유도하는 전술을 '비열한 계교'라 한다.[25]

예를 들면 상대방에 대해 한 사람은 압박하고 다른 한 사람은 회유한다(good guy-bad guy). 또는 상대방을 혼란시키기 위해 일부러 터무니 없이 높거나 낮은 수준의 요구를 한다(high ball-low ball). 또는 중요하지 않은 이슈를 중요한 것처럼 가장함으로써 상대방의 양보를 얻어낸다

(bogey). 또는 시간을 질질 끌다가 합의에 임박해서 '사소한' 이슈를 들고 나와 이익을 취한다(nibble). 또는 상대방을 협박해서 겁에 질리게 한 후 양보를 얻어낸다(chicken). 이런 비열한 계교는 협상 당사자가 협상을 제대로 준비하고 침착하게 대응하기만 한다면 별 효과가 없다.

만약 협상 상대방이 이런 비열한 계교를 쓸 때는 이렇게 대응하는 것이 좋다.

첫째, 상대방의 비열한 요구나 주장은 무시한다. 못들은 체하거나 논의의 주제를 다른 데로 돌린다. 내가 상대방의 '비열한 계교'를 알면서 무시하고 있다는 것을 상대방이 깨달을 때 그 계교는 힘을 잃는다. 이 방법은 미온적이기는 하지만 최선의 대응책이 될 수 있다. 왜냐하면 상대방이 비열한 계교를 쓰는 데 정력을 낭비하는 동안, 나는 협상에서 얻고자 하는 이익에 몰두할 수 있기 때문이다. 하지만 내가 무시하고 있다는 것을 상대방이 알아채지 못하면 이 방법은 효과가 줄어든다.

둘째, 상대방이 쓰는 비열한 계교를 내가 알고 있다는 점을 공개적으로 지적한다. 그리고 상대방에게 소모적인 협상을 중단하고 생산적인 협상을 하자고 제안한다. 경우에 따라서는 상대방이 쓰는 계교에 대한 불쾌한 감정을 단호하고 절제된 태도로 전달할 필요가 있다.[26]

셋째, 상대방의 비열한 계교에 대해 나도 비열한 계교로 맞선다. 이 방법은 상대방이 자신의 요구와 주장을 부풀리면서 내 반응을 시험해보고 있거나, 내 의지를 시험하고 있을 때 활용될 수 있다. 단, 상대방이 계교를 포기할 수도 있지만, 거꾸로 쌍방의 갈등이 고조될 위험도 있다는 점을 유의해야 한다.

넷째, 상대방의 비열한 계교를 알고 있다고 말하면서 그 전술이 바람직하고 정당한지에 대해 말해보자고 정면으로 돌파한다.

상대방이 협상력의 우위에 매달리는 경우

일반적으로 쌍방의 협상력이 균형을 이루지 못할 때는 문제 해결형 협상을 하기가 어렵다. 협상력이 우세한 쪽은 상대방의 요구를 무시하고 양보만 요구하는 경향이 있고, 협상력이 약한 쪽은 현실적으로 협상을 끌고 갈 만한 상황이 아니기 때문이다. 협상력이 우세한 쪽은 자신이 협상의 주도권을 쥐어야 한다고 생각하고, 협상력이 약한 쪽은 상대방에게 뭔가를 제공할 수 있는 능력이 부족하다. 때문에 쌍방이 모두 유연하게 협상에 임하기 어렵다.[27]

상대가 협상력의 우위에 매달려 협상을 할 때는 이렇게 대처할 수 있다.[28]

첫째, 내가 꼭 지켜야 하는 이익이 무엇인지를 명확히 한다. 협상에서 내가 기대할 수 있는 이익의 최저 수준을 설정함으로써 협상력이 떨어지더라도 상대방의 요구를 모두 수용하는 결과는 피하려는 것이다. 이를 위해서 내가 기대하는 진정한 협상 이익이 무엇인지를 정리하고, 협상은 그 이익을 지키기 위한 방법이라는 점을 다짐한다. 하지만 이익을 지키는 데 집착하면 유연성이 떨어져 창의적인 대안을 찾기 어려워지거나 협상 과정에서 얻을 수 있는 새로운 정보를 활용하기가 어려워진다.

둘째, 협상이 더 이상 양보할 수 없는 최저 수준의 이익에서 벗어날 때는 이를 알려주고 경계하도록 내부 경보 장치를 협상에 내재화한다. 협상을 진행하는 데 몰입하다 보면 나도 모르는 사이에 최저 수준의 이익을 벗어나는 제안을 할 수 있다. 특히 협상력은 떨어지고 선택할 수 있는 대안은 축소되어 있을 때 주의해야 한다. 내게 우호적인 사람이나 협상팀원에게 내가 이런 상황에 빠지면 지적해달라고 부탁할 필요가 있다.

셋째, 최선의 합의 대안이 무엇인지를 설정한다. 협상력이 뒤지더라도 최선의 대안을 찾으려고 협상에 임한다는 사실을 스스로 다짐한다. 그렇게 하지 않으면 대안을 판단하는 기준이 모호해 상대방의 요구나 주장에 즉흥적으로 대응할 수 있고 협상을 위해서 협상을 하는 결과를 초래할 수 있다.

넷째, 협상력 자체가 다면적인 요소로 구성된다는 점에 주목하고 상대방과의 협상력 차이를 개선하려는 노력을 기울인다. 이를 위해서 협상력이 뒤지는 쪽의 협상 당사자는 다음의 세 가지 방법으로 대응할 수 있다.[29]

ㄱ. 상대방이 가지고 있는 협상력의 우위를 뒷받침하는 요소와 자신의 협상력을 제고하는 데 필요한 요소를 점검한다.

ㄴ. 협상력이 우세한 쪽이 쌍방 모두에게 이익이 되는 대안을 찾기 쉽도록 아이디어를 제공한다. 장기적으로 볼 때 쌍방의 관계를 발전시키는 것이 협상력이 우세한 쪽에게도 유리하다는 관점에서 협상력이 열세한 쪽을 배려하도록 유도한다.

ㄷ. 조정자나 중재자를 활용해 협상력의 격차를 줄이는 노력을 한다.

협상 상대방을 '상대하기 어려운' 경우

상대방이 협상의 기본적인 규칙을 잘 모르거나 상식에서 벗어난 '비정상적인' 행동을 할 때 협상은 난관에 부딪힌다. 이런 상황은 두 가지 경우로 나눌 수 있다. 첫 번째는 상대방이 '협상의 기본'을 모르기는 하지만 기본을 말해주면 수용하는 경우다. 두 번째는 '협상의 기본'을 말해줘도 자세를 바꾸지 않는 경우다. 어느 경우냐에 따라 상대를 대하는 방법이 달라지겠지만, 실제 협상에서는 상대방이 어느 유형인지 구분해서 대응하기가 현실적으로 쉽지 않다.

협상 상대자를 '상대하기 어려울' 때는 돌파 이론을 활용할 수 있다.[31] 돌파 이론은 협상의 상대방을 돌파의 대상으로 보는 것이 아니라, 협상의 상대방 때문에 야기된 협상의 문제를 돌파의 대상으로 본다.

돌파 이론의 핵심은 협상 당사자가 상대방의 예상을 뛰어넘는 협상 자세를 보여, 상대방이 스스로 문제점을 인식하도록 만들고 문제 해결의 방안을 찾도록 유도하는 것이다. 상대방의 공격에 대해 함께 공격하거나 저항에 대응하지 않아야 한다.

돌파 이론에 의하면 상대하기 어려운 협상 상대방과 협상을 할 때는 다음과 같은 자세가 필요하다.

먼저 협상 당사자 자신이 정신적인 안정을 찾는다. 그리고 상대방도 정신적인 안정을 찾도록 도와줌으로써 협상 분위기를 우호적으로 만든다. 다음에는 대립적인 협상 분위기를 문제 해결형 협상 분위기로 전환하고 쌍방 모두에게 이익이 되는 대안을 찾아냄으로써 상대방의 회의적인 태도를 극복한다. 그리고 협상력을 공정하게 이용해 협상을 마무리한다.

이런 돌파 이론을 다음의 5단계를 통해서 실행에 옮길 수 있다.

맞대응 자제	누그러 뜨리기	사고의 틀 바꾸기	동의하기 쉽도록 만들기	현실을 직시하도록 만들기
감정의 자제 협상하는 이유를 되새김	상대방의 이야기 경청 건설적인 대화를 시도	이익의 문제를 생각하도록 상대방을 유도 문제 해결과 질문	동의하기 쉽도록 합의안 만들기 합의 내용을 만드는 데 상대방 참여 상대방의 개인적·조직적 요구를 이해, 명분 마련	거부하기 어렵도록 만들기 최선의 대안 제시 및 이점의 부각 상대방이 굴복했다는 느낌이 들지 않도록 함

〈그림 14〉 상대방이 비정상적인 협상 행태를 보일 때 돌파 대책

가. 1단계: 맞대응의 자제

1단계에서는 상대방의 행위에 대해서 맞대응하지 않는다(Don't Reaction: Go to the balcony). 상대방이 제 입장만 고집하며 나를 공격하고 압박을 가하면, 나도 상대방에게 똑같이 대응하고 싶은 욕망을 자연스럽게 느끼게 된다. 협상 자체를 아예 포기하거나 중단하고 싶은 생각도 든다. 하지만 상대방에 대한 이런 맞대응은 오히려 감정만 상하게 해 협상을 더 어렵게 만든다. 따라서 1단계에서는 감정을 자제하고 대응을 유보한 채, 좀 더 합리적인 대응을 할 수 있도록 숨을 돌린다. 협상을 긴 맥락에서 보고 마음을 가라앉혀야 한다.

나. 2단계: 누그러뜨리기

2단계에서는 논쟁을 벌이지 않으면서 상대방에게 다가선다(Don't Argue: Step to their side). 상대방의 부정적인 태도나 공격은 누그러뜨리고 긍정적이고 건설적인 대화를 시도한다. 이를 위해서 상대방의 이야기를 열심히 듣고, 일리가 있는 부분은 인정하며, 상대방을 존중하고 이해한다는 표시를 한다. 이때 필요하다면 자신의 견해를 조심스럽고 분명하게 표시할 수 있다.

다. 3단계: 이익의 문제를 생각하도록 만들기

3단계에서는 상대방의 요구를 거절하지 않으면서 상대방으로 하여금 입장이 아니라 이익의 문제를 생각하도록 유도한다(Don't Reject: Reframe). 이를 위해서 상대방이 가지고 있는 사고의 틀을 바꾸는 시도를 한다. 예를 들면 상대방에게 문제 해결에 도움이 되는 질문을 던짐으로써 상대방이 이익의 문제를 생각하도록 유도한다. 상대방이 공격하면 무시하고, 협상을 가로막고 있는 문제에 관심을 돌린다. 또 쌍방이 공동으로 추구해야 할 협상의 목표나 이슈를 이익의 관점에서 논의함으로써 상대방이 새로운 각도에서 문제를 바라보도록 만든다. 필요하다면 쌍방이 지켜야 할 규칙의 문제를 협상할 수 있다.

라. 4단계: 상대방이 동의하기 쉽도록 합의 방안 만들기

4단계에서는 밀어붙이지 않으면서도 상대방이 내 제안에 동의하기 쉽도록 가교적 합의 방안을 만든다(Don't Push: Build them a golden bridge). 이 단계는 상대방을 설득하는 단계다. 상대방에게 어떤 합의 방안을 제시했을 때 거부되는 이유는 대체로 다음의 경우와 같다.

첫째, 제안을 만드는 데 상대방의 생각이 반영되어 있지 않다.

둘째. 내용에 상대방이 추구하는 핵심적인 이익이 들어 있지 않다.

셋째, 제안이 상대방의 체면을 깎는 것이다.

넷째, 상대방이 너무 많은 것을 너무 빨리 바꿔야 한다는 심리적 부담감을 느낀다.

따라서 합의 내용을 만드는 데 상대방을 참여시키고, 합의의 기본 골격이 바뀌지 않는 한 상대방의 욕구를 최대한 반영하고, 상대방이 가지고 있는 개인적 욕구나 조직의 요구를 이해함으로써 합의의 명분을 만들어준다. 그리고 상대방이 마음의 준비를 할 때까지 천천히 단계적 합의를 시도한다.

마. 5단계: 현실을 직시하도록 만들기

5단계에서는 상대방이 더 이상 합의를 거부할 수 없게끔 이끌면서 현실을 직시하도록 교육한다(Don't Escalate: Use power to educate). 상대방이 굴복했다는 느낌이 들지 않도록 배려하면서 합의의 내용이 상대방의 이익까지 고려한 최선의 대안이라는 점을 이해하도록 설명한다. 또 만약 합의에 도달하지 못했을 때 벌어질 수 있는 상황을 상기시키고, 합의를 통해 상대방이 얻을 수 있는 이점을 부각시켜 상대방이 합의의 결심을 굳히도록 만든다.

제 5 부

협상에서의 대화와 설득

협상에서 대화는 협상의 단계에 따라 그 목적이 달라진다. 협상의 단계는 크게 시작, 중간, 마무리 단계로 나뉘는데 각 단계에서 대화의 역할이 달라지고, 발생하는 대화의 문제점도 달라진다. 협상 당사자는 대화를 통해서 협상을 지각한다.

1 협상과 대화

협상에서 대화는 협상의 단계에 따라 그 목적이 달라진다. 협상의 단계는 크게 시작, 중간, 마무리 단계로 나뉘는데 각 단계에서 대화의 역할이 달라지고, 발생하는 대화의 문제점도 달라진다.[1]

협상의 시작 단계는 협상의 문제를 진단하고 정의하는 단계다. 협상의 여건과 상대방에 대한 지각(preception)이 형성되고, 이를 토대로 협상의 방향, 이슈와 아젠다를 설정한다. 시작 단계에서 대화의 주된 역할은 협상의 이슈와 상대방의 성격을 파악하는 데 있다. 이때 발생하는 대화의 문제점은 주로 지각과 관련된 것으로, 협상에 대한 심리학적 연구는 특히 시작 단계에 주목한다.

협상의 중간 단계는 문제를 해결하는 단계다. 쌍방이 제안을 주고받고 합의의 조건을 모색하는 데 대화의 초점이 맞춰진다. 이 단계에서 대화는 주로 쌍방의 입장이나 요구의 차이를 줄이며 합의 방안을 모색하는 역할을 한다. 따라서 질문과 듣기가 활발해지고 언어의 역할이 커진다. 대화의 문제점은 주로 제안을 주고받는 과정에서 발생한다.

협상의 마무리 단계는 문제에 대한 결론을 내리는 단계다. 이 단계에서 대화의 역할은 합의의 조건을 확정짓는 데 맞춰지고 대화의 문제점은 주로 최종적인 의사 결정과 관련해 발생한다.

1) 협상의 시작 단계와 지각의 문제

협상 당사자는 대화를 통해서 협상을 지각한다. 지각은 자극을 받아들이고 해석해서 그 변화에 대응하는 행동을 찾는 과정을 말한다.[2]

협상 당사자는 상대방의 말하는 내용과 더불어 키, 체중, 나이, 성, 표정 등 신체적 특징과 말씨, 억양, 어휘 등 말하는 스타일을 통해 협상을 지각한다. 사람뿐만 아니라, 이슈의 성격과 경험도 지각에 영향을 미치는 요인들이다. 그리고 상대방과 대화를 나누면서 협상 목표와 전략, 전술에 대해서 감(sense)을 잡고 대응 방안을 찾는다.

협상 당사자가 협상을 지각하는 방식에는 협조적인 것과 경쟁적인 것이 있다.[3] 협상을 협조적으로 지각할 때는 이해관계의 유사성에 민감하게 반응하지만, 경쟁적으로 지각할 때는 이해관계의 차이에 민감하게 반응한다. 협조적으로 지각할 때는 쌍방의 신념과 가치관의 차이가 작다고 생각하지만, 경쟁적으로 지각할 때는 상대방은 나쁘고 나는 착하다는 식으로 차이를 확대해서 본다.

협상의 초기 단계에서 대화가 원만하게 진행되지 않는다면, 그 원인을 지각의 왜곡에서 찾아볼 수 있다. 상대방을 대할 때 받는 자극을 왜곡해서 지각하게 되면 내 입장과 행위는 긍정적인데 상대방의 입장과 행위는 부정적이라고 보고, 상대방에 대해 공격적이거나 방어적인 자세를 취하게 된다.

협상을 협조적으로 진행할 것인지 경쟁적으로 진행할 것인지에 대한 판단은 보통 지각이 형성되는 협상의 시작 단계에 이미 이뤄진다. 이 판단에 따라 협상의 성격이 달라지고 협상의 후속 과정이 바뀐다. 따라서 협상의 시작 단계에서 대화가 차지하는 역할은 아주 중요하다. 사람들은 대화를 통해 상대방을 판단하기 때문에, 지각의 왜곡을 극복하려면 대화를 통해 충분히 교감해야 한다.

지각의 왜곡은 지각의 오류, 틀 짜기의 오류, 귀인적(歸因的) 오류의 문제로 나누어 살펴볼 수 있다.

지각의 오류

지각의 오류는 협상 당사자로 하여금 새로운 정보를 처리하고 판단하는 데 편견을 갖게 만든다. 협상 당사자가 가지고 있는 희망이나 욕구, 인센티브, 개인적 경험은 취향으로 나타난다. 이 취향에 따라 변화라는 정보가 다르게 받아들여짐으로써 지각의 오류가 나타난다.

지각의 오류에는 스테레오타이핑(stereotyping), 할로효과(halo-effects), 선택적 지각(selective perception), 투사(projection), 지각적 방어(perceptual defense) 등이 있다.[4] 스테레오타이핑과 할로 효과는 내가 가진 '작은' 정보를 가지고 상대방을 일반화시킴으로써 '큰' 결론을 끌어내는 오류에 대한 것이다. 선택적 지각과 투사, 지각적 방어는 상대방이 가진 속성 중에서 내가 기대하고 또 내 취향과 일치하는 방향으로 정보를 판단하는 오류에 대한 것이다.

가. 스테레오타이핑

스테레오타이핑은 고정관념의 문제다. 협상 당사자가 상대방을 고정관념의 틀 속에서 도식적으로 인식하는 것이다. 상대방이 소속된 집단과 계층의 일반적 특성을 상대방에게 적용해 판에 박은 듯이 이해한다. 물론 그 판단을 뒷받침하는 사실은 존재하지 않는다.

세대 갈등을 예로 들어보자. 나이가 젊은 사람은 나이가 많은 사람에게 보수적이라는 일반적 특성을 적용하는 경향이 있다. 그리고 상대방이 단지 나이가 많다는 이유로 보수적일 것이라고 판단하기도 한다. 여기서 대화의 장벽이 발생한다.

이 스테레오타이핑의 문제는 경쟁 관계에 있는 두 집단이 한정된 자원을 가지고 다투거나, 가치관과 철학이 서로 다를 때 발생하기 쉽다. 이 오류가 발생하면 두 집단을 이분법적으로 구분해서 내가 속해 있는 집단은 '우리'로, 상대 집단은 '그들'로 규정한 후 '그들'에 속해 있는 개인을 이 기준에 따라 도식적으로 판단한다.

의약 분업을 둘러싸고 의사 집단과 정부가 분쟁에 들어갔다. 정부는 의사가 의약 분업에 반대하는 이유에 대해 '의사들이 기득권을 유지하려고 하기 때문'이라는 일방적인 선입견으로 판단해버렸다. 그리고 의약 분업 분쟁이 시작되자 이해 당사자인 의사들과의 대화를 소홀히 하고, 대신 시민단체 등 의약 분업을 추진하자고 요구하는 측과 대화함으로써 정작 정부와 의사들의 대화는 난항에 빠지고 말았다.

나. 할로효과

할로효과는 협상 당사자가 개인적으로 가지고 있는 한 가지 특성을 일반화시키는 오류다. 상대방이 가진 하나의 특성을 다른 특징을 설명하는 데 적용해 판단하는 것이다. 특히 할로효과는 긍정적인 하나의 특성을 상대방에 대한 전체 인상으로 확대하고 일반화시키는 후광효과로 이어진다.

예를 들어 미소짓는 습관과 정직성은 관계가 없는데도, 상대방이 평소에 잘 웃는 사람이기 때문에 그 사람은 정직하다고 생각한다면 이것은 할로효과, 즉 후광효과가 만들어낸 문제다. 할로효과 때문에 한 가지 좋은 점을 가지고 그 사람은 다 좋은 사람이라고 생각하거나, 한 가지 나쁜 점을 가지고 그 사람은 다 나쁘다고 말하는 오류가 생긴다.[5]

예를 들어 대통령이 장관을 인선할 때 유능한 인재보다는 자신에게 헌신적인 비서를 선택하는 경우가 있다. 그 비서가 비서 업무뿐만 아니라 행정이나 정책 능력을 갖추고 있다고 판단하는 것은 후광효과에 의한 부작용이다.

> 스테레오타이핑과 할로효과, 즉 고정관념과 후광효과는 지각의 오류가 상대방으로부터 비롯되는 것이 아니라, 협상 당사자 자신이 가진 취향에서 비롯된다. 이런 오류를 피하려면 내 자신이 협상의 적이라는 자세로 나 먼저 돌아보아야 한다.

다. 선택적 지각

선택적 지각은 자신의 경험과 믿음을 뒷받침해주는 정보는 받아들이고, 그렇지 않은 정보는 무시하는 오류다. 어떤 사람을 알게 되었을 때, 여러 번을 만나도 상대방을 첫인상으로 계속 판단하는 오류가 여기에 속한다. 첫인상과 일치하는 정보는 받아들이고 배치되는 정보는 거부하는 것이기 때문이다.

선택적 지각의 문제가 스테레오타이핑이나 할로효과의 문제와 결합되면 부작용이 커진다. 예를 들어 상대방을 처음 만났을 때 웃는 얼굴이었기 때문에 할로효과로 인해 그 사람이 정직하다고 믿게 됐다. 이런 상황에서는 상대방이 내게 불리한 제안을 하더라도, 협상 당사자는 선택적 지각에 따라 그 문제를 제대로 인식하지 못할 수 있다.

라. 투사

투사는 협상 당사자가 갖고 있는 느낌을 무의식적으로 상대방 탓으로 돌리는 문제다. 이 투사는 자신의 모습, 즉 자아상(self-concept)을 지키려고 할 때 발생한다. 협상 당사자는 자신이 일관성을 갖고 있고 긍정적이라고 믿고 싶어한다. 따라서 상황이 뭔가 잘못되고 있으면 그 탓은 상대방에게 있다고 생각한다.

정부가 개혁을 추진하려고 한다. 그런데 개혁의 청사진과 전략을 분명하게 제시하지 못해 개혁 작업이 난항을 겪고 있다. 하지만 정부는 이익집단이 비협조적이고 신뢰할 수 없는 행동을 하기 때문이라고 탓하고 있다. 이에 대해 언론이 비판적인 기사를 쓰면, 정부는 이익집단을 비롯한 언론과 야당이 모두 반대해서 개혁이 진행되지 못하고 있다고 탓한다.

마. 지각적 방어

지각적 방어는 나를 지키기 위해 내가 지각한 내용을 무조건 방어하는 데서 발생하는 문제다. 지각적 방어에 따라 내게 불리하거나 수용하기 어려운 내용은 무시하고 왜곡해서 받아들이는 오류가 생긴다.

예를 들어 자신이 지지하는 정치인이 잘못을 저질렀을 때 그 사실을 믿지 않고 오히려 그 정치인의 잘못을 제기하는 행위야말로 정치적 음모라고 주장하는 경우다. 지각적 방어의 오류가 발생한 것이다. 또는 북한을 지원해야 한다고 믿는 사람의 경우, 북한의 행위에는 그 이면에 타당한 이유가 숨어 있을 것이라고 생각하는 반면, 북한과 적대적인 미국에 대해서는 사소한 것이라도 큰 문제라고 느끼는 것도 역시 마찬가지로 지각적 방어를 하는 것이다.

이렇게 지각적 방어의 오류가 발생하면 협상 상대방에 대해 오판하게 된다. 협상 상대방이 정직하지 못하다고 지각하기 때문에 상대방이 커다란 양보를 해도 그것은 속임수라고 평가절하한다. 반대로 상대방을 정직하다고 지각하면 상대의 양보가 큰 의미가 없더라도 과대평가한다.

서로 다른 틀 짜기의 문제

지각의 왜곡과 관련해서는 틀 짜기의 문제가 중요한 의미를 갖는다. 틀 짜기는 협상 당사자들이 상황을 이해하고 평가하고 의사 결정을 내리는

'사고방식'과 관련되어 있다. 당사자들은 자신의 경험에 의해 형성된 지각의 틀을 통해 협상의 이해득실과 위험을 판단한다.

협상 당사자들이 어떤 지각의 틀을 가지고 있는지에 따라 쌍방 간의 대화가 달라진다.[6] 부정적인 대신 긍정적인 시각으로 해석하고, 손해보다 이익의 가능성을 크게 인식하는 지각의 틀을 가지고 있을 때 대화가 쉬워진다.

예를 들어 농민들은 농산물 시장이 개방되면 큰 피해를 입기 때문에 시장 개방에 대해 부정적인 시각을 가지고 있다. 그래서 정부가 시장 개방의 문제를 두고 농민들과 대화하는 데 많은 난관을 겪게 된다. 또는 정부의 무분별한 개발 정책으로 인해 환경이 훼손되는 것에 대해 부정적인 시각을 가지고 있는 환경주의자들은 어떤 종류의 개발에 관해서도 정부와 대화하는 데 거부감을 가지고 있다.

동일한 상황을 손해가 아니라 이익으로 인식하면 긍정적으로 대응하지만, 손해로 인식하면 부정적으로 대응한다. 맥주가 잔에 반이 남았을 때 '반만 남았다.'고 인식하는 것과 '반이나 남았다.'고 인식하는 것은 개인의 틀 짜기에 따라 좌우되는 문제다. 이 틀은 그 사람이 맥주를 마시고 싶은지 아닌지, 좋아하는지 아닌지에 따라 다르게 짜일 수 있다.

틀 짜기의 문제에서 또 다른 중요한 사항은 협상 당사자들이 의사 결정을 내릴 때 사용하는 지각의 틀이 모두 다를 수 있다는 점이다.[7] 예를 들어 안정을 희구하는 사람은 정부의 개혁 정책이 불안하다고 생각하는데, 변화를 희구하는 사람들은 개혁 정책이 아직 미흡하다고 본다. 또 여당은 정부의 개혁 정책을 국가 발전의 관점에서 보는데, 야당은 정치적 음모의 관점에서 보기도 한다.

한 사람 안에서도 지각의 틀은 여러 개일 수 있다. 왜냐하면 협상의 이슈에 따라 사용되는 지각의 틀이 달라지기 때문이다. 노사 간의 협상을 예로 들어 이 문제를 살펴보자. 노동조합은 조합원의 권익이라는 관점에서 지각의 틀을 짠다. 사용자는 기업의 이익이라는 측면에서 지각의 틀을 짠다. 그리고 협상에 들어가면 노조는 조합 활동에 대해서는 노동기본권의 측면에서 지각의 틀을 짜고, 임금 인상은 경제적 이익의 측면에서 지각의 틀을 짠다. 만약 이때 노사가 조합 활동의 문제를 노동권이나 경영권의 차원에서가 아니라, 노사 간의 신뢰 구축이라는 차원에서 새롭게 틀을 짜면 문제를 해결하기가 쉬워진다.

> 협상에서 대화를 효율적으로 진행하려면 지각의 틀을 공유하는 것이 중요하다. 지각의 틀을 공유하려면 협상의 이슈만이 아니라 서로의 이해 관계를 통합적으로 볼 수 있어야 하고, 협상의 목표도 새롭게 규정하는 것이 좋다.

귀인적 오류

귀인적 오류는 협상 당사자가 어떤 상황이나 상대방의 행동에 대해 자신이 가지고 있는 선입견과 경험을 적용해 분석하면서, 자신이 기대하고 있던 대로 상대방의 행동과 상황을 이해하는 오류다. 상황을 내게 편리한 대로 해석하는 아전인수(我田引水)의 문제인 셈이다.

귀인적 오류에 빠지면 상대방의 행동과 협상 상황에 대해 잘못된 가정과 기대를 갖게 됨으로써, 협상의 난관을 상대방 탓으로 돌리고 대립적인 자세로 협상에 임하게 된다.

거꾸로, 기대하지 않았는데 상대방이 파격적인 조건을 제시하면 오히려 당황해서 조건을 수락하지 못하는 것도 귀인적 오류의 한 사례다. 예를 들어 정치인들의 기회주의적인 태도 때문에 정치에 대해 불신하는 국민은 어떤 정치인이 불이익을 감수하면서 약속을 지키면 그 불이익이 대수롭지 않은 것이라고 해도 그 정치인에게 호감을 갖는다. 또는 거친 경기를 하는 운동선수가 텔레비전 인터뷰에서 보여주는 부드러운 매너에 시청자들이 감동을 받는 것도 귀인적 오류라고 할 수 있다. 시청자들은 그 선수가 거친 운동을 하니까 매너도 거칠 것이라는 선입견을 가지고 있었기 때문이다.

사람의 행동 방식은 개인적 요인과 상황적 요인에 의해 설명할 수 있다.[8] 개인적 요인은 사람의 능력과 기분, 노력 등 개인의 내면적 요인이고, 상황적 요인은 임무나 주변의 여건 등 외부적 요인이다.

귀인적 오류에 빠지면 상대방의 행동에 대해 설명하면서 개인적 요인은 과대평가하고 상황적 요인은 과소평가하는 경향이 있다. 그래서 상대방이 잘못하는 것은 개인적 요인 때문이라고 탓한다. 반면 나의 잘못은 상황적 요인으로 돌리는 경향이 있다. 내가 잘못하면 운이 나쁜 것이고, 상대방이 잘못하면 능력이 없어서 그렇다는 식이다. 이런 문제를 행위자와 관찰자 효과(actor-observer effect)라고 부른다.[9]

귀인적 오류에 빠져서 지각이 왜곡되면 정보도 편협하게 받아들이게 된다. 내 입장과 의견, 행위에 대해서는 지지와 공감대가 높다고 과대평가하는 공감대의 착각 효과 (false-consensus effect)에 빠지기도 한다. 반면 상대방에 대한 공감대와 지지도가 높을 때는 그 공감대가 숫자로 지표화되어 있을지라도 객관적인 자료로 인정하지 않는다. 이것을 기본 자료에 대한 오판(base rate fallacy)이라고 부른다.[10]

공공서비스를 제공하는 사업장의 민영화를 둘러싸고 노사 협상이 벌어졌다. 노동조합 측은 민영화에 반대하고 사용자는 민영화를 지지한다. 노조는 국민이 자신들을 지지한다고 생각하고, 사용자는 대부분의 직원들이 민영화를 지지한다고 생각한다. 이때 노사가 모두 귀인적 오류에 빠져 상황을 오판하고 있을 수 있다. 즉 노조는 시민단체가 민영화 정책에 반대하는 성명을 내놓은 것을 국민의 적극적인 반대라고 생각한다. 한편 사용자는 노조의 입장이 일부 강경파에 의해 좌우되고 있을 뿐, 조합원 다수의 입장은 아닐 것이라고 생각한다.

2) 협상의 중간 단계와 제안의 주고받기 문제

협상의 중간 단계는 문제 해결의 단계다. 제안을 주고받는 과정이기 때문에 동태성(dynamic)을 특징으로 한다. 이 단계에서 대화는 당사자들 간의 논쟁을 통해 합의의 틀과 세부내용을 다듬는 데 주된 목적이 있기 때문에 언어의 사용이 활발하고, 질문과 듣기의 역할이 커진다. 언어의 역할과 질문 및 듣기가 대화에 미치는 영향을 살펴보기 전에 먼저 제안을 주고받는 과정에서 이슈가 어떻게 형성되고 합의의 골격과 세부내용이 어떻게 다듬어지는지를 살펴보자.

제안과 협상 이슈의 형성

협상의 중간 단계에서 대화는 제안을 주고받는 데 집중된다.[11] 이 단계에서는 제안을 주고받으면서 협상의 이슈가 형성되고 조정되며 합의의 골격이 만들어진다. 제안의 주고받기는 서로의 제안에 영향을 미치는 상호작용 과정을 밟는다. 협상이 진행되면서 커지는 시간적 압력과 함께 협상을 지켜보는 사람들의 관심도 제안의 주고받기와 상호작용 과정을 촉진한다.

협상 당사자들이 서로의 주장을 내세우는 과정에서 논쟁의 핵심이 분명해지고, 이견을 좁히려고 노력하는 과정을 통해 협상의 이슈가 재조정되고, 합의에 도달하려고 모색하는 과정에서 합의의 골격이 마련된다. 협상의 이슈가 형성되고 조정되는 과정은 다음과 같이 정리할 수 있다.[12]

첫째, 어떤 문제의 중요성과 해결 가능성에 대해 쌍방이 논쟁을 하면서 협상의 이슈가 만들어진다.

둘째, 각자의 요구와 주장이 가지고 있는 논리와 타당성을 입증하고 반박하는 과정에서 협상의 이슈가 만들어진다.

셋째, 협상 아젠다를 설정하기 위해 이슈를 첨가하고 삭제하는 등 당사자가 이슈를 관리하는 과정에서 협상의 이슈가 만들어진다.

노동계와 경영계 사이에 주5일 근무제 도입과 관련된 협상이 벌어졌다. 장시간 근로 문제를 해결하기 위해 주5일제 논의가 시작된 것이다. 논의의 시작 단계에서 노동계 대표는 우리나라의 근로 시간이 세계에서 가장 길다고 주장했다. 경영계 대표는 근로 시간이 긴 것은 근로자들이 법정휴가를 사용하지 않았기 때문이라고 반박했다. 이 과정에서 근로 시간의 실태가 쟁점으로 떠올랐다.

이 논의가 발전하자 일자리 문제가 쟁점이 됐다. 노동계는 주5일제를 도입하면 부족해진 노동력을 메우기 위해 기업이 고용을 확대할 것이므로 일자리가 늘어날 것이라고 주장했다. 경영계는 주5일제가 인건비를 늘림으로써 오히려 기업 활동을 위축시켜 일자리를 줄어들게 만들 것이라고 반박했다. 이에 따라 근로 시간의 실태가 아니라 근로 시간의 단축이 고용에 미치는 영향이 무엇인지가 쟁점으로 떠올랐다.

시간이 지나 주5일제 도입이 대세가 되자 노동계 대표는 임금소득에 대한 보전을 법으로 규정할 수 있도록 하자고 주장했다. 반면 경영계 대표는 개별 노조와 사용자가 자율적으로 해결하도록 놔두자고 맞섰다. 결국 근로 시간의 단축이 고용에 미치는 영향이 아니라 임금소득의 보전 문제가 쟁점으로 떠올랐다.

합의의 골격과 내용 다듬기

협상의 이슈가 만들어지면서 합의의 골격과 세부내용이 다듬어진다. 이런 합의 과정을 2단계 또는 3단계의 과정으로 정리할 수 있다.

가. 2단계 합의 과정

2단계 합의 과정은 '총론 – 각론' 또는 '골격 – 세부내용'의 단계로 구성된다.[13] 이런 경우 협상 당사자들은 합의의 일반적 원칙과 방향 등 총론 또는 골격에 대해서 먼저 논의하고, 다음에 그것을 구체화하는 각론 또는 세부내용을 다루게 된다.

나. 3단계 합의 과정

3단계 합의 과정은 2단계 합의 과정을 '진단 - 처방 - 세부내용'의 단계로 확장한 것이다.[14]

첫째, 진단은 분쟁이 발생한 원인을 검토하고 현재의 상황을 바꾸거나 개선할 필요성이 있는지 확인하는 과정이다.

둘째, 처방은 분쟁의 해결을 위한 합의의 조건, 기준, 원칙 등을 정하는 것이다. 이 단계에서는 문제 해결의 방향을 공유하기 위해 노력한다.

셋째, 세부내용은 처방에 맞춰 합의의 구체적 내용을 만드는 것이다.

'총론 - 각론'이나 '진단 - 처방 - 세부내용'의 단계별 합의 과정은 특히 외교 분쟁을 해결하는 데 자주 활용된다. 예를 들어 분쟁 상태에 놓인 두 나라가 양국의 불화를 지속하는 것은 누구에게도 도움이 되지 않는다는 진단을 내렸다. 이에 따라 상대방 국가의 주권과 안보를 존중한다는 원칙적인 합의를 만들고, 이를 구체화하기 위해 각국의 책무와 이행을 위한 세부적인 조치를 만드는 것이다.

언어의 역할

가. 언어의 복합적 의미

협상의 중간 단계에서는 언어의 사용이 활발해지며 어떤 언어를 어떻게 사용하느냐가 협상에 중요한 영향을 미친다. 특히 협상의 대안을 제시할 때는 미묘하고 복잡한 언어를 사용해 의미를 조절하고 관리하는 것이 중요하다.[15]

여기서 언어의 의미는 제안, 즉 말하는 내용뿐만 아니라 말하는 방법에 의해 결정된다. 어떤 맥락에서 어떤 스타일로 어떤 내용을 어떻게 말하느나에 따라 언어의 의미가 달라진다. 표면적으로 드러나는 논리적인 메시지뿐만 아니라 이면에 깔려 있는 암시적인 메시지가 복합적으로 작용해 의미를 만들어낸다.

나. 위협할 때는 언어를 어떻게 활용할 것인가

제안을 주고받을 때 활용되는 '위협'과 '약속'을 예로 들어 언어의 역할을 생각해보자. 위협과 약속이 언어로 표현되는 방식에는 다섯 종류가 있다.

첫째, 긍정적인 언어와 부정적인 언어로 양극화된 언어를 사용한다. 자신의 요구와 입장을 설명할 때는 긍정적인 언어를 사용하고, 상대방의 요구에 대해서는 부정적인 언어를 사용한다. 예를 들면, 자신의 제안에 대해서는 '합리적'이라거나 '균형 잡힌' 등의 긍정적인 언어를 사용해 평가하다가 상대방의 제안에 대해서는 '비합리적'이고 '시대에 뒤떨어진' 제안이라는 부정적인 언어를 사용해 평가한다.

둘째, 언어의 긴박성을 조절한다. 상대방이 나의 요구를 수용하게 만들고 싶으면 언어의 긴박성을 높이고, 상대방의 주장을 경계해야 할 때는 긴박성을 떨어뜨린다. 예를 들면, 상대방에게 심리적으로 가까이 다가갈 때는 "바로 이것이다." 또는 "내가 …… 하겠다."는 식의 말로 언어의 긴박성을 높인다. 반면 상대방과 거리를 두려고 할 때는 "글쎄, 그렇기는 한데" 또는 "누구나 관심을 가져야 한다."는 식으로 말하면서 언어의 긴박성을 낮춘다.

셋째, 언어의 집중도를 조절한다. 상대방의 제안에 대한 내 느낌을 얼마나 뚜렷이 전달하느냐에 따라 언어의 집중도가 달라진다. 단정적이거나 거친 표현은 의지를 과시하는 효과가 있다. 예를 들면, 상대방에게 내 의지가 강하다는 인상을 주기 위해 "기필코 …… 하겠다."는 말을 사용해 언어의 집중도를 높인다.

넷째, 어휘를 다양하게 쓴다. 풍부한 어휘는 안정감과 자신감을 전달하고 단조로운 어휘는 불안정과 경험의 부족을 보여준다. 예를 들면, 나의 제안이 상대방의 이익도 배려하고 있다는 공정성을 강조하기 위해서 "홍익인간의 정신으로 …… 제안을 한다."는 식의 표현을 쓸 수 있다.

다섯째, 어투의 강도를 조절한다. 머뭇거리지 않고 시원시원하게 말할 때 자신감과 단호함을 전달할 수 있다. 예를 들면, 내 주장에 대해서 상대방이 질문을 할 때 입장을 명확히 밝히기 위해 "당연히…… 해야 한다."는 식으로 자신의 의지를 담는다.

> 언어가 부정적일수록, 긴박성이 높을수록, 집중도가 높을수록, 어휘가 풍부할수록, 어투가 강할수록 약속이나 위협에 무게가 실린다.

다. 언어의 선택

협상을 하는 데 대화의 성과는 메시지를 보내는 능력과 그 메시지를 듣고 이해하고 분석하는 능력으로부터 큰 영향을 받는다. 따라서 당사자가 어떤 언어를 사용하는지에 따라 협상의 성과가 달라질 수 있다. 메시지를 보내는 훈련이 되어 있지 않거나, 긴장이 심하면 메시지가 부정확하게 전달되어 협상을 그르칠 수 있다.

대화하는 사람들의 문화가 서로 다르면 일상적으로 사용하는 관용구나 무심히 선택한 언어가 문제가 될 수 있다.[16] 즉 말하는 사람에게는 분명한 의미를 가지고 있더라도 듣는 사람에게는 혼돈을 주거나, 선택한 단어나 비유법이 상대방에게 불쾌감이나 소외감을 줄 수 있다. 예를 들면, 남성인 협상 당사자가 흔히 사용하는 단어나 비유법이 여성인 상대방에게 불쾌감을 주는 것이다.

협상을 할 때 언어의 선택은 내 입장을 규정할 뿐 아니라, 상대방으로 하여금 내 입장을 알고 예측할 수 있게끔 도와준다. 언어의 선택이 협상에 미치는 영향은 다음과 같다.[17]

첫째, 협상 이슈의 내용뿐만 아니라 상대와의 관계를 배려하면서 언어를 선택할 때 쌍방 모두에게 이익이 되는 결과에 도달할 가능성이 크다.

둘째, **협상의 초기 단계일수록 언어가 미치는 영향력이 크다.** 협상의 초기에 언어를 신중하게 선택함으로써 얻는 이익이 후반부에 가서 언어로 얻을 수 있는 이익보다 더 크다.

질문과 듣기

가. 적절한 질문과 부적절한 질문

대화의 비효율성과 왜곡을 줄이고 정확도를 높이기 위해서 가장 많이 활용되는 방법이 질문이다. 협상의 중간 단계에서 제안을 주고받을 때는 특히 질문과 듣기의 역할이 커진다.

질문은 협상 당사자가 상대방으로부터 정보를 획득하는 핵심적인 수단이지만 잘못 활용되면 오히려 대화를 중단시키는 역할을 한다. 적절한 질문은 협상을 촉진하고, 부적절한 질문은 협상을 어렵게 만든다.[18] 적절한 질문은 다음과 같은 특징을 갖는다.

· 상대방의 관심을 불러일으켜 추가적인 질문에 대해 생각하게 만드는 질문이다. "안녕하십니까?" 등.

· 상대방으로부터 정보를 얻어내는 질문이다. "가격이 얼마입니까?"

· 상대방이 생각하도록 만드는 질문이다. "구입 조건을 더 좋게 해줄 수 있습니까?"

· 상대방이 단순히 '예', '아니오'로 대답하는 것이 아니라 '누가, 언제, 무엇을, 어떻게, 왜' 하고 자세하게 대답하게 만드는 질문이다. "왜 그런 입장을 취했습니까?"

· 상대방의 대답을 유도하는 질문이다. "제가 제시한 대안이 공정하다고 생각하지 않으세요?"

· 상대방의 생각을 알 수 있는 질문이다. "어떻게 그런 결론에 도달했는지 말씀해주시겠습니까?"

반면 부적절한 질문은 상대방을 방어적으로 만들고 때로는 화나게 한다. 현재의 질문에는 답변을 하더라도, 앞으로 다른 정보를 제공하는 데 소극적이 된다. 부적절한 질문은 다음과 같은 특징을 갖고 있다.

· 상대방을 난처하게 만드는 질문이다. "너무 비싸다고 생각하지 않으

세요?"

· 상대방으로부터 정보를 얻는 것이 아니라 정보를 제공하는 질문이다. "우리 같은 서민이 이걸 살 수 있다고 생각하세요?"

· 잘못된 결론을 끌어내는 질문이다. "이만큼 이야기했으면 충분하다고 생각하지 않으세요?"

질문은 정보를 획득하기 위해서뿐만 아니라, 협상 분위기를 조절하기 위해서도 활용된다. 협상이 교착 상태에 빠져 있을 때 질문을 통해서 상대방이 문제점을 직시하도록 유도할 수 있다. 예를 들면 이렇다.

· 상대방이 어떤 제안에 대한 수락을 강요할 때 "지금 결정해야 합니까? 아니면 시간을 두고 생각해볼 수 있습니까?"

· 쌍방이 팽팽하게 맞서고 있을 때 "우리가 어떻게 하면 입장차를 좁힐 수 있을까요?"

· 상대방의 생각을 떠볼 때 "당신의 제안에 깔려 있는 논리는 무엇입니까?"

나. 듣기의 활용

질문은 상대방으로부터 정보를 획득하는 핵심적인 방법이기는 하지만 한계가 있다. 서로 감정적으로 격해져 있을 때는 질문이 오히려 방어적인 태도를 불러일으킨다. 이럴 때는 상대방의 이야기를 듣는 것이 대화의 왜곡을 극복하고 정보를 획득하는 중요한 방법이 된다.

듣는 행위는 다음의 세 가지 형태로 나눌 수 있다. 첫 번째 형태는 수동적으로 '그저 듣기'다. 두 번째는 상대방의 이야기를 '알아듣기'다. 세 번째는 상대방의 이야기를 적극적으로 '새겨듣기'다.[19]

첫째, '그저 듣기'는 상대방이 전달하는 메시지를 단순히 접수하는 것이다. 내가 메시지를 제대로 이해하고 있는지에 대해 상대방에게 반응을 보이지 않는 소극적인 듣기다. 상대방이 이야기하기를 좋아하고 침묵에 익숙하지 않은 사람일 때는 상대에게 계속 시간을 주면서 자신은 주로 듣는 것이 바람직할 수도 있다.

둘째, '알아듣기'는 그저 듣기보다 좀 더 적극적인 반응을 보이는 것이다. 메시지에 대해서 "알겠습니다." "그렇습니다." "예." 와 같은 반응을 보이고 상대방을 쳐다보거나 고개를 끄덕이는 등 가시적인 표현을 한다. 이것은 상대방으로 하여금 계속 메시지를 보내는 효과가 있다. 한편 "예."와 같은 표현은 상대방으로 하여금 자신의 제안에 대해 내가 동의한다고 오해하게 만들 수 있으니 주의해야 한다.

셋째, '새겨듣기'는 상대방이 전달하는 메시지를 열심히 듣고, 내 언어로 풀어서 재해석할 수 있을 만큼 적극적으로 듣는 것이다. 새겨듣기는 원래 상담에서 활용되는 대화 기법이다. 그러나 협상은 상담과 달리 듣는 사람이 특정한 이슈에 대해 입장이나 이해관계를 가지고 있다. 때문에 주로 상대방이 열심히 이야기하도록 유도해서 상대방의 입장을 정확하게 파악하고, 대화의 왜곡을 극복해 쌍방 모두에게 이익이 되는 대안을 찾는 데 새겨듣기의 목적이 있다. 새겨듣기에는 다음과 같은 특징이 있다.[20]

· 내가 말하기보다는 상대방의 이야기를 듣는 데 비중을 둔다.

· 추상적인 아이디어보다는 상대방의 개인적인 문제에 반응을 보인다. 개인적인 감정, 믿음, 입장을 더 중요시한다.

· 내가 파악해야 하는 문제를 유도하기보다는 상대방의 이야기를 따라가는 데 역점을 둔다.

· 상대방이 느끼거나 생각해야 할 바를 이끌어내려고 노력하기보다는 상대방이 생각하고 느끼는 것이 무엇인지, 그리고 상대방이 말하는 의미가 무엇인지 이해하는 데 주력한다.

다. 역할 바꾸기

역할 바꾸기는 협상 당사자가 역지사지의 자세로 상대방의 입장에서 문제를 바라보는 방법이다. 자기의 입장에 맹목적으로 매달리다 보면 상대방과 절충할 수 있는 가능성을 스스로 차단하게 되는데, 이럴 때는 역할 바꾸기를 통해 왜곡된 대화를 바로잡을 수 있다.[21]

역할 바꾸기는 쌍방 간의 대화를 촉진할 뿐 아니라 상대방의 입장을 정확하게 이해할 수 있는 방법으로, 새겨듣기보다 더 적극적인 수단이다. 역할 바꾸기를 통해 상대방에 대한 나의 인식을 변화시키고 협상 자세를 적극적으로 전환함으로써 쌍방의 입장이 양립할 수 있는 유사성을 찾을 수 있다.

그러나 쌍방의 입장이 근본적으로 양립할 수 없는 상황이라면 역할 바꾸기를 통해서 상대방의 입장을 이해한다고 하더라도 합의에 도달하기는 어렵다. 이럴 때는 역할 바꾸기가 오히려 서로 양립할 수 없다는 점만 확인해줌으로써 쌍방의 자세 변화를 가로막는 장애물로 작용할 수도 있다.

3) 협상의 마무리 단계와 의사 결정의 문제

의사 결정과 마무리의 오류

협상의 마무리 단계는 합의에는 가까워졌지만, 협상을 끝내기에는 아직도 중요한 문제가 남아 있는 상태다. 이 단계에서 대화의 주된 역할은 '상대방의 제안을 수락할 것인가', '협상 이슈의 우선 순위를 조정할 것인가', '어떤 이슈에 대해 상대방과 주고받을 것인가' 등의 문제에 대해서 최종적으로 의사 결정을 내리는 데 있다.

이 마무리 단계에서 협상 당사자들은 두 가지 핵심 과제에 직면한다.[22] 하나는 결정적인 실수를 범하지 않는 것이고, 다른 하나는 협상을 만족스럽게 끝내는 것이다. 마무리 단계에 이르면 협상 당사자들은 지쳐 있기 때문에 협상을 서둘러 마무리하려는 심리가 생긴다. 이런 심리 때문에 마무리 단계에서 중대한 오류가 생기기 쉽다. 협상의 초기와 중간 단계에서 발생하는 오류보다 마무리 단계에서 범하는 오류가 더욱 치명적인 손해를 입힌다.

마무리 오류의 유형

협상을 마무리할 때는 의사 결정의 함정에 빠질 수 있다. 의사 결정을 내릴 때 범하기 쉬운 열 가지 오류를 살펴보자.[23]

첫째, 성급하게 결론을 내리고 협상을 마무리한다. 문제의 핵심과 본질을 충분히 이해하지 못하고 결론을 내리는 오류다.

둘째, 자신의 판단을 과신하고 결론을 내린다. 자신의 판단과 배치되는 정보는 무시하거나 차단하고, 자신의 판단을 뒷받침하는 정보만 받아들이는 오류다.

셋째, 협상의 특정한 측면에만 맹목적으로 매달린다. 자신이 생각하는 합의의 틀에만 집착한 나머지 다른 대안을 찾는 데는 소홀하거나, 복잡한 문제를 너무 단순화시켜서 발생하는 오류다.

넷째, 합의의 다양한 틀을 비교하는 노력을 제대로 기울이지 않고 쉽게 포기하고 차선책을 찾는다. 협상의 성과가 없을지도 모른다는 두려움 때문에 여러 가지 합의의 방안이 가지고 있는 타당성을 검토하지 않음으로써 만족스럽지 못한 협상 결과에 도달하는 오류다.

다섯째, 근시안적인 자세로 편의적인 해결 방안을 찾는다. 기준을 엉성하게 짜면 합의하기에는 편리할지 모르지만 손해를 보기 쉽다. 예를 들면, 과거의 경험에 비춰보면 상대방의 약속과 다짐에 신뢰성이 없는데도 받아들이는 오류다.

여섯째, 막연하게 판단하고 대충 결론을 내린다. 정보를 체계적으로 분석하고 평가하지 않고, 직감에 따라 판단하거나 머릿속에서만 생각하는 오류다.

일곱째, 협상 당사자가 집단 내부의 다른 사람에게 기대어 판단을 미룬다. 협상팀을 구성해 협상할 때, 팀원들이 지혜를 짜내거나 의사를 소통하는 것이 아니라 유능한 한 명에게 의사 결정을 미뤄버리는 종류의 오류다.

　여덟째, 협상에 대한 '복기(復棋) 작업'을 소홀히 한다. 자존심과 편견에 사로잡혀 과거에 했던 협상에 대한 자료나 경험 등 정보를 제대로 활용하지 않거나 합의에 대한 준비를 소홀히 하는 오류다.

　아홉째, 지금 현재 진행되고 있는 협상의 상황을 제대로 평가하지 못하고 있다. 즉 협상 과정에서 학습은 자동적으로 이뤄진다고 생각하고 지금까지 진행된 협상의 경과를 뒤돌아보지 않기 때문에 발생하는 오류다. 의사 결정 과정과 결과를 체계적으로 기록하거나 주고받기를 한 양보의 가치와 이해득실을 제대로 평가하지 않아 오류를 범한다.

　열째, 협상은 의사 결정의 문제인데도 합리적인 의사 결정을 내리는 데 필요한 자기 점검을 소홀히 한다. 앞에서 열거한 협상의 오류를 피하기 위해서는 협상의 계획을 수립하고 점검하고 개선해야 하는데 잘못된 접근 방법에 계속 매달린다.

2 협상과 설득

내게 유리한 방향으로 상대방의 인식이나 입장, 자세를 바꾸려는 행동을 설득이라고 한다. 협상에서 설득은 상대방으로 하여금 내가 원하는 방향으로 행동을 하고 내 제안을 수락하게 만드는 데 그 목적이 있다. 구체적으로는 설득을 통해서 상대방이 협상 목표를 내게 유리한 방향으로 수정하고, 상대방이 한 양보에는 중요한 의미가 없으며, 나를 믿을 만한 사람이라고 생각하게 만들고자 한다.[24]

설득의 효과를 좌우하는 요소에는 다음의 세 가지가 있다.

첫째, 설득의 메시지(message). 상대방이 내 메시지를 이해하기 쉽고, 믿기 쉽고, 수락하기 쉽게 만들어야 한다.

둘째, 설득을 하는 당사자(source). 메시지를 보내는 당사자가 상대방으로부터 신뢰와 호감을 받고 있으면 설득력이 높아진다.

셋째, 설득을 시킬 상대방(receiver). 상대방이 메시지를 받아들일 자세가 되어 있을 때 설득력이 높아진다.

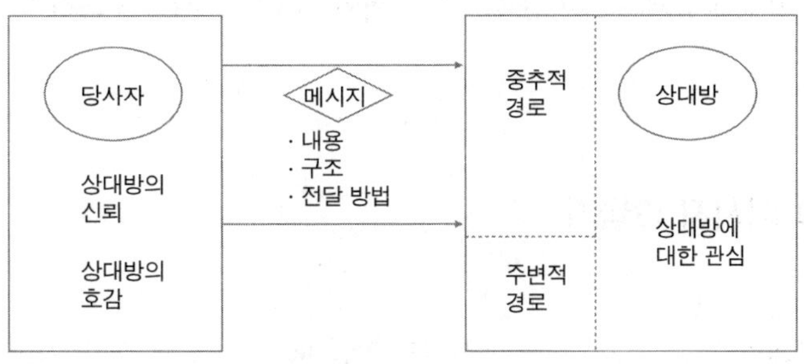

〈그림 15〉 설득의 성공 요소

설득의 효과를 분석하려면 메시지가 상대방에게 어떤 경로로 전달되는지를 고려할 필요가 있다. 동화(同化)모형(Elaboration-Likelihood Model)에 의하면 상대방에 대한 설득은 두 개의 경로로 진행된다. 하나는 중추적 경로를 통하는 것이고, 다른 하나는 주변적 경로를 통하는 것이다.[25] 두 개의 경로가 별도로 작동하는지, 아니면 보완적으로 작동하는지에 대해서는 연구자들에 따라 의견이 다르다.

중추적 경로를 통해 설득을 시도하면 상대방은 의식 상태에서 메시지를 받아들인다. 이 말은 상대방이 나의 설득을 자신이 지식을 습득하는 인지 구조(cognitive structure)에 의해 받아들이고 판단한다는 말이다. 이때 설득되느냐 아니냐는 내가 전달한 메시지에 상대방이 취할 만한 가치가 들어 있는가에 달려 있다.

반면 주변적 경로를 통해 설득하면 상대방은 무의식 상태에서 메시지를 자동으로 받아들인다. 이때 전달받은 메시지는 상대방의 인지 구조로 통합되지 않는다. 주변적 경로를 통해 설득하는 것이 중추적 경로에 의해 설득

하는 것보다 효과는 크지만 설득의 효과가 지속되는 시간은 짧다.[26]

1) 메시지 만들기

상대방을 설득하기 위해 메시지를 만들 때 다음의 세 가지 요인을 고려해야 한다. 첫째, 메시지의 내용이다. 즉 다루어야 할 주제와 사실이다. 둘째, 메시지의 구성이다. 즉 주제와 사실을 어떻게 배치할 것인가에 관한 문제다. 셋째, 메시지의 전달 방식이다. 즉 주제와 사실을 어떻게 전달할 것인가에 관한 문제다.

메시지의 내용

메시지에 담아야 할 주제와 사실을 결정할 때 고려할 사항은 다음과 같다.

가. 상대방이 끌리도록 만들기

메시지의 내용에 상대방이 끌려야 한다. 내 제안으로 상대방이 얻게 될 이익을 제시하는 것도 좋다. 그런데 협상 당사자들이 흔히 저지르는 실수 가운데 하나는 상대방이 얻게 될 이익이 아니라, 자신에게 그 제안이 중요한 이유를 설명하는 것이다.

상대방이 얻게 될 이익을 강조하려면 상대방의 욕구를 파악하고 있어야 한다. 유능한 세일즈맨은 고객에게 팔 제품과 서비스의 내용을 설명하기 전에, 상대 고객이 원하는 것을 먼저 파악하려고 하는 법이다. 반면 제안을 받는 쪽의 협상 당사자는 제안이 자신에게 유리한 측면보다는 불리한 측면을 이야기하고 싶어하고, 그 가치를 폄하하려는 경향이 있다.[27] 협상을 포기하겠다는 것이 아니더라도 상대방으로부터 더 큰 양보를 얻어내려는 의도 때문이다.

제안을 할 때는 그 가치를 입증할 수 있는 객관적인 사실을 많이 담고 있어야 설득력이 커지고, 쌍방 모두를 위한 합의에 도달할 가능성도 커진다.

노사 간의 협상을 예로 들어보자. 노동조합이 임금 인상을 요구하면서 경쟁업체의 임금 수준보다 높은 임금 인상이 가져올 종업원의 사기와 생산성의 향상 효과를 설명할 때 설득의 효과가 커진다. 반면 사용자는 배치전환 제도의 확대를 요구할 때 인건비 부담 문제보다 배치전환으로 인한 종업원의 업무만족도 상승 효과를 설명하는 것이 설득의 효과를 높인다.

나. 상대방이 수긍할 수 있도록 만들기

메시지의 내용을 상대방이 수긍할 수 있어야 한다. 사소한 제안이라 해도 일단 상대방의 동의를 얻어내는 데 성공하면, 그 합의는 후속적인 합의를 위한 발판으로 작용하기 때문이다.[28] 따라서 메시지를 만들 때는 상대방을 설득하기 쉬운 문제부터 다루는 것이 좋다. 유능한 부동산 중개인이라면 집을 사려는 사람과 이야기할 때, 그 집의 교육 환경이 좋다는 것에 대해 먼저 동의를 구하고, 그 다음에 가격 문제를 이야기하는 법이다.

다. 원칙적 합의를 끌어내기

원칙적인 합의를 먼저 끌어낼 수 있도록 메시지의 내용을 만들어야 한다. 원칙에 대한 합의는 협상을 하는 데 중요한 의미를 갖는다. 특히 합의할 수 있는 대안을 찾지 못하고 쌍방이 치열하게 대립하고 있을 때는 원칙에 대한 합의가 돌파구를 만들어 내고, 후속 합의를 위한 분위기를 만들어 준다.

그러나 원칙에 대한 합의는 구체적인 내용에 대한 합의보다는 덜 중요하다. 원칙을 합의하기는 쉽지만 그 원칙을 구체적인 상황에서 적용하는 문제는 불확실한 것이기 때문이다.

예를 들어 노사가 노사 관계의 평화를 유지한다는 원칙에 합의하면, 사용자는 노동조합의 요구를 수용하고 노동조합도 사용자의 요구를 수용할 가능성이 커진다. 그러나 노사 관계의 평화 유지라는 원칙이 있는데도, 임금 인상이나 조합 활동 등 구체적인 사항에 들어가면 쉽게 합의에 도달하지 못하는 경우가 많다.

라. 당위성

명분과 당위성이 있는 메시지를 만들어야 한다. 제안의 내용이 상대방의 가치관과 일치할 때 감동이 크고, 단순하면서도 상대방의 이익과 부합할 때 설득의 효과가 커진다.[29]

협상 당사자는 자신의 제안이 자신의 가치관과 행동 규범에 일치한다는 점을 보여줄 필요가 있다. 또 제안이 도덕적 정당성을 확보하고 있다는 점을 강조할 때 설득력이 높아진다.

예를 들어 여야의 대립으로 내년도 예산안을 처리하는 문제가 지연되고 있을 때, 여당이 수재민 지원을 위한 추가경정예산안을 우선 처리하자고 제안하면 야당은 당위성 때문에 그 제안을 수용하게 된다.

메시지의 구성

메시지의 설득력은 내용뿐만 아니라 어휘의 선택과 배치 등 메시지의 구성에 의해서도 영향을 받는다. 논리적인 방법으로 설득할지, 아니면 정서에 호소하는 방법으로 설득할지, 또는 자신의 주장과 반대되는 주장도 언급할 것인지, 아니면 자신의 주장만을 언급할 것인지에 따라 설득의 효과가 달라진다.

메시지의 구성에 관해서는 다음의 다섯 요인을 고려해 결정한다.[30]

가. 메시지의 배치 순서

첫째, 가장 중요한 내용은 보통 한 가지로 제한되며 그 내용은 메시지의 시작이나 끝 부분에 배치한다. 중요한 내용을 먼저 언급해 설득의 효과를 높이는 것을 서두효과(primacy effect)라고 하고, 마지막에 배치해 설득의 효과를 높이는 것을 말미효과(recency effect)라고 한다.

서두효과는 자신만이 아니라 상대방에게 익숙하거나 흥미를 끄는 내용, 논란이 있는 내용 등을 메시지의 첫 부분에 배치시켜 상대방에게 자신이 전달하는 메시지를 분명하게 이해하게끔 하는 방법이다. 반면 말미효과는 상대방이 관심을 느끼지 못하거나 익숙하지 않거나 사소하게 생각하는 내용을 메시지의 끝에 배치해서 상대방의 기억 속에 각인시키는 방법이다.

만약 상대방의 견해가 내가 전달하려는 메시지와 다를 때는 다른 문제를 먼저 얘기하고 마지막에 핵심 문제를 언급하는 것이 좋다.[31] 다른 문제에 대해서 상대방의 동의를 먼저 얻어낼 필요가 있기 때문이다. 예를 들어 영향력이 있는 정치인이라면 국론이 나뉘어 쟁점이 되고 있는 이라크 파병 문제에 대해서 먼저 자신의 입장을 밝히고, 그 다음에 다른 문제를 언급한다. 반면 국민의 관심은 적어도 정치인 자신이 중요하게 생각하는 문제라면 다른 문제를 언급하고 나서 마지막에 그 문제를 설명할 것이다.

나. 메시지의 일면성과 양면성

상대방을 설득하는 것은 상대방이 나와 다른 견해를 가지고 있기 때문이다. 여기서 두 가지 접근이 가능하다. 하나는 내 견해를 중심으로 일면적인 메시지를 구성하는 것이고, 다른 하나는 내 견해와 상대방의 견해를 비교하면서 양면적으로 메시지를 구성하는 것이다.

메시지를 일면적으로 구성하는 것은 상대방의 입장에 관한 주장과 의견은 완전히 무시하고, 내 입장과 의견만을 전달하기 위한 것이다. 예를 들어 정치인이 자신의 견해를 밝힐 때, 자신과 경쟁 관계에 있는 상대방의 견해는 물론이고 이름도 거명하지 않는 경우가 그렇다. 어떤 상품을 선전하면서 경쟁사가 만든 상품의 이름을 아예 거론하지 않는 경우도 마찬가지다.

메시지를 양면적으로 구성하는 것은 왜 상대방의 견해가 부적절하고 내 견해가 옳은지를 보이려는 것이다. 일반적으로 양면적인 메시지의 구성이 일면적인 구성보다 효과적이다. 특히 상대방이 내 입장에 반대하고 있거나, 상대방이 내 제안과 다른 견해를 가진 사람들과 접촉하고 있거나, 설득할 내용이 상대방에게 이미 익숙한 경우에는 양면적인 구성이 효과가 크다. 상대방의 지적 수준이 높을 때도 내 견해만 내세우는 것보다 양면적으로 접근하는 것이 좋다.

> 메시지를 양면적으로 구성할 때는 강조하고 싶은 내용을 마지막에 배치하는 것이 효율적이다.[32] 다른 메시지에 대해서 먼저 동의를 얻어내는 것이 설득의 효과를 높여주기 때문이다.

다. 메시지 내용의 분해 및 쪼개기

설득해야 할 내용이 덩치가 너무 크거나 상대방의 견해가 내 견해와 다를 때는, 상대방이 이해하기 쉽도록 내용을 작게 쪼갤 필요가 있다. 메시지의 내용 중에 상대방이 이미 수락했거나 동의한 사항이 들어 있을 때 분해의 효과가 더 크다.

예를 들어 회사가 종업원의 인사 제도 개편이라는 큰 문제를 두고 노동조합과 협상을 벌이고 있다. 이 문제를 배치전환과 직군 간의 전환수당 신설 등 작은 문제로 나눠서 접근하는 것이 가능하다. 그렇게 해서 노조가 고용 안정의 측면에서 배치전환을 받아들이고, 사용자는 직군 간의 전환 수당을 신설하는 데 동의한다면, 사용자는 큰 문제를 분해해서 노조를 설득하는 결과를 얻는 것이다.

라. 메시지의 반복

메시지의 내용을 반복해서 언급하는 것도 설득력을 높이는 효과가 있다. 다만 처음 몇 번은 효과가 있지만, 그 다음부터는 별로 도움이 안 되며 상대방은 그 메시지를 귀찮아하게 된다.[33] 메시지를 전달하는데도 일종의 수확체감의 법칙이 작용하기 때문이다.

마. 결론 내리기

메시지의 결론을 내리는 방법에는 두 가지가 있다. 하나는 자신의 견해나 주장을 제시한 다음 결론까지 명시적으로 내리는 것이고, 다른 하나는 자신의 견해나 주장을 제시하되 결론은 묵시적인 상태로 남겨놓고 상대방이 스스로 결론에 도달하게끔 하는 것이다.

일반적으로 전자보다 후자가 더 효과적이다. 특히 상대방의 지적 수준이 높거나 결심을 하지 못한 상태라면, 스스로 결론을 내리게끔 유도하는 것이 좋다. 반면 상대방이 확고한 생각을 가지고 있을 때는 내가 명확한 결론을 제시하는 것이 효과적이다. 특히 상대방이 내 결론과는 다른 결론을 내릴 가능성이 있을 때는, 내 메시지를 상대방이 잘 이해할 수 있도록 명시적으로 표현하는 것이 필요하다.[34]

메시지의 전달 방식

메시지를 전달하는 방식도 설득의 효과에 큰 영향을 미친다. 맹렬한 자세를 취할지, 간청하는 자세를 취할지, 끌어안는 자세를 취할지, 연설하는 방식으로 할지, 대화를 나누는 방식으로 할지, 혹은 구체적인 사실을 제시해 결론을 끌어낼 것인지, 비유법과 미사여구를 활용할 것인지 등에 따라 설득의 효과가 달라진다.

메시지를 효과적으로 전달하는 데 영향을 미치는 요인에는 다음 여섯 가지가 있다.[35]

가. 상대방의 참여

새로운 내용을 학습할 때, 학습 당사자가 적극적으로 참여할수록 학습과 이해의 효과가 높아지고 태도와 신념을 바꿀 수 있는 힘을 갖게 된다.[36] 설득을 하는 것도 마찬가지다. 상대방이 메시지의 내용을 직접 느끼고 이해할 수 있도록 실체를 보여줄 때 설득의 효과가 높아진다.

예를 들어 자동차를 판매할 때 차의 장점을 말로 장황하게 설명하는 것보다는 고객이 직접 확인해보는 것이 더 좋다. 따라서 유능한 영업사원은 자동차의 성능을 설명하고 고객의 질문에 대답하는 소극적인 방법이 아니라, 고객이 직접 자동차를 살펴보고, 타보고, 운전까지 해보면서 차의 장점을 확인하게끔 배려한다.

나. 비유법의 활용

사실과 논리를 사용해 결론을 유도하는 것도 설득의 중요한 요소지만, 비유법을 적절하게 활용하면 설득력이 더욱 커진다. 전달하려는 사실이나 모습에 대한 비유법을 통해, 상대방은 전달할 내용을 분명하게 이해할 수 있다.

예를 들면, 자동차를 판매하면서 자동차의 연비 성능이 높다는 점을 고객에게 설명하려고 한다. 이때 객관적인 사실 자체만 설명할 수도 있지만 "기름 냄새만 맡아도 자동차가 움직인다."고 말함으로써 더 강한 인상을 심어줄 수 있다. 하지만 비유법을 과도하게 쓰면 오히려 상대방의 거부감을 불러일으켜 신뢰도를 떨어뜨리고, 잘못된 비유는 상대방으로 하여금 엉뚱한 결론을 내리게 함으로써 역효과를 가져올 수 있다.

다. 위협과 우려의 활용

메시지에 위협을 담는 방식도 설득의 효과에 영향을 미친다. 위협은 상대방이 어떤 제안을 수락하지 않으면 어떤 불이익을 주겠다고 말하는 것이다. 위협은 상대방에게도 부담이 되지만, 나 역시 부담을 안게 된다. 우선 상대방에게 불이익을 주는 행동을 하면 상대방도 나에게 불이익을 주는 행동을 취할 수 있다. 또 만약 내가 그런 부담을 감당할 수 없다고 상대방이 판단하면 위협이 효과를 발휘하기 힘들다. 상대방은 내 위협을 엄포로 받아들일 것이고, 위협이 엄포로 끝나면 나의 다른 제안에 대해서까지 신뢰를 떨어뜨리는 결과를 가져온다.

설득을 할 때 위협이 조심스럽게 활용되어야 하는 이유는 다음과 같다.

첫째, 위협은 상대방의 감정적인 대응을 불러올 수 있다. 또 상대방이 어떤 대응을 할지 예상하기 어렵다.

둘째, 위협을 상대방이 어떻게 인식하는지 알기 어렵다. 상대방은 위협을 위협으로 받아들이지 않는데, 오히려 내가 위협을 과도하게 의식한 나머지 운신의 폭을 좁히는 결과를 가져올 수도 있다.

셋째, 내가 한 위협에 내 스스로 발목이 잡힐 수 있다. 위협이 계획대로 진행되면 오히려 내가 입는 손해가 클 수도 있다.

넷째, 상대방이 위협 때문에 마지못해 제안을 수락한다면 나중에 합의를 깨질 가능성이 크다. 협상의 목적은 당사자들이 지킬 수 있는 합의를 통해 분쟁 상태에서 벗어나려는 것인데, 강요 때문에 합의한 것이라면 상대방은 여건이 바뀌는 대로 합의를 깨뜨리려 할 것이고, 협상은 의미를 잃는다.

설득을 하는 데 위협 대신 활용할 수 있는 것이 우려다. 우려는 협상이 합의에 도달하지 못했을 때 발생할 문제들을 상대방에게 지적하는 것이다. 상대방이 나의 제안을 수락하지 않을 때 불이익을 주겠다는 것이 아니라, 이때 발생하는 문제점을 '우려'함으로써 상대방으로 하여금 나의 제안에 동의하게 유도하는 것이다. 이럴 때 메시지는 우려되는 결과를 피할 수 있는 대안을 담고 있어야 하고, 그 대안이 효과적이라고 상대방에게 확신을 심어준다면 설득의 효과를 높일 수 있다.[37]

이런 이유 때문에 국제 관계에서 외교적 발언은 중요한 의미를 갖는다. 예를 들면 북한과 미국이 핵 개발 문제로 다투고 있을 때, 핵 개발을 중단하지 않으면 제재를 가하겠다는 위협적인 발언과 핵 개발로 인해 북한이 국제 사회에서 더 고립될 수 있다는 우려의 발언은 북한의 반응에 커다란 차이를 가져올 수 있다. 미국이 위협한다면 북한은 전쟁불사를 주장하기 십상이지만 미국이 우려를 표명하면서 경제 개발을 자극한다면 대화가 촉진될 수 있다.

라. 경계심 풀기

설득의 효과를 높이려면 상대방의 경계심을 풀어줄 필요가 있다. 협상 당사자는 상대방에게 설득당하고 있다는 느낌을 받으면 본능적으로 방어

적이 된다. 그렇게 되면 메시지를 듣기보다는 반박하는 데 더 큰 관심을 기울인다.[38]

설득을 하면서 상대방의 경계심을 풀기 위해서는 어떻게 하는 것이 좋을까. 예를 들어 내 제안이 갖고 있는 장점을 설명하기 위해 그래프나 도표를 활용할 수 있다. 설득에 필요한 자료를 준비하고 그 자료를 상대방에게 전달한 다음에 설명을 하면 상대방의 관심은 반론을 준비하는 데가 아니라 그래프나 도표를 읽는 데로 돌아간다.

마. 언어의 강도 조절

언어의 강도도 메시지에 큰 영향을 미친다. 예를 들면 "가격이 싸다."고 말하는 것보다 "시중에서 아무리 찾아봐도 이 값보다 싸게 살 수는 없다."고 센 강도로 말하는 것이 설득력이 높다. 언어의 강도는 비유법과 억양의 변화 등을 통해서 조절할 수 있다.

언어의 강도가 올라간다고 설득력이 반드시 커지는 것은 아니다. 언어의 강도가 너무 높으면 오히려 부정적인 반응을 끌어낼 수 있다. 상대방이 지나친 압박과 긴장에 사로잡혀 있을 때는, 오히려 언어의 강도를 낮추는 것이 설득력을 높이는 길이다.[39] 일반적으로 어떤 메시지를 강조하고 싶을 때는, 언어의 강도를 높이는 것보다 오히려 부드럽게 말하는 것이 바람직하다.

한편 말하는 사람이 누구냐에 따라 언어의 강도가 갖는 영향력이 달라진다. 신뢰도가 낮은 사람이 강도 높게 말하면 설득력이 떨어진다. 또 선악의 문제라면 평범한 사람보다는 성직자가 이야기할 때 설득력이 높아진다.

바. 상대방의 예상 깨기

메시지의 전달이 상대방의 예상을 뛰어넘을 때 설득력이 높아진다. 자신의 이익만 대변할 것으로 예상되는 대목에서 자신의 이익과 배치되는 객관적인 주장을 할 때 설득력이 커진다. 메시지의 내용만이 아니라 전달 방식에서도 상대방의 예상을 깨는 것이 설득력을 높이는 길이다. 강도를 높일 만한 대목에서 목소리를 낮추고 조용하게 말하거나, 조용하고 침착하게 이야기할 것으로 기대되는 대목에서 오히려 정열적으로 이야기하면 설득력을 높일 수 있다.

2) 설득을 잘하려면?

설득의 효과를 좌우하는 두 번째 요소는 누가 설득하느냐는 설득의 당사자 문제다. 설득하는 당사자가 설득에 미치는 영향은 두 가지로 나뉜다. 하나는 설득하는 당사자가 상대방에게 얼마나 신뢰할 수 있는 사람으로 보이는가 하는 당사자에 대한 신뢰의 문제다. 다른 하나는 상대방이 설득하는 당사자에 대해서 얼마나 관심을 갖고 있는가 하는 당사자에 대한 호감의 문제다.[40]

설득 당사자에 대한 상대방의 신뢰

상대방이 설득하는 당사자를 신뢰하면 할수록 설득의 효과가 높아진다. 설득하는 당사자에 대한 신뢰감에 영향을 미치는 요인은 두 가지다. 하나는 설득하는 당사자가 그런 주장을 할 만한 적절한 지위에 있는지, 또는 자신의 제안과 관련된 정보를 획득할 만한 역량이 있는지의 여부다. 다른 하나는 설득하는 당사자가 알고 있는 바대로 정직하게 사실만을 이야기하고 있는지의 여부다.

설득하는 당사자가 상대방에게 어떤 사람으로 보이는지를 결정하는 요인에는 다음 세 가지가 있다.

첫째, 설득 당사자가 개인적으로 믿을 만한 사람으로 보이는가.

둘째, 설득 당사자 자신이 주장하는 내용에 대해 정보를 획득할 만한 능력이 있거나, 능력이 있는 것으로 보이는가.

셋째, 설득 당사자가 설득하는 메시지에 대해서 어떤 성향을 가지고 있는 사람인가.

설득하는 당사자가 상대방에게 어떤 자세로 다가서느냐에 따라 신뢰도가 달라진다. 당사자가 평정심, 붙임성, 외향성을 보이면 설득력이 강화된다.[41] 침착한 자세로 붙임성 있게 적극적으로 다가가는 협상 당사자는 상대방의 신뢰를 쉽게 얻어낸다. 반대로 주저하는 자세로 이야기하거나, 혼란스럽게 이야기하거나, 자신 없게 이야기하면 신뢰도는 떨어진다. 냉담하고 거만하고 가시 돋친 자세로 말하는 것보다는 자연스럽고 진지하고 신념에 찬 목소리로 활기 있게 말하는 것이 신뢰도를 높일 수 있다.

협상 당사자가 상대방으로부터 신뢰를 얻는 데 영향을 미치는 개인적 자질은 다음과 같다.[42]

가. 평판

설득하는 당사자의 평판은 신뢰도를 결정하는 데 핵심적인 역할을 한
다. 평판이 좋으면 설득의 효과가 크다. 특히 장기적인 관점에서는 평판이
더욱 중요하다. 정직하지 않다고 평판이 난 사람은 진실을 말해도 신뢰를
못 얻는 수가 많다. 상대방을 한두 번은 속일 수 있어도 나쁜 평판이 남으
면 이후 협상에서 불리하게 작용할 뿐만 아니라, 상대방이 협상의 상대자
로 기피한다.

나. 처음 만나는 사람에 대한 편견

설득하는 당사자가 상대방과 처음 만날 때 편견이 생길 수 있다. 대체로
사람들은 상대방에게 좋은 첫 인상을 주고 싶어한다. 마찬가지로 처음 만
나는 상대방에 대해서도 부정적인 면보다는 긍정적인 면을 찾는 경향이 있
다.[43] 이런 낯선 사람에 대한 편견을 설득을 할 때 유리하게 활용할 수 있
다. 다른 자질은 좋지만 평판이 좋지 않은 사람보다는 차라리 낯선 사람이
상대방을 설득하기가 낫다. 물론 설득을 하는 당사자도 상대방이 낯설기
때문에 이런 편견에 사로잡혀 의사 결정을 하는 데 오류를 범할 가능성이
있다는 점을 유념해야 한다.

다. 인상의 문제

첫 인상은 상대방에 대한 신뢰에 큰 영향을 미친다. 어떤 복장으로 어떻
게 행동하고 어떻게 말하는지 등을 통해 첫 인상이 형성된다.[44] 설득의 당
사자가 너무 여유만만하고 준비된 듯이 보이면 상대방은 설득당하지 않기

위해 방어적인 자세를 취한다. 빈틈없는 태도보다는 부드럽고 자연스럽고 솔직한 자세를 갖는 것이 좋다. 때로는 약간 어눌한 자세를 보여주는 것도 좋다.

라. 신분의 문제

설득을 하는 사람과 당하는 사람의 신분도 신뢰도에 영향을 미친다. 신분이 곧 영향력을 의미하는 경우가 많기 때문에, 설득을 하는 당사자의 신분이 높을수록 신뢰를 얻기 쉽다. 또 신분이 높으면 주목을 받기가 좋고, 믿을 만한 자질이 있다는 평가를 받기 쉽다. 하지만 신분은 설득하려는 상대방이 누구냐에 따라 신뢰도에 미치는 영향력이 달라진다. 신분에 대한 평가 기준이 다르기 때문이다.

노사 관계를 예로 들면, 일반적으로는 회사의 사장이 노동조합의 위원장보다 신분이 높다. 하지만 노사 문제를 설득하기 위해서 사장이나 위원장이 나선다면 노조 조합원들은 위원장을 사장보다 높게 평가할 수 있다. 따라서 설득할 메시지에 따라 상대방이 어떤 기준으로 신분이 높거나 낮다고 평가하는지 따져볼 필요가 있다.

마. 전문성

설득 당사자가 가지고 있는 전문적인 지식과 능력은 신뢰도를 높여준다. 하지만 상대방이 그 지식과 능력을 알지 못하거나, 스테레오타이핑, 즉 고정관념의 문제를 가지고 있을 때는 그 지식과 능력을 활용하는 데 한계가 있다. 예를 들어 설득하는 당사자가 젊기 때문에 경험이 부족하다든지,

여성이기 때문에 기술적인 문제를 잘 모를 것이라고 상대방이 판단하면 설득의 효과가 떨어진다.

이럴 때는 **상대방이 내 실력과 경험을 알 수 있도록 슬쩍 언급하는 것도 좋다.** 예를 들어 설득하는 당사자가 여성이기 때문에 기술적인 문제는 잘 모를 것이라는 스테레오타이핑 문제가 작용하는 경우가 있을 것이다. 이때 자신이 알고 있는 지식을 필요로 하는 질문을 상대방에게 던지고, 자신의 전문적 지식을 이용해 간단히 답변을 해 보여줌으로써 스테레오타이핑 문제를 해결할 수 있다.

바. 외관

설득 당사자가 어떤 복장으로, 어떻게 말하고, 어떻게 행동하는지에 따라 설득 당사자에 대한 상대방의 신뢰가 달라진다. 단정한 복장과 자연스러운 행동은 상대방의 거부감을 없애고 신뢰도를 높일 수 있다.

사. 연관

나와 평소 함께 어울리는 무리나 사람들에 대한 언급은 상대방이 내 신분과 전문성에 관한 지각을 형성하는 데 영향을 미친다. 사회적으로 존경받는 사람의 이름을 거명하는 것은 설득의 효과를 높여준다.

설득의 당사자에 대한 상대방의 호감

설득하는 당사자에게 상대방이 호감을 느낄 때 설득의 효과가 커진다. 따라서 상대방의 호감을 얻기 위해 상대방의 위신과 체면을 세워주고 돋보

이게끔 노력하는 것이 필요하다.[45] 상대방의 호감을 얻기 위해 다음과 같은
방법을 활용할 수 있다.

가. 칭찬

상대방의 호감을 끌어내기 위해 가장 흔히 사용하는 방법은 칭찬이다.
상대방의 장점을 찾아내 칭찬하고 잘했다고 인정해주는 것이다. 특히 상대
방의 행동과 자질이 제대로 평가받지 못할 때 칭찬의 효과는 커진다. 반면
상대방은 스스로 잘했다고 생각하지 않거나 자신의 자질을 장점으로 생각
하지 않는데 칭찬을 받으면 오히려 경계할 수도 있다.

칭찬에는 호감을 끌어내는 이상의 의미가 있다. 상호성의 원리(norm
of reciprocity)에 따라 상대방에게 보답해야 한다는 부담을 갖기 때문이
다. 자신에게 칭찬을 한 상대방에게 불리한 이야기를 할 때는 심리적인 부
담을 느끼게 된다.[46]

협상 당사자는 자신의 행동과 의견, 자세, 말이 서로 일치하기를 원한
다. 이것을 인지적 일관성(cognitive consistency)이라고 한다. 인지적
일관성 때문에 자신이 싫어하는 사람에 대해서는 장점이라도 칭찬하기 꺼
리고, 한번 긍정적으로 말한 사람에 대해서는 그 말에 부합하는 방향으로
인상을 형성하려는 경향이 있다.

반대로 자신의 행동과 믿음, 생각, 의견이 일치하지 않으면 불편함을 느
끼게 되는데, 이것을 인지적 부조화(cognitive dissonance)라고 한다.[47]
협상 당사자들은 이런 인지의 문제에 대해 다음과 같이 반응한다.

첫째, 인지적 부조화를 야기하는 생각과 자세, 행동을 잊거나 무시하려

고 한다. 예를 들어 협상 당사자들은 자신이 보인 불성실한 협상 자세를 대수롭지 않다고 치부해버리곤 한다.

둘째, 인지적 일관성을 유지하기 위해 자신의 행동과 의견을 바꾼다. 예를 들어 상대방이 나를 성실하다고 느낄 수 있도록 자신의 협상 자세를 바꾼다.

셋째, 인지적 부조화를 스스로 납득하기 위해 정당화한다. 예를 들어, 자신의 불성실한 협상 자세는 당시 상황에서 불가피한 것이었다고 말한다.

> 칭찬은 자신을 싫어하는 상대방의 태도도 바꿀 수 있다. 상호성의 원리와 인지적 부조화의 문제를 결합하면 애초부터 자신을 싫어하는 상대방을 설득하는 방법을 찾을 수 있다. 우선 상대방을 칭찬한다. 그러면 상호성의 원리에 따라 내게도 칭찬이 돌아온다. 이것은 상대방에게 인지적 부조화를 일으키고, 이 과정이 반복되면 협상 상대방은 나에 대한 애초의 부정적인 자세를 긍정적인 자세로 바꾸게 된다.

나. 상대방에 대한 배려

설득하는 과정에서 보여주는 상대방에 대한 배려도 호감을 불러일으킨다. 예를 들어 시간적 여유를 주거나 정보를 제공하거나 상대방이 조직 안에서 위상을 유지할 수 있도록 보호해주는 것이다. 특히 협상 상대방이 조직이나 분쟁 당사자를 대표할 때 그 조직 구성원이나 분쟁 당사자보다 미리 정보를 알 수 있도록 제공함으로써 협상 당사자가 조직 안에서 위상을 지킬 수 있도록 배려한다. 또 협상 당사자가 조직을 대표하고 있을 때는 상대방으로부터 인정을 받고 있다는 인상을 조직 구성원들이 갖게끔 배려할

필요도 있다. 즉 협상 당사자가 이야기할 때 경청하고 존중하는 모습을 조
직 구성원들 앞에서 보여주는 것이다.

다. 유대감

자신과 상대방이 갖고 있는 공통점과 유사점을 찾아 동류의식을 끌어내
는 것도 호감을 불러일으킬 수 있다. 출신 학교, 고향, 전공, 직업, 경험,
취미 등을 살펴 공통점이 있는지 찾아본다. 공통점이 크면 유대감도 커지
고, 상대방의 메시지에 대해서 귀를 기울일 가능성도 높아진다.[48] 예를 들
어 협상 회의장에 산수화가 걸려 있을 때, 등산을 화제로 공통점을 찾아보
는 것도 좋다. 상대방이 신문에 기고한 글이 있을 때는 그것을 화제로 삼아
견해의 유사성을 찾아볼 수 있다.

3) 상대방이 설득당하도록 만들기 위해서는?

설득의 효과를 좌우하는 세 번째 요소는 설득의 대상이 되는 상대방이
다. 설득하는 당사자는 공격적인 자세를 취하기 쉽고, 설득당하는 상대방
은 방어적인 자세를 취하기 쉽다. 설득당하는 상대방은 설득하는 당사자의
말에 귀를 기울이고 있는 듯 보여도 사실은 반박을 준비하고 있거나, 자신
이 말하고자 하는 부분에 대해서만 관심을 기울이고 있을 수도 있다.

따라서 상대방을 설득할 때는 자신의 공격적인 자세를 풀고 상대방의
방어적인 자세도 풀게 해야 한다. 또 상대방이 하는 이야기를 주의해서 듣

고 이해하고 있다는 느낌을 전달하고, 설득하려는 내용을 상대방이 쉽게 이해할 수 있도록 배려해야 한다.

설득의 효과를 높이기 위해서 협상 당사자가 유의해야 할 점은 무엇일까.[49]

상대방과의 대면 자세

상대방을 존중한다는 느낌을 주려면 우선 대면 자세부터 주의해야 한다. 눈을 통한 접촉, 몸짓, 상대방의 이야기에 대한 반응을 하나씩 짚어보자.

가. 눈을 통한 접촉

설득하려는 상대방과 눈을 마주치는 것(eye contact)은 아주 중요하다. 이것은 상대방에게 관심이 있고, 상대방의 이야기를 경청하고 있다는 것을 의미한다. 정직하지 못한 상태에서는 상대방을 쳐다보고 말하기 어렵다. 상대방이 이야기할 때 쳐다보지 않으면 상대는 내가 자신을 대수롭지 않게 여기거나, 자신의 이야기를 제대로 듣고 있지 않다고 생각하게 된다.

눈을 마주치는 것은 눈을 고정하는 것과는 다르다. 상대방에게 눈을 고정하면 노려보는 느낌이 들어 불쾌하게 여길 수도 있다. 일반적으로 노려보는 것이 아닌 응시는 잠깐씩 상대방으로부터 떠나게 되는데, 집중해 있을 때는 그 떠나는 횟수와 시간이 줄어든다. 들을 때보다 말할 때, 무엇인가 기억해내려고 할 때 딴 곳을 바라보게 된다. 눈을 마주치는 것이 중요하지만 상대방으로부터 눈이 떠날 수 있기 때문에 내가 상대방에게 중요한 메시지를 전달하려고 할 때는 상대방을 응시하는 노력을 특별히 기울여야 한다.

상대방과 눈을 마주치는 데는 문화적 차이가 있다. 서양과 다르게 우리 나라와 같은 유교문화권 국가에서는 상대방의 눈을 정면으로 응시하는 것이 무례함으로 해석될 수 있다.[50]

나. 몸의 자세

협상 당사자가 취하는 몸의 자세는 상대방이 존중을 받는다는 느낌에 영향을 준다. 몸을 똑바로 세워서 상대방 쪽으로 약간 기울이고 쳐다보는 자세는 상대방의 이야기를 진지하게 듣는다는 인상을 준다. 반면 몸을 축 늘어뜨리거나 비스듬히 앉는 자세, 몸을 뒤로 젖혀서 앉는 자세는 상대방의 이야기에 관심이 없다는 표시로 해석된다.

다. 격려

상대방이 이야기할 때 격려해주는 것도 설득의 효과를 높인다. 고개를 끄덕이거나, 가벼운 응수로 격려할 수 있다.

상대방의 입장에 대한 관심의 표명

상대방이 내 메시지에 관심을 갖게 하고 싶으면 상대방의 의견과 주장을 열심히 경청하고 적극적인 관심을 보이는 것이 좋다. 이것은 또한 상대방이 원하는 것이 무엇인지, 상대방이 상황을 어떻게 인식하고 있는지 이해할 수 있는 기회가 된다.

상대방의 이야기에 대해 질문하는 것도 관심을 표명하는 수단이다. 질문에는 공격의 의미도 있지만, 적절한 질문은 상대의 의견을 경청하고 있다는 의미를 전달하면서 대화를 보충해준다.

예를 들면 "당신이 요구한 것을 다 관철하지 못하면 어떻게 됩니까?" 또는 "그게 왜 중요합니까?" 또는 "어떻게 당신은 그런 입장을 갖게 됐습니까?" 등의 질문은 상대방이 원하는 것이 무엇인지, 상대방이 사안을 어떻게 보고 있는지, 상대방이 어떻게 지금의 입장에 도달했는지 등 상대방을 이해하는 데 도움이 되는 답변을 끌어낼 수 있다.

반면 "제정신을 가진 사람이라면 당신이 하는 말을 누가 믿겠소?" 또는 "당신의 주장을 뒷받침할 수 있는 근거라도 있소?" 또는 "당신이 어떻게 그렇게 말할 수 있소?" 등의 공격적인 질문은 상대방을 방어적으로 만들어 설득의 효과를 저하시킨다.

상대방의 이야기를 풀어서 설명하기

설득의 과정에서 상대방이 하는 이야기를 정확하게 듣고 이해하고 있다는 점을 상대방에게 확인해줄 필요가 있다. 이를 위해 '상대방의 이야기를 나의 말로 풀어서 설명하기'(paraphrasing)를 할 수 있다. 이것은 서로가 이야기를 정확하게 이해하고 있는지를 확인해주는 기회이기도 해서 만약 상대방의 이야기를 잘못 이해했다면 이런 대화를 통해 바로 잡을 수 있다. 상대의 이야기를 내 말로 풀어서 설명하는 것은 '그저 듣기' 보다 자신의 기억력을 높이는 데도 도움이 된다.

내가 상대방의 이야기를 제대로 이해하고 있음을 보여주는 것은 다른 토론으로 넘어갈 때 도움이 된다. 상호성의 원리에 따라 상대방도 열심히 들을 가능성이 높기 때문이다. 필요하다면 내가 이야기한 다음에 상대방에게 내 이야기를 상대방의 말로 설명해달라고 정중하게 요청할 수 있다. 예를 들어 "지금 말씀드린 것은 제게 아주 중요한 내용입니다. 당신이 그것을 어떻게 이해하고 있는지 말씀해주실 수 있습니까?" 하고 요청할 수 있다. 이런 과정을 통해 상대방이 내 이야기를 정확하게 이해하고 있는지 확인할 수 있을 뿐만 아니라, 상대방으로 하여금 설득 과정에 참여하게 만들어 설득의 효과를 높일 수 있다.

상대방의 의견이나 주장에 대한 의사 표시

상대방을 존중하고 있다는 느낌을 주기 위해서 상대방의 의견이나 주장에 대해 의사표시를 할 수 있다. 보통은 상대방의 의견이나 주장 가운데 내가 싫어하는 대목에 대해서만 반응을 보이지만, 내가 좋아하거나 지지하는 부분에 대해서 의사표시를 하면 상대방은 보답받는다는 느낌을 갖는다. 사람은 자신의 행동이 보답받는다고 느낄 때 그 행동을 반복하는 경향이 있다.

간단하게는 상대방의 이야기 가운데 특정한 부분을 지지한다고 말할 수 있다. 예를 들어 "그 점에 대해서 저도 관심을 가지고 있었습니다."라고 반응하면 상대방은 제대로 말했다는 성취감을 느낀다.

내가 강조하고 싶은 부분을 상대방이 이야기하고 있을 때는 상대방을 격려함으로써 그 부분을 더 구체적으로 말하도록 유도할 수 있다. 예를 들어 노조가 "파업으로 회사의 이미지도 나빠질 것"이라고 말하면, 사용자가 "우리도 그 점을 걱정하고 있다."고 말하면서 노조로 하여금 파업의 손실을 구체적으로 이야기하도록 유도할 수 있다.

상대방이 이야기하는 내용 가운데 내가 좋아하는 내용과 좋아하지 않는 내용이 섞여 있을 때도 좋아하는 내용을 자세하게 언급하도록 유도할 수 있다. 예를 들어 집을 사고파는 협상을 할 때 집을 둘러본 고객이 집을 사더라도 수리가 필요하다는 이야기를 했다. 집주인은 수리비만큼 가격을 조정할 수 있다고 말하면서, 그 고객에게 구체적으로 어떤 수리를 원하는지 말해달라고 요청했다.

대외적 천명

상대방이 어떤 입장을 확고하게 지키거나 포기하게 하기 위해 그 입장을 대외적으로 천명하도록 유도할 수 있다. 이 방법은 특히 상대방이 어떤 입장을 지켜야 할 때 유효하다. 입장을 번복하는 것이 인지적 부조화의 문제를 야기하기 때문이다.

노사가 파업이 발생할 가능성이 있는 협상을 벌이고 있다. 사용자 대표는 평화적인 합의를 원칙으로 정하고 노동조합 대표에게도 동의해달라고 요청했다. 그리고 평화 원칙을 굳건히 하기 위해 노조 대표에게 그 원칙을 발표해달라고 요청하거나, 노사 공동 명의로 천명하자고 요청할 수 있다. "쌍방 모두에게 도움이 되는 해결 방안을 평화적으로 찾기로 합의했다."거나 "합의를 위한 구체적인 조건을 찾는 데 모든 노력을 집중하겠다."는 것이 그런 사례들이다.

노동조합 위원장이 조합원들에게 '고용 안정 방안'에 관해 설득하려고 한다. "고용 안정에 내 자리를 걸겠다."고 하면 설득력이 높아진다. 하지만 이 입장을 지키지 못하면 위원장은 체면이 손상되고 실제로 자리를 내놓아야 하는 상황에 몰리게 된다. 만약 사용자가 노조 위원장이 그런 입장을 천명하지 않기를 바란다면 적절한 이유를 제시할 필요가 있다.

상대방의 입장에 자신의 입장을 주입하기

상대방이 오히려 나를 설득하는 데 성공하는 경우가 있다. 상대방의 주장을 경청하다 보니, 그 입장에 일리가 있어서 내 입장을 바꿔야 할 필요를 느끼게 되는 경우다. 하지만 나 역시 조직적인 관계 때문에 지금의 입장을 고수해야 한다. 이럴 때 협상 당사자는 상대방의 설득에 동요하지 않고 자신의 주장을 방어하기 위해 노력하게 된다. 이런 노력은 상대방의 입장에 대해서 나의 입장을 주입(inoculation)하는 것으로 나타난다.

상대방의 주장에 대해자신의 입장을 주입하기 위해 다음 세 가지 방법을 활용할 수 있다.[51]

첫째, 자신의 입장을 뒷받침하는 논리만 편다.

둘째, 일단 자신의 입장에 불리한 논리나 상대방의 입장에 동의하는 논리를 전개하고, 그 다음에 상대방의 입장이 틀렸다는 반박 논리를 편다.

셋째, 양자의 방법을 혼합해서 쓴다. 즉 자신의 입장을 지지하는 논리를 먼저 펴고, 그 다음에 상대방의 입장을 지지하는 논리를 펴고, 마지막으로 상대방의 입장을 반박하는 논리를 편다. 이것은 상대방에 대해 이중방어를 하는 것이다.

첫 번째 주입 방법의 효과가 가장 적고, 세 번째 주입 방법이 가장 효과적이다.

성적표를 받아든 학생이 A학점을 기대하던 과목에서 B학점을 받자 담당 교수를 찾아갔다. 이의를 제기하는 학생에게 교수가 B학점을 준 이유를 설명하기 시작했다.

· 교수는 우선 A학점을 주기에는 학생의 성적이 좋지 않았다고 이야기했다(자신의 입장에 대한 지지).

· 그리고 학생이 직장을 다니기 때문에 다른 학생보다 공부하기 어려웠을 것이라고 말했다(상대방의 입장을 이해함).

· 마지막으로 어쨌든 평가의 기준은 지켜져야 한다고 말했다(상대방의 입장에 대한 반박).

내 입장을 방어하는 데 상대방이 참여할수록 주입의 효과는 높아지고, 내 입장을 방어하는 데 사용하는 논리가 많을수록 접목의 효과가 커진다.

한 종업원이 연봉 인상을 요구하며 사장과 면담을 하기로 했다. 사장은 그 종업원의 영업 실적이 부진한데다 다른 종업원들과 형평성을 맞춰야 하기 때문에 연봉을 올려줄 수 없다고 말했다. 그리고 회사의 경영환경이 좋지 않은데도 그 종업원이 열심히 일했다는 점을 높이 평가했다. 마지막으로 사장은 연봉의 기준과 회사의 경영 실적을 설명하면서, 종업원 자신에 대한 평가와 회사가 가지고 있는 평가 기준을 비교해서 보여주었다.

4) 상대방의 승낙을 얻어내기 위해서는?

상대방으로부터 승낙을 얻어내는 것은 의식적인 상태에서 중추적 경로에 따라 진행되기도 하지만, 무의식적인 상태에서 주변적 경로를 통해서 진행될 수도 있다.[52] 주변적 경로를 통해 승낙하는 것은 자신도 모르게 상대방의 주장에 설득되어 동의하는 것으로, 거의 자동으로 진행된다. 이 승낙은 중추적 경로를 밟아서 진행되는 설득에 비해 효과는 단기간에 그치지만 영향력은 오히려 크다. 이렇게 무의식적으로 상대방의 요청을 받아들이는 현상을 다음의 여섯 가지 원리로 설명할 수 있다.

상호성의 원리

승낙에 영향을 미치는 첫 번째 원리는 상호성의 원리다. 이것은 내가 하나를 받았으니 하나를 갚아야 한다는 심리다. 내가 상대방에게 공손히 대하면 상대방도 나를 공손히 대할 것이라는 기대도 이 상호성의 원리로 설명할 수 있다.

상호성의 원리 때문에 상대방이 하는 조그만 양보에 대해 내가 큰 양보를 하기도 한다. 이런 일을 피하기 위해 상대방이 제공하는 호의를 받아들이지 않는 경우도 있다. 하지만 이런 방안은 오히려 상대방에게 모욕감을 줄 수 있고 자신도 그 부담을 질 수 있으므로 조심해야 한다. 한편 상대방의 호의가 자신으로부터 응낙을 얻기 위한 농간이라고 분명히 느껴질 때는 상대방의 계교로 간주하고 경계해야 한다.

다짐의 원리

승낙에 영향을 미치는 두 번째 원리는 다짐이다. 사람들은 자신과 상대방이 모두 일관성을 갖기를 원하고, 무엇을 결심하면 그 믿음에 집착하는 경향이 있다. 이것은 입장에 대한 다짐으로 나타난다.

상대방이 무엇인가 다짐하도록 하는 것은 상대방의 승낙을 받아내는 방법이 될 수 있다. 다짐을 받아낼 때는 상대방이 직접 글로 쓰거나 서명하게 하는 것도 좋다. 그러면 나중에 이것과 관련된 다른 요청을 했을 때 승낙을 받기가 쉽다. 예를 들어 다짐의 원리를 활용해 제품을 판매할 때 소비자가 주문서에 직접 기입하도록 할 수 있다. 이것은 소비자가 나중에 구입을 취소하는 경우를 줄이는 방법이 된다.

협상을 할 때도 다짐의 원리가 작용한다. 협상의 초기에 작은 사항에 관한 것이라도 상대방의 합의를 얻어내면, 그것을 토대로 해서 다른 사안에 대한 양보를 받기 쉬워진다.

한편 상대방 역시 나의 승낙을 얻기 위해서 다짐의 원리를 이용할 수 있기 때문에 내가 무의식적으로 심리적인 거부감을 느끼는지 주의 깊게 살펴볼 필요가 있다. 상대방이 다짐의 원리를 이용해 무의식중에 승낙을 받으려고 하면 나는 '상대방과 같이 있는 것이 불편하다.'거나, '협상이 이상하게 진행되고 있다.'는 느낌을 받기 때문이다.

사회적 증거의 원리

승낙에 영향을 미치는 세 번째 원리는 사회적 증거의 원리(principle of social proof)다. 사회적 증거의 원리란, 사람들이 스스로에 대해 제대로 판단하고 행동하는지를 점검하기 위해 다른 사람의 행동 방식을 보는 것을 말한다.

예를 들면 텔레비전의 코미디 프로그램이 웃음소리를 배경으로 만들어진 것은 시청자들이 덩달아 웃게끔 유도하는 것으로, 사회적 증거의 원리를 활용한 기법이다. 세일즈맨이 제품에 대해 만족을 느끼고 있는 소비자들의 이름을 거명하며 홍보를 하는 것도 마찬가지다. 만족감을 느끼는 다른 소비자들이 사회적 증거의 역할을 한다.

하지만 승낙을 받기 위해 상대방이 제시한 사회적 증거가 잘못된 정보일 수 있다는 점을 유념해야 한다. 세일즈맨이 거명한 소비자들이 모두 제품에 대해 만족한다는 주장이 사실이 아닐 수도 있다. 따라서 상대방이 제시한 사회적 증거의 의미를 파악하고 사실 여부를 판단하기 위해 사전준비를 철저히 해야 한다.

애호의 원리

승낙에 영향을 미치는 네 번째 원리는 애호의 원리(liking principle)다. 이것은 좋아하는 사람이나 매체로부터 받는 영향을 의미한다. 예를 들어 텔레비전의 판촉 광고에 인기배우나 유명인사를 등장시키거나 영상을 반복해 친근감을 높이는 것은 모두 애호의 원리를 활용한 것이다.

협상에서는 상대방이 좋아하는 사람을 자신의 팀에 포함시켜 상대방에 대한 영향력을 높임으로써 이 원리를 활용할 수 있다. 애호의 원리는 자신도 모르게 작동하는 것이라 차단하기가 쉽지 않다. 애호의 원리에 따른 부작용을 차단하려면 왜 그 사람을 좋아하는지 냉정하게 생각해보고, 그 사람의 영향을 받음으로써 입는 손실을 따져볼 필요가 있다.

권위의 원리

승낙에 영향을 미치는 다섯 번째 원리는 권위의 원리(principle of authority)다. 권위 있는 사람이 권위 없는 사람보다 영향력이 크고, 권위가 있는 사람의 행동은 정당성을 보장받기가 더 쉽다.[53]

권위는 직책과 직위, 전문성 등과 관련이 있다. 직책이 높고 직위가 훌륭하며 전문성이 있는 사람이 그렇지 않은 사람보다 권위가 높다. 예를 들어 박사나 교수와 같은 직위는 그 사람의 발언에 권위를 부여한다. 그런가 하면 식당에서는 종업원의 추천이 고객의 메뉴 선택에 영향을 미치는데, 이것은 종업원이 음식에 대해 많이 알고 있다는 전문성에 의해 생긴 권위 덕분이다.

협상에서 권위에 의해 부당한 영향력을 받지 않으려면 두 가지 질문을 던질 필요가 있다. 하나는 상대방이 그 문제에 대해서 정말 권위를 가지고 있는지, 다른 하나는 상대방이 왜 이런 의견을 제시했을지 이유를 따져보는 것이다. 즉 상대방의 권위가 전문성에서 나온 것인지, 그 전문성이 사실인지를 생각하면서 권위의 원리 때문에 무의식중에 승낙하는 경우를 피하게 된다.

희소성의 원리

승낙에 영향을 미치는 여섯 번째 원리는 희소성의 원리(principle of scarcity)다. 보기 드물다는 이유로 사람들의 관심을 끌고 영향력이 강해지는 것을 희소성의 원리라고 한다. 예를 들어 어떤 책이 판매금지 조치를 받으면 인기가 더 높아지는 것과 같다.

협상의 경우 상대방에게 "이 한 번의 기회밖에 없다."고 하거나 "더 이상은 시간을 줄 수 없다."고 말하는 방식이 희소성의 원리를 응용한 것이다. 세일즈맨이 어떤 고객에게 물건을 판매하면서 "재고가 얼마 남지 않았다." 또는 "이 물건이 마지막 물건이다."라고 함으로써 고객의 구매 심리를 자극하는 것도 마찬가지다.

희소성의 원리에 의해서 무의식적으로 승낙하는 경우를 피하려면 충동적인 판단을 하지 말아야 한다. 예를 들어 어떤 제품을 구입할 때는 구입의 이유와 구입의 조건을 면밀히 따져봐야 한다.

제1부

1) 　개혁 과정의 중요성에 대한 문제 제기에 대해서는 박세일(2000) 참조

2) 　의약 분업 분쟁과 협상에 대해서는 손명세(2002) 참조.

3) 　여기에 대해서는 정규재 · 김성택(1998) 참조.

4) 　우리나라 통상 협상의 문제에 대해서는 곽노성(1999), 김기홍(2002), 김종갑(2002) 참조.

5) 　공기업 노사 협상의 문제에 대해서는 하종범(1998), 김태기(2001) 참조.

6) 　대우자동차 매각 협상에 대해서는 이영면 · 김태기(2002) 참조.

7) 　새만금 간척사업 분쟁에 대해서는 이재협(2002) 참조.

8) 　문화적 차이가 협상에 미치는 영향에 대해서는 Hofstede(1991) 참조. 일본인의 협상 스타일에 대해서는 March(1990) 참조. 우리나라의 협상 문화에 기분이 크게 작용한다는 지적에 대해서는 Tung(1991) 참조.

9) 　'의사 결정(decide)-선언(announce)-방어(defend)'의 문제점과 '대화(dialogue)-의사 결정(decide)-전달(deliver)'의 필요성에 대해서는 Watkuns(2002) 참조.

10) 　협상자로서의 경영자에 대해서는 Lax and Sebenius(1986) 참조.

11) 　이런 사례에 대해서는 새만금 간척사업의 경우를 다룬 이재협(2002), 의약 분업 분쟁을 다룬 손명세(2002) 참조.

12) 　이런 사례에 대해서는 재벌 정책과 정부의 관계를 다룬 강명헌 · 김태기 · 이근(2002) 참조.

13) 　협상을 통한 규칙 제정의 사례에 대해서는 Dunlop(1984) 참조.

14) 　노사 분쟁 조정 제도의 경우에 대해서는 김태기(1998) 참조.

15) 　예를 들면, 우리나라의 변호사 법은 변호사가 아닌 해당 분야 전문가에 의한 분쟁 해결의 지원을 가로막고 있다.

16) 　청소년이 학교와 가정에서 겪는 갈등 문제에 대해서는 손승영 외(2001) 참조.

17) 　협상에 대한 국내 연구로 이달곤(1995), 곽노성(1999), 김기홍(2002) 참조.

18) 　학교에서의 협상 문제에 대해서 정기오 · 김태기(2001) 참조.

19) 　분쟁 해결의 바람직한 방법이 충족해야 할 원리에 대해서는 Ury, Brett and Gold-berg(1993) 참조.

20) 　갈등에 대한 정의는 Pruitt and Rubin(1986) 참조.

21) 갈등의 2중관심모형(dual concern model)과 갈등의 네 가지 해결 방식에 대해서는 Pruitt and Rubin(1986)과 Savage, Blair and Sorenson(1989) 참조.

22) 연구자들에 따라 경쟁과 협력, 대립과 통합의 용어 선택이 달라진다. 갈등의 문제를 두 가지로 대별하는 연구는 Walton and Mckersie(1965) 참조.

23) 갈등이 악화되어 협상을 하는 단계로 도달하는 과정에 대해서는 Rubin et al.(1994) 참조. 이런 과정은 갈등을 유발하는 문제에 따라 약간씩 달라지는데 Edelman and Crain(1994)은 이혼을 둘러싼 갈등에 대해서 부인(denial)→분노(anger)→협상(bargaining)→인정(acceptance)으로 개념화하고 있다.

제2부

1) 분쟁의 진단에 대해서는 Ury, Brett and Goldberg(1993), Watkins(2002) 참조.

2) 협상을 시스템의 관점에서 접근하는 연구에 대해서는 Walton, Cutcher-Gershenfeld and Mckersie(1994), Watkins(2002) 참조.

3) 위기 협상에 대해서는 Watkins(2002) 참조.

4) 취재 협상과 기자의 딜레마에 대해서는 Mitropoulus(1999) 참조.

5) 분쟁 해결의 세 가지 논리에 대해서는 Ury, Brett and Goldberg(1988) 참조.

6) 이익 중심의 협상과 입장 중심의 협상에 대해서 Fisher and Ury(1981) 참조.

7) 이익은 경제적인 문제만이 아니라 절차의 문제, 관계의 문제, 원칙의 문제와도 관련이 있다.

8) 협상이 갖는 한계에 대해서는 Lax and Sebenius(1986) 참조.

9) 협상 이슈를 조절하는 문제에 대해서 Lax and Sebenius(1986) 참조.

10) 협상의 심리적 장애물에 대해서는 Kahneman and Tversky(1999) 참조.

11) 조정의 역할에 대해서 Raiffa(1982), 김태기(1999) 참조.

12) 의약 분업 분쟁에 대해서는 손명세(2002) 참조.

13) 협상의 구조에 대한 일반적인 논의는 Zartman(1991) 참조.

14) 이런 점에서 다자 간 협상을 집단협상(group negotiation)이라고 할 수 있다.

15) 어떤 협상이 다른 협상과 깊이 관련되어 있을 경우 Watkins(2002)는 연계 협상(linked negotiation)이라고 개념화하고 있다.

16) 협상에서 긍정적인 외부효과와 부정적인 외부효과에 대해서는 Dixit and Skeath(1999) 참조.

17) 한국, 북한, 미국, 소련 간의 협상 구조와 연계성에 대해서는 김종림 · 김태기(1989) 참조.

18) 협상 당사자 조직의 내부협상(intraorganizational bargaining)에 대해서는 Walton and Mckersie(1965) 참조.

19) 공공분쟁에 있어서 일반 국민의 여론 등 협상 객체의 영향력에 대해서는 Susskind and Cruikshank(1987) 참조.

20) 국가 간의 협상에 있어서 협상 구조의 다면성 문제에 대해서는 Evans, Jacobson and Putnam(1993) 참조.

21) 단체교섭의 구조에 대해서는 Flanagan, Smith and Ehrenberg(1984), 김태기(1993) 참조.

22) 대리인을 선정하는 이유에 대해서 Rubin(1991) 참조

23) 대리인 문제에 대해서는 Lax and Sebenius(1986) 참조.

24) 협상에서 집단의 공동 의사 결정 문제에 대해서는 Bazerman and Neale(1992) 참조.

25) 노사 협상에서 대표자의 권한 문제에 대해서는 김태기·윤봉준(1991) 참조.

26) 변호사의 선임에 대해서는 Gilson and Mnookin(1999) 참조.

27) 의약 분업을 둘러싼 분쟁에 대해서는 손명세(2002) 참조.

28) 협상을 통한 분쟁 해결과 사법적 판단을 통한 분쟁 해결의 선택에 대해서는 Flanagan(1987) 참조.

29) 지적재산권 분쟁에 대한 심리적 문제에 대해서는 Watkins(2002) 참조.

30) 환경 및 개발 분쟁에 대해서는 Susskind and Cruikshank(1987), Gorczynski(1992), 이재협(2001) 참조.

31) 새만금 간척 사업을 둘러싼 분쟁에 대해서는 이재협(2002) 참조.

32) Putman(1998)은 국가 간의 협상에서 추인의 문제를 국내 정치와 외교의 관점에서 설명하는데, 추인 때문에 국가 간의 협상이 2단계 게임(Two-Level Game)이 된다는 이론을 제기하고 있다.

33) 추인이 협상에 미치는 영향력에 대해서는 Lax and Sebenius(1986) 참조.

34) 여기에 대해서는 Nierenberg(1986), Schoenfield and Schoenfield(1991) 참조. 양보를 야금야금 얻어내는 전술(salami tactics)은 헝가리 공산당의 총서기가 개념화했다. 영문에 들어가는 살라미(salami)는 맛이 짠 이태리 소시지의 이름이다.

35) 벼랑 끝 협상의 원리에 대해서는 Dixit and Skeath(1999) 참조.

36) 교섭권과 체결권의 분리 문제에 대해서는 박기성(1992) 참조.

37) Schoenfield and Schoenfield(1991)는 문제의 80퍼센트가 협상 종료 시점 20퍼센트 전에 타결된다고 주장하고 있다.

38) 조정자의 역할에 대해서는 Raiffa(1982), Lax and Sebenius(1986) 참조.

39) Folberg and Taylor(1884)는 노사 분쟁의 조정은 제3자의 지원에 의한 분쟁 해결의 모형이 된다고 주장한다.

40) 여기에 대해서는 Rubin(1981)과 Raiffa(1982) 참조. 당시에 캠프데이비드 협정을 주도한 카터 대통령과 번스 국무장관은 키신저 전 국무장관이 채택한 왕복외교(shuttle diplomacy)에 바탕을 둔 단계별 전략(step-by-step approach)을 폐기했다. 대신 분쟁 당사국이 합의안을 만드는 데 직접 참여하는 단일협상 초안(single negotiation text) 전략을 채택했다.

41) 조정 제도와 조정의 성공 요인에 대해서는 김태기(1999) 참조.

42) Susskind와 Cruikshank(1987)는 제3자의 지원에 의한 협상으로 협상의 촉진(faciliation), 조정(mediation), 구속력 없는 중재(nonbinding arbitration)의 세 가지 형태를 제시하고 있다.

43) 협약의 체결을 둘러싼 분쟁에 대해 노동위원회는 조정 대상을 임금과 근로조건 등 노동조건의 결정에 관한 사항으로 제한하고 있다. 조정 기간은 10일 또는 15일로 하고 조정의 신청 및 조정위원의 선정, 조정위원회의 구성 등 조정 절차도 법으로 정해놓고 있다.

44) 법으로 노사 분쟁 조정 제도를 강화하고는 있지만, 조정의 원리에 충실하지 못하기 때문에 조정의 실효성이 떨어지는 문제점이 있다.

45) 조정자로서의 경영자(manager as mediatior)에 대해서는 Raiffa(1982), Lax and Sebenius(1986) 참조.

46) 중재 제도의 특징과 유형에 대해서 Goldberg, Green, Sander(1985) 참조.

47) 중재 제도의 활용 추세에 대해서는 Singer(1990) 참조.

48) 중재 제도의 냉각효과와 중독효과에 대해서는 Kochan(1980) 참조.

49) 중재가 협상 당사자의 행동에 미치는 영향에 대해서는 Farber(1980) 참조.

50) 중재 판정의 방식에 대해서는 Hill and Sinicropi(1989) 참조.

제3부

1) 협상의 이익 문제에 대해서는 Lax and Sebenius(1986) 참조.

2) 국가 간 협상 문화의 차이에 대해서는 Salacuse(1988), March(1989) 참조.

3) 일본의 협상 문화에 대해서는 March(1989) 참조.

4) 이슈의 성격에 따라 갈등의 강도가 달라지는 문제에 대해서는 Burton(1984) 참조.

5) 협상 목표의 성격에 대한 이런 분류는 Walton and Mckersie(1965) 참조.

6)　　협상 목표의 분류에 대해서는 Schoenfield and Schoenfield(1991) 참조.

7)　　협조적 협상 목표의 세 가지 종류에 대해서는 Lewicki et al.(1994) 참조.

8)　　협상 전략의 의미에 대해서는 Shelling(1960)을 참조. 일반적인 의미에서 전략은 Mintzberg and Quinn(1991)을 참조.

9)　　협상 전략의 유형과 선택에 대해서는 Pruitt(1991) 참조. Pruitt가 주장하는 경쟁적 협상 전략은 양보 추구형 협상 전략에 해당되고 협력적 협상 전략은 문제 해결형 협상 전략에 해당된다.

10)　　Thomas(1976)는 경쟁적 협상 전략과 협력적 협상 전략으로 개념화하고 있고, Walton and Mckersie(1965)는 분배적 협상(distributive bargaining) 전략과 통합적 협상(integrative bargaining) 전략으로, Lax and Sebenius(1986)는 가치 주장적(claiming value) 협상 전략과 가치 창출적 협상(creating value) 전략으로 개념화하고 있다.

11)　　노사의 협상 전략 선택에 대해서는 이성희(2002) 참조.

12)　　공동 문제 해결형 협상 전략의 조건에 대한 논의는 Pruitt(1991) 참조.

13)　　문제 해결형 협상 전략 아래에서 당사자들의 자세는 Lewicki et al.(1999) 참조.

14)　　이런 협상을 Fisher and Ury(1981)는 원칙에 입각한 협상(principled negotiation) 또는 가치 추구적 협상(negotiation on merit)이라고 한다.

15)　　최초의 제안 문제와 제안의 조정(anchoring and adjustment)에 대해서는 Bazerman and Neale(1992) 참조.

16)　　양보 추구형 협상 전략의 다양한 형태와 각각의 특징에 대해서는 Schoenfield and Schoenfield(1991) 참조.

17)　　무합의 대안(no-agreement alternatives)에 대해서는 Lax and Sebenius(1986) 참조.

18)　　최초의 제안이 가지는 중요성을 간과하는 협상의 실패 문제에 대해서는 Bazerman and Neale(1992) 참조.

19)　　승자의 불행(winner's curse)에 대해서는 Bazerman and Neale(1992) 참조.

20)　　협상의 마무리 단계에서 느끼는 이런 심리적 문제에 대해서 Bazerman and Neale(1992) 참조.

21)　　문제 해결형 협상 전략의 단계에 대해서 Walton and Mckersie(1964)는 3단계를, Fisher and Ury(1981)는 4단계를 제시하고 있다.

22)　　문제의 확인 및 처리에 대한 자세한 논의는 Shea(1983) 참조.

23)　　사람과 문제를 분리하는 것을 Fisher and Ury(1981)는 문제 해결형 협상 전략을 실행하는 첫 번째 관문으로 강조하고 있다.

24)　입장과 이익의 차이에 대해서는 Fisher and Patton(1991) 참조.

25)　이익과 입장을 구분하는 방법에 대해서는 Fisher and Ury(1981) 참조.

26)　대안 창출의 방법에 대한 논의는 Lewicki et al.(1994) 참조.

27)　협상 당사자의 심리적 문제에 대해서 Bazerman and Neale(1992) 참조.

28)　협상에서 브레인스토밍 회의를 활용하는 방법에 대해서는 Fisher and Ury(1981) 참조.

29)　문제 해결적 협상 자세에 대해서는 Fisher, Ury and Patton(1991) 참조.

30)　대안을 선택하는 방법의 문제에 대해서는 Pruitt and Carnevale(1993) 참조.

31)　합의문안 정리에 대해서는 김태기(1993) 참조.

제4부

1)　가치 창출, 가치 주장, 행동 변화에 대해서는 Lax and Sebenius(1986) 참조

2)　정보 교환의 방법에 대해서는 Schoenfield and Schoenfield(1991), Shell(1999) 참조.

3)　질문의 활용에 대해서는 Nierenberg(1986) 참조.

4)　정보의 공개에 대해서는 Schoenfeld and Schoenfeld(1991) 참조.

5)　정보 전달에 있어서 단서(clues)의 역할에 대해서는 Cohen(1980) 참조.

6)　협상의 준비와 정보의 획득에 대해서는 Kramer(2001) 참조.

7)　협상 전술의 정의에 대해서는 Quinn(1991) 참조.

8)　여기에 대해서는 Lax and Sebenius(1986) 참조.

9)　협상 전술에 대해서는 Walton and Mckersie(1965) 참조.

10)　양보 추구형 협상 전략 아래 협상 과정을 관리하는 것에 대해서는 Schoenfield and Schoenfield(1991) 참조.

11)　제안의 순서 문제에 대해서는 Schoenfield and Schoenfield(1991) 참조

12)　힘의 행사가 갖고 있는 문제점에 대해서는 Fisher and Brown(1988) 참조.

13)　우호적인 협상 분위기의 효과에 대해서는 Fisher and Brown(1988) 참조.

14)　차이점과 공통점의 인식 문제에 대해서는 Pruitt and Rubin(1986)을 참조.

15)　상위의 목표에 대한 인식의 계기 문제에 대해서는 Johnson and Lewicki(1969) 참조.

16)　양극화된 입장을 통합적인 측면에서 접근하는 문제에 대해서는 Eiseman(1978) 참조.

17)　호의적인 대안을 만드는 방법에 대해서 Fisher(1969) 참조.

18)　긴장 완화를 위한 단계적 호혜 조치(GRIT) 이론은 1962년에 Osgood에 의해서 제시됐다. 냉전(cold war) 상태를 군축(disarmament) 관계로 전환하기 위한 방안으로 활용됐다.

19) 대화와 역할 바꾸기에 대해서는 Fisher and Brown(1988) 참조.

20) 역할 바꾸기(role reversal)의 의미와 그 한계에 대해서는 Johnson and Dustin(1970) 참조.

21) 협상 이슈의 조절에 대해서는 Fisher(1964) 참조.

22) 협상의 문제와 인간적인 문제의 분리에 대해서는 Fisher, Ury and Patton(1991) 참조.

23) 협상의 오류에 대해서는 Bazerman and Neale(1992) 참조.

24) 협상 경험의 활용 문제에 대해서는 Lewicki et al.(1994) 참조.

25) 협상의 계교에 관한 문제는 Cohen(1980), Dawson(2001) 참조.

26) 비열한 계교에 대응하는 문제에 대해서는 Fisher, Ury and Patton(1991) 참조.

27) 협상력이 불균형 상태에 있을 때 협상을 관리하는 문제는 Watkins(2002)와 Donohue and Kolt(1992) 참조.

28) 협상력의 우위에 의존해 협상을 할 때의 문제점과 대처 방안에 대해서는 Fisher, Ury and Patton(1991) 참조.

29) 협상력의 차이를 극복하는 문제에 대해서는 Lewicki(1994), Watkins(2002) 참조.

30) 5단계 돌파 이론에 대해서는 Ury(1991) 참조.

제5부

1) 협상의 단계와 대화의 역할에 대해서는 Zartman and Bermanc(1982), Holmes(1992) 참조.

2) 지각과 대화의 문제에 대해서는 Steers(1984) 참조.

3) 협상에 대한 지각에 대해서는 Deutsch(1973) 참조.

4) 지각의 오류 문제에 대해서는 Lewicki et al.(1994) 참조.

5) 상대방이 가진 부정적인 특징을 전체 특징으로 일반화시키는 문제는 혼효과(horn effect)라고 한다.

6) 협상에 있어서 틀 짜기의 문제에 대해서는 Putnam and Holmer(1992) 참조.

7) Gray and Donnellon(1989)은 협상에 있어서 여섯 가지 유형의 틀을 제시하고 있다. 협상의 이슈 등 실체에 관한 틀, 협상 결과가 수반할 이해관계 득실에 관한 틀, 상대방의 행동에 대한 기대와 협상 결과에 대한 평가의 틀, 협상의 진행에 관한 틀, 당사자들의 욕구와 이익에 관한 틀, 당사자들이 선호하는 입장이나 해결 방안에 대한 틀로 구분하고 있다.

8) 상대방의 행동을 설명하는 요인에 대해서는 Heider(1958) 참조.

9) 이런 협상 당사자의 귀인적 오류의 문제는 Jones and Nisbett(1976) 참조.

10) 공감대의 착각 효과에 대해서는 Ross, Greene and House(1977)를, 기본 자료에 대한 오판에 대해서는 Bar-Hillel(1980) 참조.

11) 협상의 중간 단계에서 제안의 주고받기에 대해서는 Lewicki et al.(1994) 참조.

12) 여기에 대해서는 Putnam and Holmer(1992) 참조.

13) 총론(framework)-각론(detail)의 2단계 협상 과정은 외교 분쟁을 설명하면서 Ikle(1964)이 제안했다.

14) 3단계 협상 과정에 대해서는 Zartman(1977) 참조.

15) 협상에서 언어의 역할과 위협과 약속시 표현 방식에 대해서는 Gibbons, Bradac and Busch(1992) 참조.

16) 국제 거래의 문화적 차이에 대해서는 Hofstede(1991) 참조.

17) 언어의 선택이 협상에 미치는 영향에 대해서는 Simmons(1993) 참조.

18) 질문의 활용에 대해서는 Nierenberg(1973) 참조.

19) 협상에서 듣기의 역할과 문제점에 대해서는 Rogers(1957,1961), Austin(1989) 등을 참조.

20) 협상에서 역할 바꾸기(role reversal)에 대해서는 Gabarro(1978) 참조.

21) 역할 바꾸기에 대해서는 Rapoport(1964) 참조.

22) 협상의 마무리 단계에서 발생하는 오류에 대해서는 Lewicki et al.(1994) 참조.

23) 열 가지 마무리 오류에 대해서는 Russo and Shoemaker(1989) 참조.

24) 협상에 있어서 설득의 역할은 Chaiken(1987), Lewicki et al.(1994) 참조.

25) 설득이 진행되는 경로에 대해서는 Petty and Cacioppo(1986) 참조.

26) Petty and Cacioppo(1986)는 중추적 경로를 통한 설득을 강조하고, Chaiken(1987)은 주변적 경로를 통한 설득을 강조하고 있다.

27) 제안을 받는 설득 당사자의 반응에 대해서는 Emerson(1962) 참조.

28) 설득 상대방의 동의를 받아내는 문제에 대해서는 Fern, Monroe and Avila(1986) 참조.

29) 메시지의 당위성 문제에 대해서는 Reardon(1981) 참조.

30) 메시지의 구성 문제에 대해서는 Lewicki et al.(1994) 참조.

31) 서두효과와 말미효과의 문제에 대해서는 Rosnow and Robinson(1967) 참조.

32) 메시지의 내용과 배치 문제에 대해서는 Bettinghaus(1973) 참조.

33) 메시지의 반복 문제에 대해서는 McGuire(1973) 참조.

34) 메시지의 결론을 내리는 문제에 대해서는 Feingold and Knapp(1977) 참조.

35) 메시지를 전달하는 방식의 문제에 대해서는 Lewicki et al.(1994) 참조.

36) 설득 상대방의 참여에 대해서는 Petty and Cacioppo(1990) 참조.

37) 위협의 문제점과 우려의 활용 문제에 대해서는 Leventhal(1970) 참조.

38) 설득에 대한 상대방의 거부 반응에 대해서는 Reardon(1981) 참조.

39) 설득할 때 언어의 강도 문제에 대해서는 Jones and Burgoon(1975) 참조.

40) 설득 당사자의 신뢰와 호감의 문제에 대해서는 Lewicki et al.(1994) 참조.

41) 신뢰를 받는 데 도움이 되는 설득 자세에 대해서는 McCrosky, Jensen and Valen-
cia(1973) 참조.

42) 설득 당사자의 자질에 대해서는 Lewicki et al.(1994) 참조.

43) 첫 대면의 편견에 대해서는 Greenberg and Miller(1966) 참조.

44) 첫 대면시 설득에 미치는 영향에 대해서 Bettinghaus(1980) 참조.

45) 설득의 당사자에 대한 상대방의 호감에 대해서는 Cialdini(1984), Chaiken(1986) 참조.

46) 설득에 있어서 칭찬의 역할에 대해서는 Jones(1964) 참조.

47) 인지적 일관성 문제와 인지적 부조화의 문제에 대해서는 Festinger(1957) 참조.

48) 상대방의 호감을 끌어내기 위한 방법으로 유대감의 활용에 대해서는 O'Keefe(1990)
참조.

49) 협상 당사자가 상대방을 설득할 때 상대방에 대해서 취해야 할 자세에 대해서는 Lewicki
et al.(1994) 참조.

50) 협상 문화의 차이에 대해서는 Ivey and Simek-Downing(1980) 참조.

51) 입장의 주입 문제에 대해서는 McGuire(1964) 참조.

52) 승낙의 원리에 대해서는 Cialdini(1933) 참조.

53) 협상 당사자의 권위와 설득력에 대해서는 Milgram(1974) 참조.

참고문헌 •••

• 강명헌 · 김태기 · 이근, 2002, '협상론에서 본 정부-재벌 관계',《경제발전연구》제
 8권 제1호, 99~123.
• 김기홍, 2002,《한국인은 왜 항상 협상에서 지는가》, 굿인포메이션.
• 김종림 · 김태기, 1989, '남북한 협상 조건의 이론적 연구',《남북통일 이론의 새로
 운 전개》, 양성철 엮음, 경남대학교 극동문제연구소, 346~380.
• 김종갑, 2002,〈한 · 미 자동차 통상 마찰 사례와 시사점〉, 단국대학교 분쟁해결연구
 센터.
• 김태기, 1990,《분쟁 조정의 경제학》, 한국노동연구원.
• 김태기, '한국 노사 관계의 정치경제학',《한국의 정치 갈등》, 한재호 · 박찬욱 엮
 음, 법문사, 159~190.
• _____, 1993,〈단체교섭의 절차와 기법〉, 한국노동연구원.
• _____, 1998, '노동쟁의 조정 제도의 효율성과 우리나라 조정 제도의 평가',《노동경
 제논집》, 제21권 제2호, 1~16.
• _____, 1999,〈노사 분쟁 조정에 관한 연구〉, 한국노동연구원.
• _____, 1999, '단체협약 이론과 한국 단체협약의 개선 과제',《노동경제논집》제22권
 제1호, 165~179.
• _____, 2001, '노사 협상 이론의 새로운 영역과 적용 : 공공부문을 중심으로',《노동
 경제논집》제24권 제2호, 197~225.
• 김태기 · 윤봉준, 1991,〈노사 분규 연구〉, 한국노동연구원.
• 박세일, 2000,《법경제학》, 박영사.
• 박덕제 · 박기성, 1990,〈한국의 노동조합(Ⅱ)〉, 한국노동연구원.
• 손명세, 2002,〈의료분야의 분쟁 유형과 협상 과정 연구 : 2000년 의약 분업 과정에
 서의 협상을 중심으로〉.
• 송복, 1990,《한국 사회의 갈등 구조》, 경문사.
• 손승영 · 김현주 · 전효관 · 주은희 · 한경혜, 2001,《청소년의 일생과 가족》, 생각의
 나무.
• 원창희, 1999, '노사 분규 원인과 효과적 예방 기법',《노동경제논집》제22권 제1
 호, 141~163.
• 윤성천 · 김정한, 1998,〈단체협약분석(Ⅱ)〉, 한국노동연구원.
• 이성희, 2002,〈노사 협상 전략의 선택 조건과 협상 전략이 협상 결과에 미치는 영

향에 대한 실증 연구〉, 고려대학교 대학원.

· 이영면 · 김태기, 1999, '대우자동차의 매각과 협상', 《한국의 분쟁 해결 역량에 대한 평가》, 단국대학교 분쟁해결연구센터.

· 이영면, 1998, '임금 교섭 기간의 결정 요인에 관한 연구', 《산업관계연구》, 227~250.

· 이종훈 · 이성희, 1996, 〈공공부문의 노사 관계 합리화 방안에 관한 연구〉, 노사 관계 개혁위원회.

· 이영희 · 김태기, 1989, 〈노동쟁의 조정 제도 연구〉, 한국노동연구원.

· 이재협, 2002, '우리나라 환경 분쟁의 양상과 바람직한 해결 방안에 관한 일고찰: 새만금 간척사업 사례를 중심으로', 《한국의 분쟁 해결 역량에 대한 평가》, 단국대학교 분쟁해결연구센터.

· 이달곤, 2000, 《협상론》, 법문사.

· 정규재 · 김성택, 1998, 《이 사람들 정말 큰일 내겠군》, 한국경제신문사.

· 정기오 · 김태기, 1999, 《학교를 위한 협상론》, 한국교원대학교 출판부.

· 정기오, 2002, 〈양식화된 의사소통과 정책 과정의 민주화: 교육인적자원 정책 과정을 중심으로〉, 단국대학교 분쟁해결연구센터.

· 최종태, 1996, 《현대 노사 관계론》, 경문사.

· Akerlof, George A. and William Dickens, Economic Consequences Dissonance, *American Economic Review* 72, 1982, 307~319.

· Akerlof, George A. and Janet L. Yellen, Can Small Deviations from Rationality Make Significant Differences to Economic Equillibrium?, *American Economic Review* 75, 1985, 708~720.

· Anderson, John C., Bargaining Outcomes: An IR System Approach, *Industrial Relations* 18 No. 2, 1979, 127~142.

· Ashenfelter, Orley. and George Johnson, Bargaining Theory, Trade Unions and Industrial Strike Activity, *American Economic Review* 59, March 1969, 35~49.

· Babcock, Linda and George Loewenstein, Explaining Bargaining Impasse : The Role of Self-Serving Biases, *Journal of Economic Perspectives* 11(1), Winter 1997, 109~126.

· Bartel, Ann and David Lewin, Wages and Unionism in the Public Sector : The Case of Police, *The Review of Economics and Statistics*. Vol. 63. No. 1, 1981, 53~59.

· Becker, Garys. and Kevin M. Murphy, A Theory of Rational Addiction, *Journal of Political Economy* 96, 1988, 675~700.

· Becker, Garys, *Accounting for tastes*, Harvard University Press, 1996.

· Booth, A. and R. Cressey, Strikes with Asymmetric Information : Theory and Evidence, *Oxford Bulletin of Economics and Statistics 52*, 1990, 269~291.

· Boulding, Kenneth E., Organization and conflict, *Journal of Conflict Resolution*, 1957, 122~134.

· Camerer, Colin F., Progress in Behavioral Game Theory, *Journal of Economic Perspectives* 11(41), 1997, 167~188.

· Camerer, Colin F., Eric Johnson, Talia Rymon and Sankar Sen, Cognition and Framing in Sequential Bargaining for Gains and Losses, *Contributions to Game Theory*, Massachusetts Institute of Technology Press, 1993, 27~47.

· Courant, Paul, Edward Gramlich. and Daniel Rubinfeld, Public Employee Market Power and the Level of Goverment Spending , *American Economic Review* 69, 1979, 806~817.

· Cross, John G., *Economic Perspective in International Negotiation*, Kremenyuk, Victor A.(ed), Jossey-Bass Publisher, 1991.

· Curie, Janet and Sheen McConnell, Collective Bargaining in the Public Sector : The Effect of Legal Structure on Dispute Costs and Wages, *American Economic Review* 81, 1991, 693~718.

· Deutsch, M., *The Resolution of Conflict*, Yale University Press, 1973.

· Dixit, Avinash K. and Barry J. Nalebuff, *Thinking Strategically*, Norton, 1991.

· Evans, Peter B., Harold K. Jsacobn and Robert D. Putnam, *Double-Edged Diplomacy*, California, 1993

· Flanagan, Robert J., Robert S. Smith and Ronald G. Ehrenberg, *Labor Economics and Labor Relations*, Glenview, Scott, Foresman and Company, 1984.

· Forsythe, Robert, John Kennan and Barry Sopher, An Experimental Analysis of Strikes in Bargaining Games with One-Sided Private Information, *American Economic Review* 81, 1991, 253~278.

· Gorczynski, Dale M., *Environmental Negotiation*, Lewis, 1992.

· Gulliver, P., *Disputes and Negotiations: A Cross-Cultural Perspective*, Academic Press, 1979.

· Hart, O., "Bargaining and Strikes, *Quarterly Journal of Economics* 104, 1989, 26~43.

· Hayes, Beth., Unions and Strikes with Asymmetric Information, *Journal of Labor Economics* 2, 1984, 57~83.

· Hargreaves Heap, Shann P. and Yanis Varoufakis, *Game Theory*, Routledge, 1995.

· Horton, Raymond D., Fiscal Stress and Labor Power, Proceedings of the Thirty-Eighth Annual Meeting," *Industrial Relations Research Association*, 1986.

· Kagel, John H. and Alvin E. Roth(ed), *Handbook of Experimental Economics Princeton*, Princeton University Press, 1995.

· Kennan, John, The Economics of Strikes, *Handbook of Labor Economics* Vol. II, Orley Ashenfelter and R. Layard(ed), Elsevier Science Publisher, 1986.

· Kennan, John and Robert Wilson, Bargaining with Private Information, *Journal of Economic Literature* Vol. 31, 1993, 45~104.

· Kochan, Thomas A., A Theory of Multilateral Collective Bargaining in City Governments, *Industrial and Labor Relations Review* 27. No.4, 1974, 525~542.

· Lax, D. and Sebenius, J., *The Manager as Negotiator : Bargaining for Cooperation and Competitive gain*, Free Press, 1986.

· Lazear, Edward P., Labor Economics and the Psychology of Organizations, *Journal of Economic Perspectives* 5(2), 1991, 89~110.

· Lewin, David and Mary McCormick,Coalition Bargaining in Municipal Governments: The New York City Experience, *Industrial and Labor Relations Review* 34 No.2, 1981, 175~190.

· Lewin, Shira B., Economics and Psychology : Lessons for Our Own Day From the Early Twentieth Century, *Journal of Economic Literature* Vol. 34, 1996, 1293~1323.

· Mackie, Karl J., *A Handbook of Dispute Resolution*, Routledge, 1991.

· March, Robert M., *The Japanese Negotiator*, Kodansha, 1990.

· Neale, M. and Bazerman, M. H., "The Effects of Framing and Negotiator Overconfidence on Bargaining Behaviors and Outcomes," *Academy of Management Journal* 28, 1985, 34~49.

· Pruitt, D. G. and Rubin, J. Z., *Social Conflict : Escalation, Stalemate and Settlement*, Random House, 1986.

· Pruitt, Dean G., *Strategy in Negotiation in International Negotiation*, Kremenyuk, Victor, A.(ed), Jossy-Bass Publisher, 1991.

· Putnam and M. Roloff(ed), *Communication and Negotiation*, Newbury Park, CA:

Sage, 1992.

- Putnam, Robert D., "Diplomacy and Domestic Politics", *International Organization* 42, 1988, 427~460.
- Rabin, Matthew, Incorporating Fairness into Game Theory and Economics, *American Economic Review*, December 1993.
- Rabin, Matthew, Psychology and Economics, *Journal of Economic Literature*. Vol. 36, 1998, 11~46.
- Raiffa, H., The *Art and Science of Negotiation*, Cambridge, MA: Belknap Press of Harvard University Press, 1982.
- Rasmusen, Eric, *Games and Information*, Cambridge, 1989.
- Sen, Amartyak, Internal Consistency of Choice, *Econometrica* 61(3), 1993, 495~521.
- Shell, Richard G., *Bargaining for Advantage*, Penguin Books, 1999.
- Summers, Clyde W., Public Employee Bargaining: A Political Prospective *Yale Law Journal* 83, 1974, 1156~1200.
- Tracy, Joseph, An Empirical Test of an Asymmetric Information model of Strikes, *Journal of Labor Economics* 5, 1987, 149~173.
- Tversky, Amos and Daniel Kahneman, Advances in Prospect Theory: cumulative Representations of Uncertainty, *Journal of Risk and Uncertainty* 5, 1992, 297~323.
- Underdal, Arlid, The Outcomes of Negotiation, *In International Negotiation, Kremenyuk*, Victor A.(ed), Jossey-Bass Publisher, 1991.
- Ury, Willian L., Jeanne M., Brett and Stephen B. Goldberg, *Getting Disputes Resolved*, Pon Books, 1993.
- Walton, Richard E., Joel e., Cutcher-Gerschenfeld and Robert B., Mckersie, Strategic Negotiations, Harvard Business School Press, 1994.
- Watkins, Michael, *Breakthrough Business Negotiation*, Jossey-Bass Publisher, 2002.
- Williamson, O. E., "Transaction Cost Economics: The Governance of Contractual Relations," *Journal of Law and Economics* 22(2), 1979, 233~261.
- Zartman, William, I., The Structure of Negotiation, *In International Negotiation*, Kremenyuk, Victor A.(ed), Jossey-Bass Publisher, 1991.